Bettine Vriesekoop ♦ MULANS TÖCHTER

Bettine Vriesekoop

Mulans Töchter

Aus dem Niederländischen
von Bärbel Jänicke

Pirmoni-Verlag

Die Originalausgabe erschien unter dem Titel
Dochters van Mulan bei Uitgeverij Brandt, Amsterdam

Erste Auflage 2018
© der deutschsprachigen Ausgabe
aktualisiert und erweitert durch:
Pirmoni-Verlag, Krefeld
www.pirmoni.de

N ederlands
letterenfonds
dutch foundation
for literature

Die Übersetzung dieses Buches wurde von der
Niederländischen Stiftung für Literatur gefördert.

Lektorat: Monika Knaden, Krefeld
Übersetzerin: Bärbel Jänicke, Berlin
Satz und Layout: Monika Knaden, Krefeld
Druck: Pro BUSINESS digital printing GmbH, Berlin
Umschlaggestaltung: Hedi Rachfahl, Krefeld

Printed in Germany
978-3-9817460-5-1

Inhalt

Der Himmel ist mein Vater,
und die Erde ist meine Mutter,
und selbst solch ein kleines Wesen wie ich
findet einen traulichen Platz in ihrer Mitte.
Deswegen betrachte ich alles, was den Kosmos durchzieht,
als meinen eigenen Körper,
und alles, was den Kosmos lenkt,
als meine eigene Natur.
Alle Menschen sind meine Geschwister
und alle Dinge meine Gefährten.
Besitz, Ehre und Glück dienen der Bereicherung meines Lebens,
Armut, niedrige Stellung und Unglück seiner Vollendung.
Im Leben will ich Himmel und Erde nachfolgen und dienen,
im Tode werde ich meinen Frieden finden.

Zhang Zai (1020-1077)

(deutsche Übersetzung aus: Bauer, S. 254)

Einleitung

Ich sitze in meinem Haus in Twiske, einem kleinen Ort nördlich von Amsterdam und blicke nachdenklich auf das fertige Buchmanuskript. Drei intensive Jahre, angefüllt mit Reisen und Interviews, daneben Literaturrecherche und Schreibarbeit, liegen hinter mir. Alles in allem war es viel, sehr viel Arbeit. Rückschauend versuche ich mich zu erinnern, welche Gründe mich letztendlich vor einigen Jahren bewogen haben, ein Buch über moderne chinesische Frauen und ihre Sexualität zu beginnen.

Bei einem langen entspannenden Spaziergang fallen mir dazu fünf Begebenheiten ein, die gleichzeitig auch ein Kaleidoskop meiner nun schon mehr als dreißigjährigen Erfahrung mit China darstellen. Gemeinsam bilden sie die Initialzündung zum Schreiben dieses Buches, über die ich im Folgenden kurz berichten möchte.

1

Der Taxifahrer weiß den Weg nicht. Von Qiu Jin hat er zwar schon mal gehört, das schon, und irgendwo am Rand des *Xihu*, des West sees, muss ihr Grabmal liegen, aber wo genau weiß er nicht. Im Fahren telefoniert er mit zwei Kollegen. Nach dem letzten Telefonat weiß er Bescheid und tritt aufs Gaspedal.

»Warum sollen wir uns so viel Mühe machen, nur um uns einen Steinbrocken anzusehen?«, brummelt mein Assistent Colin Zhang. Es ist Ende Juli 2007. Wir sind in Hangzhou und fahren am Ufer des Westsees entlang, auf der Suche nach der Statue von Qiu Jin, der *Schwertfrau vom Spiegelsee*. An der Rezeption unseres Hotels lag ein Prospekt aus. Darin las ich etwas über Qiu Jin, eine legendäre Kämpferin und Revolutionärin der ersten Stunde und vielleicht auch die erste Feministin Chinas. Am 15. Juli 2007 war ihr 100. Todestag. Ihr Grabmal mit der weißen Marmorstatue soll irgendwo an der Westseite des Westsees liegen. Später erfahre ich, dass ihr Grab sich im Laufe der Zeit an acht verschiedenen Orten befand, bevor ihr hier eine letzte Ruhestätte errichtet wurde.

Hangzhou ist für mich eine der schönsten Städte Chinas. Berühmt für seine Seidenproduktion, die klassische Kalligrafie und die traditionelle Malerei. In alten Zeiten stellte der Westsee für Maler und Dichter eine unerschöpfliche Inspirationsquelle dar. Einige Minuten lang fahren wir in unserem klapprigen Taxi direkt am weitläufigen Ufer des Sees mit der Form einer Amöbe entlang. Farbenprächtige Pagoden an den Boulevards, die Lichter der Vergnügungsboote, die über die glatte Wasseroberfläche gleiten, als ob sich eine Decke aus glänzender Seide über alles legt. Unvermittelt biegt der Taxifahrer ab und fährt über eine steinerne Brücke auf eine idyllisch gelegene Insel im See. Ein Fächer aus Lotusblättern treibt auf dem Wasser.

Bei einem Kiosk steigen wir aus. Es ist früh am Abend und die Dämmerung setzt langsam ein. Colin fragt den Taxifahrer, ob er auf uns warten kann. Der Mann nickt und steckt sich eine Zigarette an.

Hinter dem Kiosk liegt ein kleiner Park. Als wir den Weg hinaufgehen, kommt hinter zwei rundgeschnittenen Hecken die weiße, hochaufragende Steinstatue der Freiheitskämpferin zum Vorschein. Vor dem Grabmal weist Colin mich auf die golden ausgemalten Schriftzeichen hin, die in den Sockel gemeißelt wurden.

»*Nüyinxiong*«, liest er laut, »übersetzt bedeutet es so etwas wie Heldin.« Ich schaue zu ihr auf. Mit der rechten Hand stützt sich Qiu auf ein Schwert, während sie die linke energisch in ihre Seite stemmt.

»Es kennt sie wohl jeder in China?«, frage ich Colin.

»Das kommt darauf an. Teile der Landbevölkerung oder auch Wanderarbeiter in den Städten wissen wenig über chinesische Geschichte, aber die Gebildeten kennen sie durchaus. Die Statue ist vor allem eine Touristenattraktion, mit der sich Hangzhou als Kulturstadt präsentieren will. Qiu Jin ist immerhin eine der berühmtesten Frauen der chinesischen Geschichte.«

Vor hundert Jahren wurde Qiu verhaftet, weil sie gegen die korrupte Regierung der Kaiserinwitwe Cixi, dem letzten Spross der Qing-Dynastie (1644-1911), rebelliert hatte. Ein paar Tage nach ihrer Festnahme wurde Qiu in ihrem Geburtsort Shanyin, unweit von Hangzhou, öffentlich enthauptet. Qiu Jin stammte aus einer begüterten Familie und genoss eine hervorragende Ausbildung. Wie es sich für ein Mädchen des höheren Standes gehörte, schrieb sie Gedichte über Blumen, die Natur und arkadische Landschaften.

Ich trete an ihre Statue heran und lege ihr einen kleinen Strauß verblühter Chrysanthemen zu Füßen, etwas Besseres konnte ich auf dem Markt so schnell nicht auftreiben. Colin schaut zu, wie ich zurücktrete und mich tief verbeuge. Ich spüre, dass er meine Würdigung für übertrieben hält, aber das ist mir egal. Qiu Jin schaut mit unerschütterlichem Blick über den Westsee. Wie viel Mut hatte diese Frau, sich Anfang des 20. Jahrhunderts in China gegen die Verheiratung von Frauen und das Füßebinden öffentlich auszusprechen und sich für eine gute Ausbildung von Mädchen einzusetzen. Nach ihrem grausamen Tod wurde Qiu Jin zu einer Heldin und Märtyrerin der Kommunistischen Revolution. Bis heute stehen ihr Name und ihr Leben als Symbol für die Unabhängigkeit der Frau. Mein kleiner Strauß Chrysanthemen ist die einzige Reverenz, die Qiu heute dargebracht wurde. Sonst gibt es weder Blumen, Mandarinen, Weihrauch noch irgendeine andere Ehrenbezeigung. Ist Qiu aus den Geschichtsbüchern getilgt worden oder haben die Frauen im modernen China mittlerweile andere Vorbilder? Als ich Colin diese Frage stelle, zuckt er nur mit den Schultern.

»Ach, die Frauen heute haben ganz anderes im Kopf und eine Menge Stress, um mit ihrer Arbeit über die Runden zu kommen. Qiu Jin ist zwar eine markante Gestalt in der Entstehungsgeschichte der Volksrepublik, aber sie ist keine Volksheldin, die verehrt wird. Und eigentlich wissen die Chinesen nicht so recht, was sie mit ihr anfangen sollen. Vergiss nicht, ihr Grab wurde schon achtmal verlegt, bis es schließlich an die heutige Stelle versetzt worden ist. Hua Mulan dagegen ist eine der größten Heldinnen unserer Kulturgeschichte. Jeder, ob jung oder alt, kennt die Legende der jungen Frau, die sich die Rüstung ihres kranken Vaters anlegte, der ein Feldherr des Kaisers war. Zwölf Jahre lang kämpfte sie an seiner statt auf den Schlachtfeldern des alten Wei-Kaiserreiches, so etwa im 5. Jahrhundert.«

An den ordentlich gestutzten Hecken entlang gehen wir zum Taxi zurück. Im Dämmerlicht sehe ich die Umrisse des Fahrers und die glimmende Spitze einer Zigarette. Als er uns sieht, wirft er seine Kippe achtlos weg, geht zum Wagen und startet den Motor.

An diesem Abend sitzen Colin und ich noch ein wenig zusammen um zu plaudern. Nach dem Abendessen im Restaurant unseres Hotels haben wir es uns draußen auf der Terrasse mit einem Drink gemütlich gemacht. Colin, ein ehemaliger Englischprofessor mit einem fast enzyklopädischen Wissen über die chinesische Kultur, ist ein fabelhafter Erzähler. Er ist nun doch sehr angetan von meinem enthusiastischen Interesse für Hua Mulan und Qiu Jin und gibt mir eine Privatvorlesung.

»Hua Mulan bedeutet ›Blüte des Magnolienbaumes‹. Ihre Legende schildert den berühmtesten Fall von *cross-dressing* in der chinesischen Geschichte. Wir kennen Mulan heutzutage nur noch als die attraktive Disneyfigur aus dem gleichnamigen Film. Der älteste Text ist eine Ballade aus dem 6. Jahrhundert. Ich stelle mir vor, dass Mulans Geschichte früher einmal von umherziehenden Spielleuten gesungen wurde. Im 16. Jahrhundert hat sich daraus ein Theaterstück entwickelt. Und im 17. Jahrhundert, während der Qing-Dynastie, haben zwei Schriftsteller die Geschichte romantisiert. Einer der beiden, Xu Wei, hat der treuen Tochter des Heerführers den poetischen Namen Hua Mulan gegeben. Hua Mulan war eine junge Frau, die im fünften oder sechsten Jahrhundert in einem kleinen Dorf im Norden Chinas lebte. Als der König die wehrpflichtigen Männer zum Kampf gegen die Horden der *Xiongnu*, einem wilden Volk aus dem Norden, aufruft, ist ihr kleiner Bruder dafür noch zu jung und ihr Vater schon zu alt und zu krank. Mulan entscheidet sich daher, anstelle ihres Vaters zur Armee zu gehen. Der Krieg dauert zwölf Jahre, doch letztlich gelingt es Mulan, als Heerführerin in der Rüstung ihres Vaters die *Xiongnu* in die Flucht zu schlagen. Zur Belohnung bietet ihr der König ein hohes Amt in der Staatsverwaltung an, aber Mulan lehnt ab. Sie will zurück nach Hause, zu ihrem Vater, zu ihrer Familie.

»Die Legende von Hua Mulan ist also sehr von konfuzianischen Idealen geprägt?«, frage ich Colin.

»Ja«, sagt er, »es geht um Vaterlandsliebe und Respekt gegenüber den Eltern. Das sind konfuzianische Tugenden. Deshalb sprechen ihr Heldentum, ihre Bescheidenheit und ihr Respekt uns Chinesen so an. Qiu Jin, bei deren Statue wir heute Mittag waren, lebte 1400 Jahre später; Mao Zedong hat sie noch gekannt. Qiu war ebenfalls eine echte Kriegerin, eine *Schwertfrau*, wie wir im Chinesischen sagen. In

Abb. 1: Qui Jin (1875-1907)

ihrer Jugend lernte sie Reiten und Kampfsport, *Wushu*. Ein eigensinniges Mädchen, diese Qiu Jin. Sie pfiff auf alle Regeln, die für Frauen damals galten, trug einen Herrenanzug nach westlicher Manier und lief mit einem Spazierstock durch die Gegend. Gleichwohl heiratete sie noch einen älteren Mann, den ihr ihre Eltern ausgesucht hatten, und bekam zwei Kinder, bevor ihre Ehe in die Brüche ging. Anfang des 20. Jahrhunderts ging sie nach Japan, um dort zu studieren. Einige Jahre später kehrte sie radikalisiert nach China zurück. Zu ihren Lebzeiten war Qiu Jin nicht besonders populär. Sie war bekannt für ihr loses Mundwerk und sie war eine Frau, die ihren Mann und ihre Kinder verlassen, im feindlichen Ausland studiert und einen terroristischen Anschlag auf die kaiserliche Regierung der Mandschu geplant hatte. Nach ihrem Tod erkannte man allmählich, dass Qiu Jin eine frühe Revolutionärin gewesen war, die sich aus Vaterlandsliebe und unter Gefährdung ihres eigenen Lebens gegen die korrupten *Mandschu*, die Armut des Volkes und die Benachteiligung der Frauen eingesetzt hatte. In der Zeit zwischen den beiden Weltkriegen ließen sich Künstler, Schriftsteller und Filmemacher von Qiu Jin inspirieren, und so wuchs beim chinesischen Volk nach und nach die Faszination für ihre Person. Sie hat dem Kampfsport in China einen gewaltigen Schub gegeben, wusstest du das? Ohne Qiu Jin kein Bruce Lee, wage ich zu behaupten.«

2

Januar 2013, Winter in Amsterdam. Drinnen prasselt das Kaminfeuer. Ich schaue nach draußen. Es schneit. Ich habe gerade die Szenen meines Besuchs an Qiu Jins Grabmal und mein abendliches Gespräch mit Colin niedergeschrieben. Ich muss daran denken, was Colin über Qiu Jin und Bruce Lee sagte, und suche auf YouTube nach Fotos der Schauspielerinnen Maggie Cheung und Zhang Ziyi; in ihren Kriegerinnen-Rollen glänzen sie in den Filmen *House of Flying Daggers*, *Hero* und *Grandmaster*. Diese starken Frauenrollen wären ohne die geschichtlichen Vorbilder wie Qiu Jin, Hua Mulan und andere mythische Frauengestalten, die mit dem Flachschwert, Pfeil und Bogen, fliegenden Messern und Lassos kämpften, nicht denkbar. Mittels okkulter Kräfte konnten sie über dunkle Wälder, Berge und Flüsse fliegen und allein durch ihren Atem einfach jemanden umpusten. Im Laufe der Jahrhunderte nahmen diese legendären Frauengestalten in Erzählungen, Opern, Theaterstücken und Filmen neue Züge an. Chinesen erleben ihre Geschichte in Bildern, in Filmen oder im Fernsehen. Aber auch in den noch immer sehr populären Kostümopern, die in der alten Kaiserzeit spielen. So eine Statue zum Gedenken an Qiu Jin hat für die Chinesen keine besondere Bedeutung. Nun wird mir auch klar, warum Colin sich so merkwürdig verhielt, als ich an Qiu Jins Grabmal einen kleinen Blumenstrauß niederlegte.

3

August 1980. Es ist heiß im Zug von Hongkong nach Peking. Im offenen Abteil sitzt eine Frau mit gebundenen Füßen und blickt still

Abb. 2: Maggie Cheung in dem Martial-Arts-Film *Ashes of Time* von 1994.

vor sich hin. Sie trägt einen Strohhut und eine blaue Hose zu einer weißen Bluse. Ihr schräg gegenüber sitze ich, eine niederländische Sportlerin in einer engen Jeans mit einem viel zu schweren Rucksack. Vom Füßebinden habe ich zwar schon gehört, aber warum hat diese Frau wohl ihre Füße so verstümmeln lassen? Damals wusste ich noch wenig über China und ich konnte mir beim besten Willen keinen Reim darauf machen.

Siebenundvierzig Stunden später schlendere ich bei einem Abendspaziergang an einem Pekinger Kanal entlang. Eine Gruppe Frauen hockt neben einer unbefestigten Straße. Sie passen auf einige Kinder auf, die dort spielen. Eine friedliche Szenerie. Dann sehe ich, wie einige ältere Frauen aufstehen. Auf ihren viel zu kleinen Füßchen humpeln sie nach Hause, manche mit Stock, andere ohne. Heute ist mir bewusst, dass ich damals einen einmaligen Blick auf eine jahrhundertealte, bald danach verschwundene Tradition werfen konnte: Frauen mit gebundenen Füßen.

4

Als ich im August 2006 als Auslandskorrespondentin in Peking ankomme, ist China keine geschlossene Gesellschaft mehr; die Modernisierung ist in vollem Gange und vor allem auf die Olympischen Spiele 2008 ausgerichtet, bei denen das Land der Welt sein neues Gesicht präsentieren will. Ich komme in Kreise, in denen Chinesinnen recht ordentlich, manchmal auch sehr gut Englisch sprechen, und investiere Zeit und Energie, um ihr Vertrauen zu gewinnen und mich mit ihnen anzufreunden. Sie finden es ihrerseits interessant, mit einer Frau aus dem Westen über ihren Alltag, die Erziehung ihrer Kinder, aber auch ihre Wünsche und Träume zu reden. Ich beobachte, wie sie versuchen, ihre Ehe, mit Mann und Kind, ihren Haushalt und die Großeltern, die oft bei ihnen im Haus wohnen, unter einen Hut zu bringen. Die moderne Zeit hat anscheinend ihr sexuelles Bewusstsein geweckt, dennoch ist ihr Leben noch immer von jahrhundertealten Familientraditionen beherrscht. Diese städtischen Frauen aus der Mittelklasse des modernen Chinas erzählen mir viel über ihre Mütter und Großmütter, Frauen, die in einer Zeit aufwuchsen, in der der kollektive chinesische Geist von den Ideen Mao Zedongs durchdrungen war. Dennoch bleiben in meiner Zeit als Korrespondentin viele Fragen zum Thema *Frauen in China* unbeantwortet: Wer ist die Frau der neuen Mittelklasse, die die Errungenschaften der Politik der offenen Tür hervorgebracht hat? Fühlt sie sich als Opfer der chinesischen Geschichte? Hat sie zeitgenössische Vorbilder oder bewundert sie nach wie vor historische Frauen wie Qiu Jin und Hua Mulan?

5

Das Thema *Frauen in China* erfährt bei mir eine Fortsetzung, als ich im August 2012 von Hans van Driel von der Universität Tilburg eine Einladung für den Leonardo-Lehrstuhl 2013 erhalte. Ein Leonardo-Professor benötigt keine akademische Qualifikation, sondern wird aufgrund seiner oder ihrer Verdienste auf einem kulturellen und gesellschaftlichen Gebiet gebeten, mit Masterstudenten drei Monate lang ein oder mehrere selbstgewählte Themen zu erforschen und darüber in der Aula der Tilburger Universität eine Abschlussvorlesung zu halten.

Als van Driel anruft, lese ich gerade die alten Erfolgsromane von Pearl S. Buck, die zu Beginn des vergangenen Jahrhunderts dreißig Jahre lang in China lebte. In Bestsellern wie *Die gute Erde* und *Ost-*

Abb. 3: Pearl S. Buck (1892-1973)

wind-Westwind schrieb sie mit viel Empathie über das chinesische Familienleben, über den Einfluss des Konfuzianismus, das Konkubinat, Prostitution und Sexualität, und mir wird bewusst, wie zeitlos diese Themen sind. 1938 erhielt sie als erste Amerikanerin den Nobelpreis für Literatur.

Noch ganz im Bann von Bucks eindrucksvollen und realistischen Schilderungen der sozialen Verhältnisse in China, schlage ich van Driel vor, mit den Studenten die Emanzipation der Frauen in China zu erforschen, in einer Zeitlinie, die bei Buck einsetzt und bis zum heutigen Tag reicht.

An einem Donnerstagmorgen im Januar 2013 nehme ich den Zug nach Tilburg. Dort stehe ich dann als Gastprofessorin vor einer

Gruppe von Masterstudenten, die sich besonders für Frauenthemen und interkulturelle Studien interessieren. Wir einigen uns auf drei Themen, die ich für eine Untersuchung zur Emanzipation der Frauen in China am bedeutsamsten halte: (1) die traditionelle Rolle der chinesischen Frau und die Ein-Kind-Politik, (2) Bildung und Karriere, (3) Ehe und Sexualität.

Vor allem das letzte Thema wirft viele Fragen auf. Wenn die Emanzipation mit sexueller Selbstbestimmung beginnt, in welchem Maße sind Frauen in China dann in der Lage, sie zu erreichen? Und wie fordern sie ihre sexuelle Autonomie ein? Gab es in China Feministinnen, die für Frauenrechte eintraten? Gibt es sie heute? Und sind sie in einem Land ohne freie Meinungsäußerung in der Lage sich gut zu artikulieren?

Die Untersuchung des Themenspektrums rund um die Ein-Kind-Politik und die Bildungsentwicklung ergibt eine Fülle von Informationen. Beim Thema Ehe und Sexualität stoßen meine Studenten hingegen vor allem auf Zahlenmaterial über Scheidungen und Schwangerschaftsabbrüche. Das bedeutsamste Fazit der Studenten ist, dass eine Untersuchung zur Emanzipation der Frau in China mit einer Studie zur sexuellen Entwicklung der Frauen in den vergangenen hundert Jahren ansetzen muss. Eine Frau wird erwachsen, wenn sie ihre Sexualität entdeckt. Wie spielte sich das früher ab und wie heute?

Der Leonardo-Lehrstuhl inspiriert meinen Forschergeist, doch ich habe nicht den Hintergrund, diese Themen wissenschaftlich anzupacken. Die Feldforschung, die meine Studenten hier vermissten und die sie gern durchgeführt hätten, zieht mich enorm an. Ich möchte wieder als investigative Journalistin in China arbeiten.

Was ist von den Familienverhältnissen, die Pearl S. Buck in *Die gute Erde* beschrieben hat, noch erhalten? Wie ist es um die Sexualität junger Frauen bestellt? Welches Bild haben junge Frauen von Männern?

Im Mai 2013 halte ich meine Abschlussvorlesung als Leondardo-Professorin. Im Zug nach Hause weiß ich schon, dass ich wieder ein Buch schreiben werde; unter historischer Perspektive will ich mich auf die Suche nach der sexuellen Identität junger chinesischer Frauen in Vergangenheit und Gegenwart begeben. Gibt es eine

Avantgarde, gibt es die *Töchter Mulans*, die sich an legendären Frauen wie Qiu Jin, Hua Mulan und anderen *Schwertfrauen* orientieren?

In den Monaten darauf schreibe ich eine Synopse und stelle einen Reiseplan auf. Außerdem engagiere ich eine Assistentin, die mir bei meinen Interviews von unverheirateten Frauen im Alter von 20 bis circa 30 zur Seite stehen kann. Peking wird mein Arbeitsfeld, dort kenne ich mich aus.

KAPITEL 1

Zurück in Peking

Juli 2013. In der Ankunftshalle des alten Flughafens von Peking bahne ich mir den Weg zum Ausgang. Es scheint nicht so voll zu sein wie vor einem Jahr, als ich das letzte Mal in der chinesischen Hauptstadt war. Ob das wohl an der Krise liegt? Oder hat der Smog die Touristen verscheucht? Draußen spüre ich gleich die feuchte Hitze, die ich von Peking gewöhnt bin. Den typischen Geruch, ein Gemisch aus Benzin und Knoblauch, assoziiere ich mit Heimweh und Abschied. Wie oft bin ich hier schon gelandet und habe Freunde und geliebte Menschen in den Niederlanden zurücklassen müssen. Und wie oft habe ich hier von Freunden und meinen Lieben Abschied genommen, wenn ich in Peking zurückblieb. Peking International Airport ist mein persönlicher Knotenpunkt zwischen zwei Welten.

Draußen stehen unter einer Überdachung blaugelbe Taxis mit laufendem Motor. Ich stelle mich in der Warteschlange an. Vor mir steht eine Chinesin in High Heels. Sie hält eine Louis-Vuitton-Tasche in der Hand und blickt starr vor sich hin. Als ihr ein Taxifahrer winkt, trippelt sie hinter einem mit Goldschmuck behängten Mann her. Chinesische Frauen mit Geld kaufen keinen Ramsch. Die Imitationen in den bekannten Markthallen sind für ausländische Touristen gedacht. Diese Louis-Vuitton-Tasche muss also echt sein. Ohne mich anzusehen oder zu grüßen, packt ein anderer Taxifahrer meinen Kram und legt ihn in den Kofferraum.

»*Qu nali*, wohin?«, fragt er im ländlichen Chinesisch der Wanderarbeiter, als er mich im Rückspiegel anschaut. Der Taxifahrer trägt ein gelbes Hemd mit kurzen Ärmeln. Das Hemd stammt noch von den Olympischen Spielen im Jahr 2008. Um einen anständigen Eindruck zu hinterlassen, bekamen damals alle Taxifahrer ein gelbes Hemd von der Gemeindeverwaltung. Neben seinem Sitz steht eine Art Weckglas mit einem Rest Tee. Er dreht den Deckel ab und nimmt einen Schluck.

»*Welcome to Beijing taxi*«, sagt eine liebliche Stimme von einem Band, als er den Motor startet.

Ich nehme ein Papiertaschentuch aus meiner Tasche und halte es mir vor die Nase; der Smog und Pekings Gerüche sind für mich immer noch ganz schön gewöhnungsbedürftig. Auf der Fahrt frage ich den Fahrer, ob er verheiratet ist. Er grinst und legt dabei seine braunen Zähne bloß.

»*Jiehunle*, ich bin verheiratet«, ruft er über das Hörspiel im Radio hinweg. »Zwei Kinder, Mädchen«, ergänzt er. »Ich sehe sie selten, nur ein einziges Mal im Jahr. Ich arbeite in Peking, sie wohnen in Hunan. Ich schicke ihnen Geld, fast alles, was ich verdiene.«

Ich nicke verständnisvoll und frage ihn, ob er es nicht schwierig findet, seine Töchter so selten zu sehen.

»Kein Problem, ich bin es gewöhnt.« Meine unverblümte Frage, ob er die Liebe nicht vermisst, schiebt er beiseite.

»Ach, erstens muss ich viel zu hart arbeiten. Und zweitens ist Liebe nicht alles, was zählt.«

Auf der 2. Ringstraße nimmt das Taxi die Ausfahrt zum Platz des Himmlischen Friedens. Als wir durch die *Hutongs*, die traditionellen Wohnviertel Pekings, zu meinem Hotel fahren, fühlt es sich für mich ein wenig wie ein Nachhausekommen an. Der Taxifahrer kommt nur im Schritttempo voran. Hin und wieder bleibt er stehen, um ein Lastenfahrrad durchzulassen. Wir fahren eine staubige Gasse namens Dongsisitiao hinein. Es ist still hier. Ich schaue auf meinem iPhone nach, wie spät es ist. 11 Uhr, um diese Zeit sind die meisten schon beim Mittagessen, überlege ich. Als wir weiterfahren, sehe ich tatsächlich, dass in den kleinen Restaurants lebhafter Betrieb herrscht. In einer Ladengalerie entdecke ich einen Massagesalon und ein Nagelstudio. Sie fehlen in keiner Einkaufsstraße Pekings. Dort arbeiten junge Mädchen vom Land, die manchmal für ein paar Euro mit Wanderarbeitern, wie meinem Taxifahrer, Sex haben. Irgendwann sind sie auf der Suche nach einem Job als Rezeptionistin oder Verkäuferin – oder besser noch einem Mann mit Geld – in die Stadt gekommen. Insgeheim haben sie jedoch die Hoffnung auf eine Heirat noch nicht aufgegeben. Dazu müssten sie aber in ihr Dorf zurückkehren, denn welcher Mann in der Stadt würde heute eine ungebildete Bäuerin heiraten wollen, die womöglich auch noch HIV-positiv ist? Doch welches Mädchen vom Land, das gelernt hat, in der Stadt zu überleben, würde noch einen Bauern heiraten wollen, der keinen müden Cent hat? Eine fast ausweglos scheinende Situation!

Wir nähern uns dem Double Happiness Hotel, in dem ich ein Zimmer reserviert habe. Das Hotel trägt einen typisch chinesischen Markennamen, der für ganz unterschiedliche Produkte verwendet wird. Das chinesische Schriftzeichen für *double happiness* zeigt einen Mann und eine Frau in Verbindung miteinander. Auf Hochzeiten sieht man sie überall an Türpfosten und zwischen den Lampions und Girlanden hängen. *Double happiness* bedeutet außerdem so etwas wie *super gut*. So kann man Tischtennisbälle und Schläger der Marke *Double Happiness* käuflich erwerben oder auch Schuhe, Bälle für Basketball, Zigaretten und vieles andere mehr.

Das Taxi hält vor einer langen, grauen Mauer mit einem typisch chinesischen Dach, das von zinnoberroten Säulen getragen wird. Daran hängen die charakteristischen roten Laternen. Noch ganz in Gedanken öffne ich die Eingangstür und wähne mich sogleich in der Zeit des alten, kaiserlichen China. Ich stehe in einer bemalten, rechteckigen Galerie mit grün gestrichenen Gittern, aufgehübscht mit kürbisgroßen, roten Laternen und goldgelben Zierleisten. Leicht verdutzt trete ich in ein kleines unordentliches Büro, das wohl als Rezeption dient. Zwei Katzen räkeln sich auf dem Steinboden.

Als ich die Tür zu meinem Zimmer öffne, sehe ich eine schlichte Einrichtung mit einem Schreibtisch, Stühlen, einem Tischchen und einem chinesischen Hochzeitsschrank. Ich habe eines der größeren Zimmer bekommen, ausgestattet mit zwei *Kangs*, erhöhte Holzbetten, die früher von einem Ofen beheizt wurden. An der Wand hängen vier Porträts klassischer Chinesinnen mit hochgestecktem Haar und langen, eleganten Gewändern. Ich erkenne sie wieder: Es sind die *Vier klassischen Schönheiten*.

Die erste sitzt anmutig auf einem Stein und schaut den Zierfischen in einem Teich zu. Die zweite sitzt auf dem Rücken eines Pferdes, während Gänse sie umkreisen. Die dritte sitzt unter dem Vollmond auf einer Bank und entzündet ein Weihrauchstäbchen. Die vierte sitzt auf einem Stein unter einem Magnolienbaum.

Diesen *Vier klassischen Schönheiten* kann man überall in China begegnen, sie sind auf Fächern, Ansichtskarten, Lampenschirmen, Gemälden und Raumteilern abgebildet. Der Legende nach waren diese Frauen so schön, dass ihnen Kaiser und Könige zu Füßen lagen und sie den Lauf der Geschichte bestimmen konnten. Xi Shi, die erste, lebte im 6. Jahrhundert vor Christus, in der sogenannten *Frühlings- und Herbstperiode*. Sie war so schön, dass die Fische im Teich an die Oberfläche schwammen, wenn sie vorbeiging, um sich an ihrer Schönheit zu erfreuen. Die zweite Schönheit, Wang Zhaojun, lebte etwa 500 Jahre später. Sie war so wunderschön, dass die Vögel vor Erstaunen vom Himmel fielen. Diao Chan, die dritte Schönheitskönigin, lebte im 3. Jahrhundert nach Christus. Sie war so betörend, dass der Mond vor Schreck abzunehmen begann. Die vierte Schönheit, Yang Guifei, die Konkubine eines Kaisers zur Zeit der Tang-Dynastie, ließ jede Blume vor Scham erröten.

Früher bedeutete Schönheit für eine Frau, dass sie verheiratet werden konnte. Es kam auch vor, dass junge Mädchen als Konkubinen an einen reichen Händler oder sogar an den Kaiser verkauft wurden. Frauen durften ihre Partner niemals selbst wählen. Eine verheiratete Frau war der Autorität und oft auch der eifersüchtigen Willkür ihrer Schwiegermutter ausgeliefert. Was nicht bedeuten muss, dass arrangierte Ehen per se unglücklich waren. Liebe konnte wachsen und manche erlebten in der Hochzeitsnacht sogar so etwas wie Liebe auf den ersten Blick.

Schöne Töchter aus den niedrigeren sozialen Milieus hatten noch weniger Glück: Sie wurden als Schwiegertöchter an andere Familien verkauft oder als Sklavinnen oder Prostituierte gehandelt. In einigen Dörfern in ländlichen Regionen bestehen solche Praktiken sogar heute noch.

Ich trete etwas näher an die Wandbilder heran und sehe schöne junge Frauen, klein und schlank, mit einem weißen Teint, einem langen Hals, feingliedrigen Fingern, einer breiten Stirn, dunklen, hochgesteckten Haaren und kleinen, roten Lippen. Sie haben keine *Jinliang*, keine Lotusfüße, da dies zu ihrer Zeit noch nicht nötig war, um als schön und attraktiv zu gelten.

Ich setze mich auf eines der Holzbetten, um meinen Koffer auszupacken. In einer halben Stunde treffe ich Hu Ye, meine Assistentin und Übersetzerin, mit der ich mich in der Lounge verabredet habe. Ich bin neugierig auf sie, denn ich bin ihr noch nie begegnet. Mein früherer Assistent Colin Zhang kann mich leider nicht mehr begleiten. Er ist jetzt Vollzeit-Opa und wohnt in Changping, einer Art Kurort zwei Autostunden von Peking entfernt. Dort hat er zwei Wohnungen gekauft, eine für sich selbst und seine Frau Jia und eine für seine älteste Tochter und ihr Söhnchen Niu Niu, seinen Augenstern.

Hu Ye ist dreiunddreißig und hat an der Universität für Auslandsbeziehungen Jura studiert. Nach ihrem Studium arbeitete sie für verschiedene Umweltorganisationen und NGOs. Jetzt schreibt sie Artikel und arbeitet freiberuflich als Fundraiserin. Der schrille Ton der Klingel schreckt mich auf. Das wird sie sein. Als ich die Tür des Hotelzimmers öffne, steht eine fragile, dabei aber kraftvoll wirkende junge Chinesin in einem locker fallenden grünen Kleid und den allseits bekannten alternativen Birkenstocksandalen vor mir. Sie hat nicht an der Rezeption auf mich gewartet, sondern ist gleich die Galerie hinaufgegangen. Sie ist der tatkräftige Typ, denke ich erfreut.

»Ich fühle mich geehrt, dass du mit mir arbeiten möchtest«, sagt sie. »Ich unterstütze dich gerne bei deinem Buchprojekt und du kannst mich alles zu meinem Land fragen.«

Sie packt ihren Koffer aus und legt ein paar Kleidungsstücke in den auf antik getrimmten Kleiderschrank mit einer gitterartig durchbrochenen Türfüllung. Ich ziehe eine saubere Bluse an und dann verlassen wir das Hotel und machen uns in den *Hutongs* auf die Suche nach einem Restaurant.

Früh am nächsten Morgen werde ich vom Jaulen rolliger Katzen geweckt. Ich hatte es fast vergessen, die *Hutongs* in Peking haben ein Katzenproblem. Es gibt stark abweichende Schätzungen über die Katzenpopulation, doch kann man getrost davon ausgehen, dass tausende streunender Katzen durch die Gärten der *Hutongs* tigern. Sie stinken, sind abgemagert und jagen Elstern und Wiesel, die ebenfalls ein typisches Phänomen in den Altstadtstraßen der Hauptstadt darstellen.

Hu Ye schläft noch tief. In einem Lichtstrahl, der durch die Gardinen fällt, sehe ich ihr langes, schwarzes Haar, das sich auf dem Kissen wie ein Fächer um ihr Gesicht ausbreitet. Sie atmet schwerer, als man es von einem so zierlichen Mädchen erwarten würde. Ihre Stirn liegt in Falten.

Unsere Betten stehen beiderseits der Badezimmertür. Ich stehe auf, gehe ins Bad und trinke einen Schluck Wasser. Zurück im Bett kann ich keinen Schlaf finden: Jetlag. Schließlich dämmere ich dann doch ein und träume von Katzen. Als Hu Ye mich weckt, ist es sieben Uhr.

KAPITEL 2

Auf der Suche nach Unsterblichkeit

Beim Frühstück sitzt mir eine begeisterte und gesprächige Hu Ye gegenüber. Die Falten, die sie im Schlaf auf der Stirn hatte, sind verschwunden. Sie sieht frisch und strahlend aus. Die langen schwarzen Haare sind noch nass von der Dusche. Wir gehen das Programm des heutigen Tages durch. Aus ihrer Schultertasche hat sie einen Notizblock und einen Kugelschreiber hervorgeholt.

»Das ist der Tag des Weiße-Wolken-Tempels und des *Daodejing*«, sage ich, »heute geht es um Frauen und den Daoismus.«

Obwohl es in China mehrere Denkrichtungen gibt, bilden der Daoismus und der Konfuzianismus die Hauptströmungen der chinesischen Philosophie. In beiden Strömungen finden sich Aussagen zum Platz und zur Rolle der Frau in Familie, Gesellschaft und Kosmos. Sie scheinen gegensätzlich zu sein, tatsächlich aber sind sie eher komplementär zu verstehen, in dem Sinne, dass eine Frau ihre Freiheit in der Verantwortung gegenüber ihrem sozialen Umfeld findet. Über das Verhältnis zwischen ihrem ursprünglichen Sein als freies Wesen und ihrer Einbindung in die Gesellschaft will ich mehr wissen, da ich vermute, dass darin der wesentliche Kern des Geschlechterverhältnisses in China zu suchen ist.

Wer nach dem Kern einer Sache sucht, muss sich auf den Weg in die Vergangenheit begeben und sie aus ihrer Geschichte herausschälen. Deshalb will ich zum Weiße-Wolken-Tempel, in dem die ältesten Quellen des Daoismus aufbewahrt sind. Der Konfuzius-Tempel und die Kaiserliche Akademie, die an einem anderen Ort in Peking stehen, kommen später an die Reihe.

Das *Daodejing*, die Bibel des Daoismus, ist vielleicht das frauenfreundlichste Buch, das im alten China geschrieben wurde. Aufgezeichnet in der unruhigen Zeit der *Streitenden Reiche* (481-221 v. Chr.) erlegte es den Führern des Landes die Pflicht auf, weibliche Tugenden zu entwickeln, wie Geduld und die Fähigkeit zuzuhören. Als der Daoismus in der Han-Periode (206 v. Chr. bis 220 n. Chr.) an Popularität gewann, wuchs auch das Ansehen der Frauen.

Der Daoismus ist eine uralte Naturreligion ohne moralische Regeln oder Dogmen. Im Daoismus geht es im Gegensatz zum Konfuzianismus nicht darum, ein bestimmtes Verhalten vorzuschreiben, sondern um den spontan lebenden Menschen, der seine Natur erkennt und ihr folgt. *Wuwei* ist hierbei das leitende Prinzip: die Kunst, in allen Handlungen das Nichthandeln zu sehen und das Nichthandeln als Handlung.

Einstmals suchten Jäger und Sammler unter der Führung ihres Stammesoberhaupts und Schamanen eine Verbindung zur Natur und dem in ewiger Bewegung begriffenen Kosmos. In rituellen Tänzen imitierten sie Tiere, die ihrer Vorstellung nach der Natur näherstanden als sie selbst, und tanzten die Formationen der Sternbilder, um mit dem Universum in Verbindung zu treten. In Piktogrammen aus der chinesischen Frühgeschichte werden Frauen mit stattlichen Brüsten und großen Brustwarzen als ein klassisches Abbild der nährenden Mutter dargestellt. In der damaligen matriarchalischen Gesellschaft bearbeitete der Mann das Land. Das Piktogramm für den Mann besteht aus einem Rechteck, indem sich ein Symbol eines landwirtschaftlichen Werkzeugs befindet. In jener Zeit trugen die Kinder den Namen ihrer Mutter und oft wussten sie gar nicht, wer ihr Vater war. Die Frauen kannten und beherrschten die weiblichen Yin-Kräfte der Erde. Sie kultivierten ihre Promiskuität und gaben ihr Wissen über Verführung und Sexualität von der Mutter an die Tochter weiter.

Nach daoistischer Auffassung sind die Sexualorgane das Energiezentrum aller jugendlichen Stärke und Energie. Wenn die Sexualorgane nicht gut funktionieren, können sich die Körperzellen nicht richtig regenerieren und die mentalen und physischen Leistungen bleiben gering. Der Körper erschlafft und der Geist ermattet.

Die weiblichen und männlichen Geschlechtsorgane werden im daoistischen Kanon in poetischen Begriffen gedeutet. Sex wird als ›das Spiel des Regens und der Wolken‹ beschrieben. Der Drache steht für den Penis; der goldene Lotus, die Korallenpforte oder die Jadepforte stehen für die Vagina. Die Klitoris wird als Terrasse mit dem kleinen Juwel und die Perle auf dem Jadestängel besungen.

Sexuelle Handbücher wurden in der chinesischen Antike in Dialogform geschrieben. Der mythische *Gelbe Kaiser* stellte Fragen an die drei Sexgöttinnen. Die erste war das Einfache Mädchen, Su Nü, das der Überlieferung nach, wenn es ihr beliebte, die Form einer Muschelschale (ein mehr als deutliches Fruchtbarkeitssymbol) annehmen konnte. Das Einfache Mädchen soll den Kaiser gemeinsam mit Xuan Nü, dem Mysteriösen Mädchen, und Cai Nü, dem Erlesenen Mädchen, in die Kunst der Verführung eingeweiht haben. Auch beriet sie ihn in Sachen Langlebigkeit und Erhalt der Vitalität. Aber das Liebesspiel erlernte der *Gelbe Kaiser* von dem Mysteriösen Mädchen, schrieb der Sinologe, Diplomat und Autor Robert van Gulik in seinem Buch *Sexual Life in Ancient China*. Sie vermittelte ihm diese Fertigkeit anhand von Kriegsstrategien. Manche Daoisten beschrieben Sex daher auch als ›das Spiel des Wegnehmens und Verstärkens‹. In *Die Kunst des Krieges* von General Sunzi (ca. 544-496 v. Chr.) wird unter anderem erklärt, wie wichtig es ist, nicht direkt auf sein Ziel zuzugehen, sondern mit Finten und Scheinangriffen die Kraft des Gegners aufzuzehren und seinen Widerstand zu brechen. So auch im sexuellen Spiel.

Bücher über Sex sind durch die Jahrhunderte hindurch in China populär geblieben: *Geheime Vorschriften für das Jadezimmer (Yu Fang Mi Jue)*, *Das Handbuch des Einfachen Mädchens (Su Nü Jing)*, *Das Handbuch des Mysteriösen Mädchens (Xuan Nü Jing)* und *Wichtige Texte zur Nährung der Lebenskraft (Yang Sheng Yao Ji)* sind daoistische Klassiker. Ebenso wie *Jin Ping Mei*, ein Roman aus der späten Ming-Dynastie (1368-1644), der von vielen als das beste daoistische erotische Buch angesehen wird und das promiskuitive Sexleben eines korrupten reichen Mannes en détail beschreibt.

Während der Tang-Dynastie (618-906) wurden die Sexhandbücher als medizinische Literatur klassifiziert. Im Laufe der Jahrhunderte sind viele dieser erotischen Texte von Neokonfuzianern, vor allem aber auch von mongolischen und mandschurischen Herrschern vernichtet worden.

In Japan ist das daoistische sexuelle Wissen im *Ishinpo* bewahrt geblieben, einem Kompendium hauptsächlich medizinischer Schriften aus China, darunter auch Texte zu daoistischen Sexualpraktiken. Im

Zentrum steht das Qi, die alles durchdringende Lebensenergie, die durch sexuelle Übungen geweckt, stimuliert und im Körper gespeichert werden kann, um Glück und das ewige Leben zu erlangen.

Für die Daoisten ist Sex also ein Weg, um im Körper Ordnung und Gleichgewicht zu gewinnen und zu erhalten. Das Erhalten der vitalen männlichen sexuellen Yang-Energie durch das Verzögern und Vermeiden einer Ejakulation ist für Männer eine Tugend, Masturbation ist daher eine Sünde. Ein Mann sollte möglichst erst am fünften Tag nach dem letzten Tag der Menstruation der Frau ejakulieren. Wenn ein Mann in der unfruchtbaren Phase der Frau allerdings oft genug ohne Samenerguss Sex hat, schärft das seine Sinne und steigert die Gesundheit seines Körpers. Frauen sollen ihrerseits mit Hilfe gewisser Atemtechniken versuchen, die Menstruation zu stoppen oder einzudämmen (den roten Drachen unterbrechen). Frauen dürfen jedoch masturbieren, weil die weibliche Yin-Energie unerschöpflich ist.

In antiken Sex-Handbüchern werden daher auch ausführlich Sexspiele für Frauen beschrieben. Diese sollten übrigens maßvoll betrieben werden, da ihre exzessive Ausübung der Gebärmutter schaden könnte.

Daoisten sind also nicht negativ gegenüber Sexualität eingestellt, sondern betrachten Sex als eine Möglichkeit, sich dem Dao zu nähern, um dadurch – mit Hilfe von Übung und Disziplin im Sexspiel – das Gute in sich selbst zu finden. Im Daoismus geht es nicht um ein auferlegtes Verhalten, sondern um Spontaneität, darum, dem eigenen natürlichen Selbst zu folgen. Wenn das weibliche Yin und das männliche Yang miteinander harmonieren, fallen Himmel und Erde zusammen, Mann und Frau genießen eine gute Gesundheit, ihr Leben verlängert sich und selbst Unsterblichkeit scheint in Reichweite zu gelangen.

Hu Ye und ich verlassen das Double Happiness Hotel und tauchen in die brütende Hitze Pekings ein. Es ist der 20. Juli 2013, die Luft ist schon von Auspuffgasen und dem Bratendunst der lokalen Garküchen geschwängert, die Hu Ye und ich durch das offene Fenster des blau-gelben Taxis einatmen, das uns zum *Baiyun Guan*, dem daoistischen Weiße-Wolken-Kloster, bringt. Dieser faszinierende und riesige Tempelkomplex aus der Tang-Dynastie ist die Mutter aller daoistischen Klosteranlagen.

Unser Fahrer muss hupend einem Straßenkehrer auf seinem Lastenrad ausweichen. Ich spüre den Jetlag und döse kurz weg, während ich an Hua Mulan und die anderen heldenhaften Kriegerinnen denke, von denen sich berühmte chinesische Filmregisseure wie Zhang Yimou und Ang Lee inspirieren ließen. In ihren Filmen sahen wir diese jungen Frauen schweben und fliegen, wie es auch die jahrhundertealten Legenden erzählen. Diese hünenhaften Kämpferinnen verfügten über magische Kräfte und kannten alle Geheimnisse der Natur und des Kosmos.

Eine Stimme aus dem Autoradio reißt mich aus meinem Schlummer: »*Lu Kuang Xinxi*, die Verkehrsnachrichten«. Prompt fahren wir auf der 2. Ringstraße in einen langen morgendlichen Stau. Die Meditation der Mönche, die wir mitbekommen wollten, können wir jetzt vermutlich vergessen. Nach einer Stunde Fahrt im Schritttempo hält unser Taxifahrer am Zaun des Weiße-Wolken-Tempels. Hinter den offenen Türflügeln der Eingangspforte sehe ich daoistische Mönche vorbeigehen. Ihre morgendliche Meditation ist offenbar gerade zu Ende gegangen.

Ein daoistischer Mönch hat ein typisches Outfit: ein weit fallendes, schwarzes oder weißes Arbeitshemd mit einem chinesischen Knebelverschluss, schwarze Knickerbocker und weiße Gamaschen. Einige tragen eine schwarze viereckige Kopfbedeckung. Andere haben ihr langes Haar zu einem Knoten gedreht und oben auf ihrem Kopf zusammengebunden. Man muss sich vorstellen, dass die Mönche bereits in der Tang-Dynastie, also vor zwölfhundert Jahren, genau diese Kleidung trugen.

Während der Tang-Dynastie war der Daoismus erstarkt; überall in China wurden daoistische Tempel und Klöster errichtet. Es war eine Zeit des Friedens und Wohlergehens. Die Kriege zwischen den einzelnen Königreichen und ihren Kriegsherren waren beendet; es war ein großes, geeintes Reich entstanden. Handel, Kunst und Kultur blühten auf. Alle Stände – ob hoch oder niedrig – befassten sich mit Literatur, Musik und Philosophie. Und tatsächlich gelang es in der Tang-Dynastie sogar einer Frau, den kaiserlichen Drachenthron zu besteigen: Wu Zetian. Sie war wohl in der Tat ein ›Drache von einer

Frau‹. Mit Mord und Tücke arbeitete sich Wu von einer Konkubine zur Kaiserin hoch. Wenn chinesische Mädchen quengeln und ihren Willen durchzusetzen versuchen, bekommen sie auch heute noch zu hören: »Hör auf damit, du benimmst dich wie Kaiserin Wu Zetian!«

»Früher kam ich oft mit meinen Eltern am Neujahrstag hierher«, sagt Hu Ye, nachdem wir ausgestiegen sind und das Taxi wegfährt. »Wer an Neujahr als Erster den Tempel betritt, hat das ganze Jahr lang Glück. Frühmorgens drängen sich Tausende von Menschen vor dem Tor, um als erster hineinzukommen.«

Hu Ye weist mich auf die als Relief gemeißelten Wolken, Kraniche und Blumen hin, mit denen die zinnoberroten Türen des Tores verziert sind.

»Irgendwo in diesen Reliefs ist ein kleiner Glücksaffe verborgen. Das Äffchen ist eine göttliche Inkarnation, heißt es. Wenn du ihn findest, musst du ihn berühren. Im Tempel sind noch zwei weitere Affen versteckt. Wenn man alle drei Affen entdeckt und berührt, dann bringen sie dem Finder lebenslang Wohlstand und Glück.«

Ich entdecke das Toräffchen in einer Ecke auf der rechten Seite, lege meine Hand auf die Figur und denke eine Weile an nichts.

Wir gehen durch den Torbau und bleiben kurz bei einer Steinbrücke stehen. Im Brückenbogen hängen zu beiden Seiten zwei stark vergrößerte chinesische Münzen mit einem Loch, in dem eine Kupferglocke baumelt. Auf dem Betonboden etwa drei Meter darunter liegen zahllose Münzen.

»Willst du auch eine Münze werfen?«, fragt Hu Ye lachend. »Wenn es dir gelingt, mit einer Münze die Glocke zu treffen, darfst du dir was wünschen.«

Ich krame mein Portemonnaie aus meinem Rucksack und fische drei *Jiao*, drei chinesische Cent, heraus. Ich ziele auf die Glocke, die im viereckigen Loch des riesigen bronzenen Geldstücks hängt. Dreimal prallen meine Münzen jedoch mit einem hohen Ton von den Bronzescheiben ab und fallen unter die übrigen unzähligen Münzen auf dem Boden, wo sie von Mönchen am Ende des Tages als Almosen aufgesammelt werden.

Wir gehen über die Brücke zu einem Innenhof, in dem ein massiver kupferner Opfertisch steht. Eine Chinesin hält fünf Weihrauchstäbe gebündelt in ihren Händen, jeder einzelne wohl einen halben Meter lang. Sie ist in Begleitung eines Mannes, der vor ihr steht. Ob er wohl ihr Ehemann, ihr Bruder oder Schwager ist? Mit einer zierlichen Bewegung entzündet sie die Stäbe mit einem Streichholz. Sie wedelt mit dem Bündel durch die Luft, so dass die brennenden Spitzen zu glühen beginnen. Sie beugt ihre Stirn zu den Stäben hinab, hält sie dann in die Höhe und macht eine Verbeugung vor dem Altar, während sie ein Gebet murmelt.

Hinter dem kupfernen Altar sehe ich den *Lingguan*-Tempel, der hier zur Zeit der Tang-Dynastie zu Ehren von Wang Lingguan, dem Schutzheiligen der Daoisten, errichtet wurde. Um ihn herum stehen Holzbauten mit Steindächern, deren Spitzen in einem Drachenkopf enden. Überall sind Abbildungen von Tieren zu sehen: Auf den Wänden, auf den Holzpanelen der Tempel und auf den Kupferkesseln. Ein großes Bronzepferd in glänzender Patina steht auf einem Sockel. Das Pferd ist eine Ikone des Daoismus und auch in der traditionellen chinesischen Malerei ist es ein beliebtes Motiv. Noch immer sehen die Chinesen das Pferd als ein edles Tier, das in einem engen Verhältnis zum Menschen steht. Die Beziehung zwischen Mensch und Natur ist das eigentliche Kernthema des Daoismus.

Wie viele chinesische Tempel wurde auch der Weiße-Wolken-Tempel mehrfach zerstört. Die heutigen Gebäude stammen aus der Ming- und Qing-Zeit und haben die Kulturrevolution überlebt; 1984 wurde der Tempel wiedereröffnet. Heute leben hier einige Dutzend daoistische Mönche; ein paar davon habe ich vorhin mit ihren weißen Gamaschen hinter dem offenen Tor vorbeilaufen sehen. Sie gehören zur Schule der *Vollkommenen Wirklichkeit*, einer der wichtigsten daoistischen Strömungen in China.

Nicht unter einem weißen, sondern einem schmuddeligen, wolkenlosen Himmel spazieren Hu Ye und ich zum *Laolu*-Tempel. In einer Galerie voller farbenprächtig bemalter Götterstatuen hält mir Hu Ye einen kleinen Vortrag.

»Hier stehen die *Baxian*, die *Acht Unsterblichen Gottheiten* des Daoismus«, sagt Hu Ye ehrfürchtig. »Sie bereichern dein Leben und behüten dich vor Unheil. Der Legende nach sind sie in der Tang- und der Song-Dynastie geboren. Eine von ihnen, He Xiangu, ist eine

Frau; schau dort, sie hat eine Lotusblume in der Hand. Die *Acht Unsterblichen* kennen alle Geheimnisse der Natur. Ebenso wie die *Vier Klassischen Schönheiten* findet man sie in der chinesischen Kunst, auf Vasen und Gemälden, und auf dem Ramsch, den die Touristen kaufen. Die Legende der *Acht Unsterblichen* hat der Zahl Acht in der chinesischen Kultur eine magische Bedeutung verliehen. Es ist die Glückszahl schlechthin. Die Olympischen Spiele in Peking wurden acht Minuten nach acht am achten Tag des achten Monats im Jahr 2008 eröffnet. Doch He Xiangu ist nicht die bedeutendste Gottheit des Daoismus. Das ist Xi Wangmu, die königliche Mutter des Westens, über die wir auch schon in der Schule etwas erfahren haben. Der Sage nach lebte sie im *Kunlun*-Gebirge im Westen Chinas, in einem Palast mit einem himmlischen Pfirsichgarten, in dem ein magischer Baum stand. Nur einmal in dreitausend Jahren, am Geburtstag Xi Wangmus, reiften die Pfirsiche an diesem Baum. Zu ihrer Geburtstagsfeier lud sie dann – neben anderen Göttern – auch die *Acht Unsterblichen* ein. Zusammen aßen sie von den Früchten, die ihnen Unsterblichkeit verliehen.«

Nachdem wir die Galerie verlassen haben und über die Schwelle des Tempels treten, sehe ich acht Skulpturen auf dem Altar. Dieses Mal weiß ich, um wen es sich handelt, ich habe meine Hausaufgaben gemacht.

»Das ist bestimmt der Gründer der Schule der *Vollkommenen Wirklichkeit* mit seinen sieben Schülern, nicht wahr?« frage ich.

»Ja, das ist richtig«, flüstert Hu Ye, »diese kleine rote Säule ist eine Ahnentafel. Sie wird immer noch verwendet, um die Ahnen zu ehren. Die Namen der Verstorbenen werden in chinesischen Schriftzeichen darauf verzeichnet. Sie wird auf den Alter gesetzt oder über der Statue der Gottheit aufgehängt und angebetet.«

Ich muss an Andachtsbildchen mit Fotos der Verstorbenen denken, wie wir sie von Beerdigungen kennen.

Hu Ye ist von dem, was sie sieht, gerührt und kniet sich auf eines der mit Goldbrokat bezogenen Gebetsbänkchen, die in großer Zahl vor dem Altar stehen. Ich schließe mich ihr an und schaue leicht verschämt – denn anders als sie kann ich keine Andacht empfinden. Am Sockel jeder Statue stehen Teller mit Opferfrüchten: Stücke von Me-

Abb. 4: Wang Chongyang, der Gründer der Quanzhen-Schule, sitzt hier im Kreis seiner Schüler. In der oberen Reihe, dritte von rechts, sitzt Sun Bu'er (1119-1182). Auch ihr Ehemann Ma Danyang zählte zu den Schülern Wangs.

lonen, Pfirsichen und Äpfeln. Als ich die Luft durch die Nase einatme, rieche ich ein Gemisch aus Weihrauch und dem Duft der Früchte.

Dann erkenne ich die Statue von Sun Bu'er, der einzigen Frau unter den sieben Schülern von Wang Chongyang (1112-1170), dem Gründer der Schule der *Vollkommenen Wirklichkeit.* Sun wurde 1119 nach Christus während der Song-Dynastie in einem kleinen Küstendorf in der Provinz Shandong geboren. Ihre Mutter träumte einst, dass sieben Kraniche durch ihren Garten stolzierten. Sechs Kraniche flogen davon, während der siebte in den Körper der Mutter kroch. Neun Monate später wurde Sun Bu'er geboren. Der Kranich steht für ein langes Leben und ist ein Sinnbild der Unsterblichkeit.

Schon in ihrer Jugend zeigte sich, dass Sun über besondere Gaben verfügte. Sie widmete sich mit besonderer Vorliebe dem Gesang, der Kalligrafie und war beseelt vom Weg zur Unsterblichkeit. Sie studierte das *Yijing* und lernte ihre Atmung und sexuelle Energie zu kontrollieren. Eines Tages fasste sie den Entschluss, sich vollkommen dem Dao zu widmen. Sie verließ ihre Familie, um sich den anderen

Schülern Wang Chongyangs anzuschließen, die in einer Höhle bei Luoyang in der Provinz Henan lebten. Bevor sie dort ankam, übergoss sie sich selbst mit Öl und verbrannte sich ihr Gesicht. Sie wollte für Männer nicht mehr anziehend sein, sich von äußerlichem Gepränge distanzieren und sich völlig dem Dao widmen. Den Rest ihres Lebens verbrachte sie mit den anderen Schülern in der Höhle, die ›die Höhle der jungen Frau Feng‹ genannt wurde. Für Chinesinnen ist Sun Bu'er das, was ›eine, wie keine zweite‹ bedeutet: eine Heldin.

Ein rotes Gewand hängt lose um die Schultern der Statue, Sun Bu'er schaut erhaben.

»Hu Ye«, frage ich, als ich sehe, dass sie ihr Gebet beendet hat, »eine Sache verstehe ich allerdings nicht. Wir sind hier im Weiße-Wolken-Tempel, dem vielleicht wichtigsten Tempel des Daoismus. In welcher Beziehung steht nun eigentlich der Daoismus des Weiße-Wolken-Tempels zum Buddhismus?«

»Ach«, antwortet sie mit einem Schulterzucken, »ihr Westler denkt immer in solchen Schubladen. Wenn man sich hier richtig umschaut, entdeckt man auch viele buddhistische Einflüsse. Daoismus, Buddhismus und Konfuzianismus sind in China eigentlich nicht voneinander zu trennen. In der Wahrnehmung der Menschen fließen sie eher ineinander. Viele Chinesen sind heute Daoisten, Buddhisten und Konfuzianer in einem, womöglich sogar ohne sich dessen bewusst zu sein. Wir nennen das in China *Sanjiao*, die drei Religionen. Was ihr als Gegensätze empfindet, sind für uns Chinesen sich ergänzende Elemente.«

Eine interessante Bemerkung von Hu Ye, die dazu führte, dass ich gleich nach meiner Rückkehr nach Amsterdam noch einmal ein paar Bücher zur Hand nahm. In *Women in Daoism* von Livia Kohn und Catherine Despeux lese ich, dass Daoisten mit Hilfe von Atemübungen, Diät, Gymnastik, sexueller Hygiene, der Absorption von Sonnenlicht und Meditation versuchen, Unsterblichkeit zu erlangen. Ein Daoist will unsterblich werden, sich über alle physischen und geistigen Beschränkungen erheben, den Kosmos als befreite Seele durchwandern und nur hin und wieder in selbst gewählter Gestalt auf die Erde zurückkehren, um auf das Schicksal der Menschen Einfluss zu nehmen.

Ein Buddhist will Erleuchtung erlangen, sein Himmel heißt Nirwana. Dort angelangt, findet sein Zyklus der Wiedergeburten ein Ende: Er kehrt nie wieder auf die Erde zurück. Sich die sexuelle Energie zu Nutze zu machen ist für den Buddhisten kein Weg zur Erleuchtung, wie er es für den Daoisten ist. Für Buddhisten ist Sex vor allem eine Begierde, von der man sich durch Enthaltsamkeit zu befreien lernen sollte.

Die Konfuzianer verehren keine Gottheiten. Sie bekennen sich zu einem ethischen und philosophischen System: zu Regeln, wie sich Männer und Frauen bei Hof, innerhalb der Familie und im öffentlichen Leben verhalten sollen. Die Verehrung der Ahnen, die mit gutem Beispiel vorangegangen sind, ist im Denken eines Konfuzianers sehr wichtig. Für Konfuzianer war Sex funktional. Es war eine moralische Pflicht die Ahnenlinie fortzusetzen. War der Pflicht Genüge getan, wurde der Sexualmoral von Eheleuten nicht so viel Gewicht beigemessen.

Frauen kommen in den spärlichen daoistischen Quellen, die sich erhalten haben, als Laien, Priesterinnen, Einsiedlerinnen und Unsterbliche vor. Früher suchten Frauen Zuflucht in daoistischen und buddhistischen Klöstern, um häuslicher Gewalt zu entfliehen. Oder sie kamen dort nach einer Scheidung oder dem Tod ihres Ehemannes unter. Doch von jeher sind Frauen auch aus Berufung ins Kloster gegangen. Nonnen waren beliebt, da sie verheirateten Frauen halfen, Kranke zu pflegen und Kinder zu unterrichten. Von Konfuzianern wurde ihnen jedoch vorgehalten, ihren weiblichen Pflichten nicht nachzukommen. In der Bevölkerung hielt sich zudem hartnäckig das Gerücht, dass in den buddhistischen Klöstern der freien Liebe gefrönt werde und Nonnen verkappte Prostituierte seien.

Hu Ye und ich steigen wieder zur Galerie hinauf, ein Schild weist uns darauf hin, dass wir nun in Richtung *Chihang*-Tempel gehen.

»Komm, ich zeige dir einen Bodhisattwa, der sowohl von den Buddhisten als auch von den Daoisten verehrt wird«, sagt Hu Ye.

Auf einem schwarzen Podest steht in strahlendem Gold Guanyin, die Göttin des Mitgefühls. In die Zierleiste über ihrem Kopf sind goldene Drachen eingelegt. Guanyin trägt eine goldene Krone, und ein Yin-Yang-Zeichen hängt wie eine Aureole hinter ihrem Haupt.

»Oben auf Guanyins Krone«, fährt Hu Ye fort, »sieht man eine kleine Sonne als Symbol des Lichts. Bei den Buddhisten sieht man an dieser Stelle eine Darstellung Buddhas. Im indischen Buddhismus war Guanyin eigentlich ein Mann, aber je mehr Statuen von ihr geschaffen wurden, desto mehr wandelte sie sich zu einer Göttin mit einem kleinen Kind auf dem Arm. Guanyin wird auch mit dem Gebären von Kindern assoziiert. Manchmal wird sie mit einer Vase dargestellt, aus der sie Wasser auf den Boden gießt, um Menschen vor Gefahr zu beschützen.«

Eine rote Stola hängt von ihren Schultern bis zu ihren Füßen. Ich muss an die katholischen Marienstatuen denken, die von den Jesuiten nach China gebracht wurden. Ob Guanyin deshalb wohl so oft mit einem Kind auf dem Arm dargestellt wird? Neben Guanyin stehen zwei kleine Statuen, die sehr stark an Engel mit Flügeln erinnern. Links von Guanyin steht eine konische, mannshohe Lichtsäule. Als ich näher herangehe, sehe ich, dass die Lichtsäule mit Miniaturstatuetten von Guanyin bestückt ist. Über jeder Statuette brennt ein Lämpchen. Es scheint sich tatsächlich um eine Art Maria zu handeln, die überall in China als Beschützerin angebetet wird. In der heutigen Zeit, da die Religion wieder in China Einzug gehalten hat und Millionen von Tempeln errichtet oder renoviert worden sind, wird Guanyin wieder sehr verehrt. Ich schaue mir die Opfergaben auf dem Altar an: Blumen, Mandarinen, Weihrauchstäbchen. Ganz anders als das nüchterne Grab von Qiu Jin, der ersten Feministin des prämodernen China, am Westsee, an dem Colin und ich 2007 standen.

»Guanyin wird täglich von Millionen von Chinesen geehrt und angerufen«, erzählt Hu Ye. »Sie hat ein Herz aus Gold und weist niemanden zurück. Jeder sucht Trost bei ihr. Sie heilt die Kranken und bietet Menschen in Not Schutz. Gerade aus diesem Grund ist sie in China vielleicht die populärste und einflussreichste Frau aller Zeiten.«

Ich verweile lange vor ihr, um ihre Gestalt in mich aufzunehmen. Guanyin ist schließlich ein Musterbeispiel dafür, was Chinesen als schön und edel empfinden.

Als Hu Ye und ich den Weiße-Wolken-Tempel verlassen, ist es halb eins am Mittag. Im Tempel ist kein Mönch mehr zu sehen; wahrscheinlich sind alle beim Mittagessen.

An diesem Abend arbeite ich meine Aufnahmen durch und mache meine Aufzeichnungen. Aus unserem Tempelbesuch habe ich viel gelernt, aber wie immer werfen die Antworten neue Fragen bei mir auf: Wenn die Frau im Daoismus eine so wichtige Rolle gespielt hat, wie ist es dann möglich, dass Sun Bu'er und He Xiangu die jeweils einzigen Frauen unter den Unsterblichen der *Baxian* und der Schule der *Vollkommenen Wirklichkeit* sind?

Thomas Cleary, der zahlreiche Bücher über chinesische Religion übersetzt hat, bietet eine Erklärung. In seinem Buch *Das Tao der weisen Frauen*, das ich auf die Reise mitgenommen habe, schreibt er, dass über Frauen als Unsterbliche wenig oder nichts geschrieben wurde. Um dies zu erklären, führt er zwei alte Aussprüche an. »Sie taucht ins Wasser ein, ohne die kleinste Welle zu erzeugen« und »Der geschickte Handwerker hinterlässt keine Spuren«.

Kurzum, Unsterbliche wären keine wahren Daoistinnen, wenn sie nicht unsichtbar und unbemerkt geblieben wären. Außerdem, schreibt Cleary, wurden Texte über Frauen jahrhundertelang vornehmlich von gelehrten Männern verfasst. Gemäß der vorherrschenden Auffassung von Tugend und Moral schrieben diese Männer allerdings nur über Frauen und ihre dienende Rolle im weiteren und engeren Familienkreis.

Frauen, die den Mut und die Kraft aufbrachten, sich anders zu verhalten, als es der moralische Kodex des Konfuzianismus vorschrieb, wurden von jeher übernatürliche Kräfte zugesprochen. Solche Frauen wurden als Engel, Göttinnen oder Unsterbliche bezeichnet, die in der Gestalt eines Menschen oder eines Tieres auf die Erde zurückkehren konnten.

Catherine Despeux und Livia Kohn schreiben in ihrem Buch *Women in Daoism* jedoch, dass im *Shiji*, den von Sima Qian, dem Vater der chinesischen Geschichtsschreibung, verfassten Kanon der Geschichte Chinas unter anderem auch Biographien von unsterblichen Frauen enthalten sind. Außerdem sind Biographien Unsterblicher aus der schriftlichen Überlieferung späterer Kaiserreiche bekannt.

Eine der bekanntesten Unsterblichen ist Magu, auch die *Hanffrau* genannt. Sie lebte in der Han-Dynastie und erschien unter den Menschen als junge Frau von überirdischer Schönheit. Sie hatte ihr Haar hochgesteckt und trug ein leuchtendes, farbenprächtiges, lose fallen-

Abb. 5:
Die Göttin Magu ist eine berühmte daoistische Unsterbliche der chinesischen Mythologie. In der chinesischen Kunst wird Magu in der Regel mit einem Korb dargestellt, in dem sie Cannabis oder Pfirsiche mit sich führt.

des Gewand. Ihre Hände sahen aus wie Vogelklauen. In der Schule der *Vollkommenen Wirklichkeit* galt sie als Vorbild dafür, was eine Frau erreichen konnte. Sun Bu'ers Ehemann, Ma Danyang, lese ich in *Women in Daoism*, schrieb über die Hanffrau:

> »Ihr daoistischen Frauen, horcht auf und hört mir gut zu,
> Lernt von der Hanffrau,
> Auch ihr könnt Reinheit und Klarheit erlangen,
> wenn ihr euch ihrer bewunderungswürdigen und hervorragenden Praktiken bedient.
> Bemüht euch nicht darum schlau und klug zu sein; das ist nicht wichtig,
> Benehmt euch wie Narren und handelt kindlich unbefangen,
> während ihr in eurer Spiritualität innerlich wachst.
> Wenn ihr euren Geist geübt und euer Wahres Wesen erkannt habt, werdet ihr bald in den Jade-Palast eingehen.«
> (Despeux, S. 98; Übersetzung aus dem Engl. von Monika Knaden)

Zudem gibt es die Legende der Fu-Töchter, die sich als Männer verkleideten, um die Ehre ihrer Familie zu retten. Diese konfuzianistische Konditionierung der chinesischen Frau ist jahrhundertelang unglaublich stark gewesen. Wie stark, illustriert Thomas Cleary mit der Legende der vier Fu-Töchter aus der Han-Dynastie:

> »Dies ist die Geschichte der berühmten vier Töchter der Fu-Familie, die während der frühen Han-Dynastie lebten, in der Mitte des zweiten Jahrhunderts nach Christus. Es wird berichtet von einem Herrn Fu, einem wohlhabenden Landbesitzer und bekannten Philantrophen, der im Alter von fünfzig Jahren immer noch keinen Sohn hatte, aber vier intelligente und wohlerzogene Töchter.
>
> Als die vier Töchter den fünfzigsten Geburtstag ihres Vaters feierten, sagte der Vater: »Ich bin nun fünfzig Jahre alt und habe keinen Sohn – welchen Wert hat dann ein langes Leben?« Die Töchter antworteten: »Sie haben auf einen Sohn gehofft, weil Ihre alten Tage damit gesichert wären. Wir sind Frauen, aber wir können die Arbeit und Pflichten von Söhnen übernehmen und für unsere Eltern sorgen, so grämt euch nicht.«
>
> Am nächsten Tag zogen sie Männerkleider an und alle blieben unverheiratet, so dass sie zu Hause bleiben und für ihre Eltern sorgen konnten. Sie waren gebildet, lasen die Klassiker und die Bücher der Philosophen und waren weithin für ihre Tugend und Mildtätigkeit bekannt. Nach dreißig Jahren erreichte die ganze Familie – Vater, Mutter und vier Töchter – die absolute Glückseligkeit und alle stiegen als Heilige in den Himmel auf.«
> (Cleary, S. 384f; Übersetzung aus dem Engl. von Monika Knaden)

Die Legende der Fu-Schwestern fügt sich in die daoistische Tradition ein, spielt aber zur Zeit der Han-Dynastie, in der der Konfuzianismus bereits die Familienverhältnisse prägte. Das Bemerkenswerte an dieser Legende ist Cleary zufolge, dass die Schwestern sich ihrer gesellschaftlichen Konditionierung bewusst waren. Die Fu-Schwestern wollten die Rolle von Söhnen übernehmen und mussten dazu in Männerkleider schlüpfen. Ebenso wie Hua Mulan ging es ihnen darum, ihrem Vater zu helfen. Indem sie sich als Männer verkleideten, befreiten sie sich von dem Korsett, in das der Konfuzianismus die Frauen geschnürt hatte. Das war so mutig und so ungewöhnlich, dass die Fu-Schwestern zur Legende und als Heilige verehrt werden.

Ob die Unsterblichen Frauen, die Fu-Schwestern, Hua Mulan und andere legendäre Frauen, die Männerkleidung trugen, je wirklich existiert haben, wissen wir nicht. Qiu Jin ist die einzige historisch bekannte Frau, von deren Existenz wir mit Bestimmtheit wissen. Die revolutionäre Qiu Jin zog zu Beginn des zwanzigsten Jahrhunderts ebenfalls Männerkleidung an; nicht um ihre Tochterpflichten zu erfüllen, sondern weil sie eine überzeugte Feministin war. Sie begehrte gegen das alte Kaiserreich auf, das keinen Raum für selbstständige und gebildete Frauen ließ. Für ihre Überzeugungen war sie bereit zu kämpfen und wurde in der politischen Geschichte Chinas zur Legende.

KAPITEL 3

Konfuzius und
seine gehorsamen Frauen

Im Pekinger Stadtviertel Dongcheng steht das ›Vogelnest‹, das futuristisch anmutende Olympiastadium, mit dem sich China 2008 der Welt als neue Supermacht präsentierte. Ganz in der Nähe an der Guozijian-Straße liegt eines der letzten noch erhaltenen *Hutongs* aus Pekings geschichtsträchtiger Vergangenheit. Der Name der Straße Guozijian bedeutet so viel wie ›Schule des Staates‹ und hier befindet sich die einzige noch erhaltene Kaiserliche Akademie, in der früher die höchsten Verwaltungsbeamten des Landes ausgebildet wurden. Auf dem gleichen Areal steht auch der Konfuziustempel und zwei Straßen weiter erhebt sich der berühmte buddhistische Lama-Tempel (*Yonghegong*), die am besten erhaltene Klosteranlage Pekings und ein Anziehungspunkt für täglich hunderte, manchmal auch tausende von Touristen und Pilgern.

Mit dem Besuch des Konfuzius-Tempels und der Kaiserlichen Akademie will ich mir einen Eindruck von dem größten Denker Chinas verschaffen, dessen Philosophie und Moralvorstellungen die Rolle der Frau jahrhundertelang geprägt haben.

In der Guozijian-Straße wimmelt es von Läden und Buden, in denen man religiöse Devotionalien wie Buddhastatuen und Weihrauch kaufen kann. Hoch über der Straße wölbt sich ein traditionelles Holztor, das von zwei zinnoberroten Säulen getragen wird. Seine Giebelplatte ist mit Blumenmustern in Blau- und Grüntönen verziert.

In dieser Umgebung mit traditionellem Dekor aus alten Zeiten treffen wir vor allem auf ältere Männer und Frauen. Manche sind mit einer Tunika, einem hochgeschlossenen langem Hemd aus Baumwolle oder Seide bekleidet, die sie über einer weitfallenden Hose tragen. Auch sieht man Menschen im Mao-Anzug, ein Kleidungsstück, das

Abb. 6: Konfuzius (551-479 v. Chr.),
gemalt von Ma Yuan (1160-1225)

Ende des 19. Jahrhunderts von Sun Yat-sen, dem Gründer der früheren Republik China, eingeführt wurde. Was wir fälschlicherweise als Mao-Anzug bezeichnen, ist eigentlich, entsprechend dem chinesischen Namen für Sun Yat-sen (Pinyin: Sun Zhongshan), ein *Zhongshan*-Anzug.

Hu Ye nimmt ein Taschentuch aus ihrer Tasche und wischt sich den Schweiß von der Stirn.

»In der Schule habe ich viel über Konfuzius gehört. Seine Lehre ist ziemlich moralistisch und belehrend«, erinnert sie sich. »Konfuzius wurde in der Küstenprovinz Shandong geboren. Seine Familie lebte an der Armutsgrenze. Obwohl er aus gutem Hause stammte, musste er für seinen Lebensunterhalt hart arbeiten. Die längste Zeit seines Lebens war er Privatlehrer, in dieser Zeit entwickelte er seine Vorstellung von Moral im gesellschaftlichen Zusammenleben.«

Hu Ye und ich betreten die Welt des Konfuzius durch das *Lingxing*, das Haupttor. Unmittelbar dahinter stoßen wir auf die Gestalt des alten Philosophen: Seine Statue aus weißem Marmor hat Ähnlichkeit mit Gandalf, dem Zauberer aus dem Film *Der Herr der Ringe*, allerdings mit einem chinesischen Touch. Er hat ein breites Gesicht, aus dem große, kugelige Augen freundlich in die Ferne starren. Das Haar ist in traditioneller Weise zu einem Knoten auf dem Kopf zusammengebunden, der lange Bart in zwei Hälften geteilt und seine Toga in symmetrische Falten gelegt, während er die Hände in einer theatralischen Gebärde hoch vor der Brust faltet.

Ganz anders zeigt ihn ein alter Druck (siehe Abb. oben): ein Mann mit einem markanten Charakterkopf, den der Chinaexperte Kristofer Schipper als Umschlagbild für seine aktuelle niederländische Über-

setzung des *Lunyu*
(*Die Gespräche*), dem
Hauptwerk des alten
Philosophen und klas-
sischen Schulmeisters
aller Chinesen, ver-
wendet hat.

Konfuzius war ein
Denker und Philo-
soph, der um 500 vor
Christus lebte. Seine
Schriften beeindruck-
ten auch die Jesuiten,
die im 16. Jahrhun-
dert nach China ge-
kommen waren, um
das Land zu christia-
nisieren. Sie erkann-
ten beim Studium der
konfuzianischen Leh-
re, die inzwischen zur

Abb. 7: Die Autorin mit einer Statue des Konfuzius.

Staatsideologie erhoben worden war, viele Übereinstimmungen mit
den katholischen Glaubenssätzen und waren tief berührt. Somit bot
die praktisch formulierte Morallehre des Konfuzianismus gute An-
knüpfungspunkte für die Missionsarbeit der Jesuiten, mehr als der
Daoismus, in dem sie eine Form von Volksaberglauben sahen, und
mehr als der Buddhismus, der in ihren Augen gottlos und heidnisch
war. Kongzi, wie der alte Philosoph im Chinesischen genannt wird,
erhielt von den Jesuiten einen lateinischen Namen: Konfuzius, abge-
leitet von seinem Ehrentitel Kong Fuzi.

Wir schlendern an alten Zypressen vorbei, die imponierend wie
Bonsaibäume im Megaformat wirken. Ein Täfelchen an unserem
Spazierweg erzählt uns, dass sie ebenso alt sind wie der Tempel selbst,
also etwa 500 Jahre. Einer der Bäume hat sogar einen Namen: *Chu
jian bai* (*Das Böse erkennen*). Es geht die Legende, der Baum habe in
der Ming-Dynastie einem korrupten Amtsträger den Hut vom Kopf

geschlagen. Seither gilt die Zypresse als der Baum, der Gut und Böse unterscheiden kann.

»Korruption gab es zu allen Zeiten«, bemerkt Hu Ye, »doch unser Staatspräsident ist der Auffassung, dass China erst dann eine wirkliche wirtschaftliche Großmacht sein kann, wenn gegen die Korruption vorgegangen wird.«

Schweigend gehen wir auf ein anderes rotes Tor zu, das mit großen goldenen Knöpfen verziert ist. Neun in einer Reihe, um genau zu sein. Die Zahl neun steht symbolisch für den Kaiser. Links vom Tor hängt eine gigantische Bronzeglocke, auf der rechten Seite steht eine rot bemalte Trommel. Zwei Riesenschildkröten aus Stein flankieren das Tor. Eine alte Frau in grauer Arbeitskleidung fegt die steinernen Stufen mit einem Strohbesen.

»Der Kern des konfuzianischen Denkens«, erklärt Hu Ye, »wurde von einer Gruppe seiner Schüler schriftlich festgehalten, sie stellten seine Lektionen in den *Analecta* beziehungsweise im *Lunyu* zusammen. Tugenden wie Pietät, Nächstenliebe, Respekt, Treue und Ahnenverehrung stehen im Zentrum. Wenn die Machthaber mit gutem Vorbild vorangehen, ist das Volk gehorsam und es herrschen Ruhe und Ordnung in der Gesellschaft.«

»Ja«, sage ich, »und die Frau ist dem Mann untertan und die Eltern sind dafür verantwortlich, dass ihre Kinder eine gute Ehe eingehen. Von Männern aus der Oberschicht wurde erwartet, dass sie durch ihr Studium und ihr Benehmen zu einem *Junzi*, zu einer edlen Person, wurden. Jungen mit geringeren geistigen Fähigkeiten oder von niederem Stand wurden Händler, Bauern oder Soldaten. Frauen hingegen fiel die Aufgabe zu, Söhne zu gebären. Ihre Herkunft entschied über ihre Zukunft viel mehr als ihre Schönheit. Konfuzius war, kurz gesagt, der Auffassung, dass Harmonie herrscht, wenn jeder seinen Platz kennt.«

»In der Tat, Konfuzius geht davon aus, dass man nur durch Disziplin und das Studium der Klassiker zu einem guten Menschen werden kann«, bestätigt Hu Ye. »Ein Mann muss seinen Eltern gehorsam sein, eine Frau hat jedoch noch viel mehr Pflichten. Sie muss ihrem Vater, ihrem Mann und ihren Söhnen gehorsam sein. Das ist der ›dreifache Gehorsam‹, den eine Frau zu wahren hat. Und dazu muss sie sich noch der ›vier Tugenden‹ befleißigen: jederzeit moralisch handeln, nur geziemende Worte gebrauchen, bescheiden sein und fleißig arbeiten. Trotzdem haben Frauen hier immer eine Möglichkeit gefunden, ihren eigenen Weg zu gehen, aber der großen historischen Linie nach musste die Frau dem Willen des Mannes folgen.«

Wir gehen über eine Steinbrücke zur *Dacheng*, der Halle der Großen Vollendung, wo sich, wie in Konfuzius-Tempeln üblich, ein hölzerner Altar befindet. Im oberen Teil des Altars hängt eine Tafel, auf der der Name des Gelehrten in chinesischen Schriftzeichen steht. Auf der gegenüberliegenden Seite hängen die Namenstafeln seiner wichtigsten Schüler, von denen Menzius der wohl bedeutendste ist. Das Dach des *Dacheng* wird von Stützen in Zinnoberrot getragen, der Farbe all dessen, was kostbar und erhaben ist. Die Decke ist in Smaragdgrün gehalten, der Farbe der himmlischen Harmonie. In der Halle erinnern Steinskulpturen von Ochsen und anderen Opfertieren an Riten aus früherer Zeit. Neben dem Altar stehen Musikinstrumente und eine große Trommel auf einem Ständer. Keine Zeremonie ohne Getrommel, Gesang und das Rezitieren von Texten mit Musikbegleitung. Vor einem roten Seil steht ein Ehepaar mit seinem kleinen, etwa zehnjährigen Sohn. Der kleine Junge macht es seinen Eltern nach, er faltet die Hände vor der Brust und verbeugt sich dreimal vor der Statue des Konfuzius.

»Kann man sagen, dass der Konfuzianismus wieder auflebt, weil China zurzeit von einem harmonischen Zusammenleben weit entfernt ist?«

»Ach«, antwortet Hu Ye in ruhigem Ton, »die chinesische Führung möchte, dass wir uns mäßigen. Sie sagt, wir sollen unsere moralischen Werte wieder hochhalten. Das sei besser, als Besitz nachzujagen und unsere Lust auf Konsum zu stillen. Sie vergisst dabei allerdings, dass es für die meisten noch immer sehr schwer ist, ihre Grundbedürfnisse zu befriedigen. Mao propagierte die Zerschlagung der ›vier alten Dinge‹: der alten Sitten, der alten Gewohnheiten, der alten Kultur und der alten Denkweisen. Deng Xiaoping führte den Slogan ein ›Reich werden ist glorreich‹. Xi Jinping, unser jetziger Staatspräsident, verkündet nun, das Vorgehen gegen die überall existierende Korruption müsse eine Art moralische Erneuerung sein. Nach der Kulturrevolution nun die moralische Revolution. Ich, als junge Juristin«, fährt Hu Ye fort, »finde die Herangehensweise des Präsidenten nicht ganz realistisch. Natürlich werden die Menschen auch weiterhin nach größerem Wohlstand streben. Wenn man das Volk vor korrupten Beamten und Spekulanten schützen will, muss man für ein wirksames Rechtssystem sorgen.«

Ich nicke. In der Mittagshitze huschen Hu Ye und ich von Schatten zu Schatten über das Gelände der *Dacheng* auf unser neues Ziel zu: 198 rechteckige Stelen aus grauem Naturstein, die unter dem Vordach eines Gebäudes auf dem Gelände der alten Kaiserlichen Akademie stehen. Auf den Stelen, die den Bildersturm der Kulturrevolution mit den unvermeidlichen Schäden überstanden haben, sind die Namen von 51.264 Männern vermerkt, die während der Yuan-, der Ming- und der Qing-Dynastie ihr Studium an dieser konfuzianischen Akademie abgeschlossen haben.

Das Studium und die abschließende staatliche Prüfung, die die Kandidaten hier an der kaiserlichen Akademie ablegen mussten, wurden maßgeblich vom Neokonfuzianismus beeinflusst. Seit Beginn des 11. Jahrhunderts war eine Wiederbelebung des Konfuzianismus zu erkennen, die sich jedoch in den Jahrhunderten davor schon angedeutet hatte. Während der Tang-Dynastie (618-907), der Phase, in der der daoistische Weiße-Wolken-Tempel gebaut wurde, durchlebte China eine lange Phase ökonomischen Wachstums und kultureller Blüte, die mit relativ großer Freiheit einherging. Besonders im Süden führten Künstler und Bürger ein ausschweifendes Leben. Der Neokonfuzianismus, der Ende der Tang- und Anfang der darauffolgenden Song-Dynastie (960-1279) aufkam, war eine Reaktion darauf, eine moralische Neuorientierung.

Getragen wurde diese Bewegung von bedeutenden Gelehrten, einer der einflussreichsten war Zhu Xi (1130–1200). Seine umfangreichen Kommentare der konfuzianischen Klassiker prägten den Neokonfuzianismus nachhaltig über viele Jahrhunderte. Ethik und Spiritualität entlehnte er dem Daoismus und dem Buddhismus, wobei er allerdings eine stärkere Trennung zwischen Männern und Frauen vornahm. Während der mongolischen Herrschaft der Yuan-Dynastie (1279-1368) wurde das Levirat eingeführt, eine Regelung, nach der sich eine Witwe nur mit einem Mitglied der Familie ihres Mannes wiederverheiraten durfte. Ging sie dennoch eine Ehe mit einem Mann aus einer anderen Familie ein, musste sie ihren Brautschatz bei der Familie ihres ersten Mannes zurücklassen. Seit der Qing-Dynastie führten Frauen aus der Elite ein eher keusches und zurückgezogenes Leben. Sie kümmerten sich um den Haushalt und die Kinder, sie webten, spannen und stickten.

Das höchste Ziel des Neokonfuzianismus bestand darin, die kaiserliche Ordnung aufrechtzuerhalten. Die Bevölkerung sollte sich ihr mit kindlichem Respekt unterwerfen. Die klügsten Köpfe des Landes sollten für das alles entscheidende Staatsexamen die von Zhu Xi kodifizierten Klassiker studieren. Bestand man diese außerordentlich schwere Prüfung, erhielt man den akademischen Grad eines *Jinshi*, den höchsten Gelehrten- beziehungsweise Beamtentitel in der kaiserlichen Verwaltung.

Seit der Yuan-Dynastie wurde dieses extrem schwierige Staatsexamen hier abgenommen, wo Hu Ye und ich jetzt stehen. Das verschlägt mir fast die Sprache. Alle drei Jahre wurden die männlichen Kandidaten hier in eine der nur ein Quadratmeter großen Examenszellen ohne Kontakt zur Außenwelt eingeschlossen. Das Examen erforderte absolute Hingabe und jahrelange Zurückgezogenheit, um sich allein dem Studium zu widmen. Die Examenskandidaten waren ausnahmslos Männer. Das Studium war so beschwerlich und anspruchsvoll, dass manche daran verzweifelten, ernstlich krank oder verrückt wurden oder sich das Leben nahmen. Es gibt Geschichten über Frauen, die, abermals als Männer verkleidet, an diesen Examina teilnahmen und sie, ohne entdeckt zu werden, absolvierten. Ob es sich dabei um einen Mythos oder Realität handelt, bleibt auch hier ungewiss. Frauen waren, ebenso wie bei uns im Westen, zu dieser Zeit von höherer Bildung ausgeschlossen. Qiu Jin setzte sich dagegen zur Wehr. Doch das althergebrachte, über viele Jahrhunderte bestehende Verwaltungs- und Erziehungssystem Chinas wurde erst 1905 abgeschafft, als sie gerade von ihrem Studium in Japan nach China zurückkehrt war.

Hu Ye und ich gehen zum Ehrentor, einem Bau mit drei bogenförmigen Eingängen, in die gelb und grün glasierte Kacheln eingelassen sind, die in der strahlenden Sonne glänzen. Als ich die Schwelle überschreiten will, packt mich Hu Ye am Arm und hält mich zurück.

»Aus Respekt vor der Tradition muss man die Schwelle überspringen, nicht einfach darüber hinweggehen, dieser Sprung steht symbolisch für den Abschluss des Studiums und den Beginn eines gesellschaftlichen und beruflichen Aufstiegs. Jedes Jahr findet hier eine Zeremonie statt, in der die besten Studenten der Geistes- und Naturwissenschaften dazu eingeladen werden, über die Schwelle zu springen. Das Ereignis wird live im Fernsehen ausgestrahlt. Jedes Jahr beenden mindestens eine Million Studenten ihr Studium an chinesischen Universitäten. Kannst du dir vorstellen, wie schlau die besten dann sein müssen?«

Hinter dem Ehrentor liegt die *Biyong*-Halle, deren Name so viel bedeutet wie *Halle der Jadescheibe*, ein kaiserlicher Pavillon, der vom Enkel Kublai Khans zu der Zeit errichtet wurde, als die Mongolen in China an der Macht waren und den Konfuzianismus dazu nutzten, das Volk unter ihrer Knute zu halten. Der zierliche Pavillon steht auf einer Erhebung, umgeben von einem kunstvoll gestalteten Teich. An der Nordseite baumeln tausende roter Holzklötzchen an aufwendig geknüpften roten Seilen. Während wir auf dieses Meer schaukelnder roter Klötzchen zugehen, frage ich Hu Ye: »Das sind bestimmt Holzamulette, die von Examensstudenten aufgehängt wurden, oder?«

»Ja, das stimmt, damit bitten Studenten darum, dass sie ihr Examen bestehen«, erläutert mir Hu Ye geduldig. »Wir Chinesen glauben, dass jede kleine verdienstvolle Tat zu einem erfolgreichen, langen und glücklichen Leben beitragen kann. Die ineinander geschlungenen Knoten stehen für Bildung, Weisheit und die jeweiligen komplizierten Gefühlslagen des Menschen.«

In der *Biyong*-Halle stellen wir uns vor den hölzernen Thron, von dem aus der Kaiser sich alle drei Jahre mit einer Rede an die Absolventen der Akademie wandte und machen ein paar Schnappschüsse voneinander.

Auf dem Rückweg zum Haupteingang sehen wir rechts ein Gebäude mit einer Glastür. Wir gehen darauf zu. Die Tür öffnet sich zu einem kühlen, Ehrfurcht gebietenden Raum, in dem sich in zwei Reihen gewaltig große Steintafeln gegenüberstehen und einen langen, schier endlos wirkenden Gang bilden. Wir stehen vor den 189 Qianlong-Tafeln, die zur Zeit der Qing-Dynastie im Auftrag von Kaiser Qianlong geschaffen wurden. Auf ihnen sind die dreizehn Klassiker der konfuzianistischen Lehre mit insgesamt 626.000 Schriftzeichen eingraviert. Am Anfang des Gangs stehen die Standbilder der vier konfuzianischen Schüler, die als die wichtigsten Autoren der dreizehn Klassiker des Konfuzianismus angesehen werden. Hu Ye und ich sind von dem, was wir sehen, tief beeindruckt, insbesondere von der Leistung der Mönche, Hunderttausende von Schriftzeichen in Stein zu meißeln – es scheint uns nur schwer vorstellbar.

Schließlich treten wir von der angenehmen Kühle der Halle wieder nach draußen in die Mittagshitze.

»Was mich vor allem interessiert, ist, was Konfuzius über Frauen und Sexualität sagt. Ich vermute fast, nichts«, nehme ich unser Gespräch wieder auf.

Hu Ye nickt zustimmend. »Sex war für Konfuzius ein natürliches menschliches Bedürfnis wie Essen und Trinken. Aber Sex war nur in der Ehe erlaubt. Freier Sex stellte eine Gefahr für ein tugendhaftes Leben dar.«

»Ein Konkubinat war, meines Wissens nach, nicht immer verkehrt, oder? Wenn die erste Frau keinen Sohn geboren hatte, sollte die Konkubine dem Mann einen Sohn schenken, der die Linie der Familie fortführen konnte. Die Konfuzianer haben auch entsprechende Regeln dafür formuliert, wie ein Mann mit seiner Ehefrau und seiner Konkubine umgehen sollte. Dieser Hausherr in Zhang Yimous Film *Rote Laterne* hatte vier Konkubinen und offenbar hatte er diesen Leitfaden von Konfuzius nicht gelesen«, scherze ich, »oder waren es doch die Frauen, die sich nicht zu benehmen wussten? Nun ja, auf jeden Fall hat man, wenn man ihn schaut, einen sehr schönen Film über das Konkubinat in China gesehen.«

Hu Ye lächelt matt. »Weißt du, was Konfuzius über Frauen gesagt hat? Fast jeder Chinese kennt es: ›Mit Weibern und Knechten ist doch am schwersten auszukommen! Tritt man ihnen nahe, werden sie unbescheiden. Hält man sich ihnen fern, so werden sie unzufrieden.‹ Darum kam es zu einer starken Trennung: *Nei*, die Innenwelt, die Domäne der Frau und *Wai*, die Außenwelt, vor allem das Terrain des Mannes. Das galt für jeden, ob er nun sehr reich oder bettelarm, eine Konkubine oder Sklavin war.«

»Konfuzius fand menschliche Beziehungen also kompliziert«, schloss ich. »Vielleicht haben er und seine Schüler gerade aus diesem Grund ein ganzes System von Verhaltensregeln aufgestellt. Wenn ich darüber nachdenke, Hu Ye, muss ich zugeben, dass Chinesen sich gegenüber Landsleuten, die auf der sozialen Leiter unter ihnen stehen, oft anders verhalten. Wang, meine Freundin in Peking, die früher meine *Ayi*, meine Haushaltshilfe war, warnte mich immer davor, Bettlern auf der Straße oder der Putzfrau in meinem Apartment zu viel Aufmerksamkeit zu schenken. Sie selbst wahrte auch gern eine gewisse Distanz, sie fühlte sich am wohlsten, wenn über ihre Aufgaben im Haus Klarheit herrschte.«

»Aus Konfuzius' Blickwinkel war Wang dann bestimmt eine ideale Frau«, antwortete Hu Ye. » ›Sie, die drinnen ist, ist keusch, den Männern in der Familie gehorsam und konzentriert sich auf die Aufgaben im Haushalt.‹ Doch Konfuzius hat auch gesagt, dass zwischenmenschliche Beziehungen, die sogenannten *Guanxi*, sehr wichtig sind. Das hat mit dem Begriff *Ren Qing* zu tun, mit gegenseitigem Interesse oder so etwas wie ›eine Hand wäscht die andere‹.«

In Freundschaften sind Chinesen nicht berechnend, auf der Basis von Gegenseitigkeit tun sie vielmehr alles füreinander, denke ich mir.

Hu Ye und ich gehen zum Ausgang. Ich fühle mich ein wenig benommen. Ich habe das Gefühl, zu viele Eindrücke aufgenommen zu haben, und denke an den Beginn unseres Gesprächs zurück.

»Hu Ye, was denkst du? Kann das neuerwachte Interesse für Konfuzius den Weg zur Rechtsstaatlichkeit in China voranbringen?«

»Ach«, antwortet sie etwas verhalten, »der Konfuzianismus war nie weg gewesen. Er steckt einfach in unseren Genen.«

Hu Ye und ich überqueren die zinnoberrote Schwelle am Eingangstor des Konfuzius-Tempels und tauchen wieder in den Pekinger Alltag ein, an der Straße halten wir ein Taxi an. Kurz darauf fahren wir auf dem Weg zum Double Happiness Hotel am ›Vogelnest‹ vorbei. Ich erinnere mich an das Konfuzius-Zitat, mit dem die Olympischen Spiele 2008 eröffnet wurden: »Welch ein Glück ist es, Freunde von weither willkommen zu heißen.«

Als ich in Amsterdam an meinem Schreibtisch sitze und meinen Text ausarbeite, mache ich mich auf die Suche nach gebildeten Frauen in der Qing-Dynastie, die es durchaus gab, natürlich nur in der Elite, aber immerhin gab es sie.

In begüterte Familien kam damals ein Lehrer zu den Damen nach Hause, um sie im Schreiben der Schriftzeichen zu unterrichten. Etwa zu Beginn unserer Zeitrechnung gab es schon eine weithin bekannte, sehr gebildete Frau in China: Ban Zhao, die Gedichte und Prosatexte schrieb. Aus ihrer Feder stammen die *Gebote für Frauen*, eine Art Leitfaden, den man Frauen mitgab, die ihr Elternhaus verließen, um fortan bei der Familie ihres Mannes zu leben. Auch in den späteren Dynastien schrieben Frauen Gedichte und Theaterstücke. In der Mehrzahl handelten sie von ihrem Leid und ihrer untergeordneten Rolle. Aber es gab auch Frauen, die über Heldinnen schrieben, die sich – das dann doch – als Männer verkleideten.

In dem Buch *Het hemels mandaat* (*Das himmlische Mandat*), in dem uns Barend J. ter Haar auf meisterhafte Weise die Geschichte des chinesischen Kaiserreiches nahebringt, lese ich über gelehrte, hochgebildete Frauen, die Gedichte und Theaterstücke schrieben:

»Die Autorin des einzigen Theaterstücks, das unseres Wissens tatsächlich aufgeführt wurde, ist Wu Zao (1799-1862). Ihr Einakter mit dem Namen *Bildnis in Verkleidung* ist 1825 zum ersten Mal gedruckt worden. Wu Zao entstammt einer Kaufmannsfamilie in Hangzhou, die wohlhabend genug war, um ihr und ihren Schwestern eine gute Erziehung angedeihen zu lassen. Sie heiratete einen Kaufmann, hatte aber auch Kontakte zu anderen gebildeten Frauen. Bei dem Theaterstück handelt es sich um einen langen Monolog im Wechsel mit Liedern, gesprochen und gesungen von einem männlichen Hauptdarsteller vor einem Gemälde von Wu Zao in Männerkleidung. Wie viele von Frauen verfasste Theaterstücke aus dieser Zeit, spielt auch dieses mit dem Rollenwechsel, der der Autorin die Möglichkeit gibt, ihre Frustration über die Männerwelt zu äußern, die Frauen mit Ambitionen keinen Raum bietet.« (Haar, S. 468; Übersetzung aus dem Niederländischen von Bärbel Jänicke)

Ein interessantes Phänomen nahm im *Yao*-Volk in der Provinz Hunan seinen Anfang, in dem Frauen gegen den neokonfuzianischen Geist der Song-Zeit mit *Nüshu* eine eigene Schrift entwickelten. Eine Geheimsprache für Frauen, die sie in Fächern, Gemälden und Stickereien versteckten und die ihnen die Möglichkeit bot, fernab der kritischen Blicke ihrer Männer über das, was sie im Inneren bewegte, miteinander zu kommunizieren. Für heranwachsende Mädchen und jungverheiratete Frauen war *Nüshu* die Sprache der Freundschaft und des Trostes.

Mütter sorgten nicht nur für die Verbindung ihrer Tochter mit einem Mann, den sie im Alter von siebzehn Jahren heirateten, sondern Mütter bereiteten sie schon von Kindesbeinen an auf diese Ehe vor. Wenn sie sieben war, begann die Mutter bei ihrer Tochter mit dem schmerzhaften Brechen und Abbinden der Füße. Es war ihr durchaus bewusst, was ihre Tochter durchmachen musste. Denn schließlich hatte sie dieses Martyrium selbst auch durchlebt. Daher suchte sie im Dorf eine Freundin für ihre Tochter, mit der diese ihr Los teilen konnte. Die beiden wurden *Jiebaizimei*, so etwas wie ›verschworene Schwestern‹. Gemeinsam lernten sie *Nüshu* und führten Tagebuch, natürlich ebenfalls in der Frauenschrift. Wenn sie mit siebzehn heirateten, überreichten sich die Freundinnen ein Heiratsbüchlein in *Nüshu*, an dem sie oft jahrelang gearbeitet hatten. Es wurde das ›Büchlein des Dritten Tages‹ genannt, weil es von der Braut am dritten Tag des Hochzeitsfestes in Empfang genommen wurde. Nach dem Hochzeitsfest verschwand die Braut in der Abgeschiedenheit des Hausstandes ihres Ehemannes und dessen Familie. Manchmal schickten sich die früheren Busenfreundinnen weiterhin Nachrichten, in Fächern und Stickereien versteckt.

Wenn ein Mädchen sieben wurde und die Familie genügend Geld hatte, wurde ein Vermittler hinzugezogen, um eine *Laotong* für sie zu finden. *Laotong* bedeutet so etwas wie ›alte Kameradin‹, eine Freundschaft fürs Leben. Die *Laotong* stimmte in acht Merkmalen mit der Tochter der Familie überein: dem Geburtstag, der Größe, der Schuhgröße, der Intelligenz, der Schönheit oder deren Mangel, der Stellung innerhalb der Familie, der sozialen Klasse und dem Wohlstand der Familie.

Wenn die Seelenverwandten mit siebzehn heirateten, ging jede ihres Weges, aber mittels Mitteilungen in *Nüshu* und vereinzelten Besuchen blieben sie in Kontakt. Die Freundschaft zwischen *Laotongs* war intensiv, womöglich auch körperlich, und stellte eine Ausnahme dar in einer Zeit und einer Kultur, in der die Ehe als Eckpfeiler von Familie und Gesellschaft galt, aber Zuneigung zwischen den Ehepartnern sozial und kulturell eher unwichtig war.

2004 starb Yang Huanyi im Alter von 98 Jahren. Sie war die letzte Frau, die *Nüshu* noch beherrschte. Ihr Leben ist im *Nüshu*-Museum in ihrem Wohnort Jiangyong in der Provinz Hunan dokumentiert.

Der Roman *Der Seidenfächer* der chinesisch-amerikanischen Autorin Lisa See handelt von zwei ›Schwestern‹, denen es gelang, ihre unglücklichen Ehen dank des Verständnisses und des Trostes, die sie im Austausch ihrer in *Nüshu* verfassten Botschaften beieinander fanden, zu ertragen. Die Verfilmung des Buches im Jahr 2011 sorgte für ein Wiederaufleben der *Nüshu*-Schrift in China. In *Nüshu* konnten sich Frauen auch über die höllischen Schmerzen des Füßebindens austauschen, das sie sowohl buchstäblich wie auch sinnbildlich an das Haus fesselte. Wie weit das ging, kann man in Zhu Xis Werk *Familienrituale* nachlesen. Das Füßebinden war kein von Konfuzius für Mädchen vorgeschriebenes Ritual, kam aber zu Lebzeiten Zhu Xis immer mehr in Mode.

KAPITEL 4

Großmutter und
ihre eisernen Lotusfüßchen

Früh am nächsten Morgen spazieren Hu Ye und ich durch die Gärten des Double Happiness Hotels hinein in die *Hutongs*, um dort auf gut Glück nach einem Frühstückslokal Ausschau zu halten. Vor uns gehen zwei junge Mädchen in Hotpants und in Schuhen mit Plateausohlen – nach Amsterdamer Vorstellungen wäre das Hurenoutfit, aber ist das hier auch so? Während wir weiterspazieren, blicke ich dem auffällig aufgedonnerten Duo über die Schulter nach. Als Hu Ye es bemerkt, beginnt sie zu lachen.

»Fragst du dich, was das für Mädchen sind?«, errät sie meine Gedanken. »Mit Sicherheit kann ich es nicht sagen. Es könnten Mädchen sein, die zu ihrer Arbeit in einem Schönheitssalon gehen, aber genauso gut könnten es auch Studentinnen sein, die heute nicht zur Uni müssen und nun genüsslich in einem Kaufhaus auf Shoppingtour gehen wollen.«

»2011 interviewte ich Xinran, eine chinesische Schriftstellerin, die in London lebt«, erzähle ich. »Diese war der Meinung, dass viele junge Chinesinnen in der Stadt vom Weg abgekommen seien und eine sehr individualistische und materialistische Haltung hätten, gleichzeitig mangele es ihnen aber an Selbstvertrauen. Ohne Markenhandtaschen über der Schulter – ganz gleich ob echt oder unecht – fehle ihnen der Glaube an sich selbst.«

Hu Ye nickt und bemerkt scharf: »Ich kann diese Obsession für Geld und sündhaft teure Dinge überhaupt nicht nachvollziehen. Viele Frauen tun alles, um sich einen reichen Mann zu angeln, sie vertrauen nicht auf ihren inneren Kompass. Sie glauben, ihre Identität hänge von Geld und Schönheit ab.«

Hu Ye zupft mich am Ärmel. »Hierhinein«, sagt sie, während wir in eine Gasse gehen. Direkt vor uns hängt ein verwittertes Vordach an einer Fassade von unbestimmter Farbe. Der Essensgeruch aus dem Wok und der fade Duft von Jasmintee steigen mir in die Nase, als wir die schmierige Bude betreten. Wir setzen uns an einen Tisch am Fenster, auf dessen Resopalplatte dünne Papierservietten in einem Plastikständer stehen. Ein auffällig hübsches und adrettes Mädchen kommt, um uns zu bedienen. Wir bestellen Dampfbrötchen, pochierte Eier und eine Kanne Blütentee. Ein Hund spinst mit seiner Schnauze kurz durch die Plastikfäden des Fliegenvorhangs in der Türöffnung, wird von dem Mädchen aber gleich verjagt. Als wir uns den Dampfbrötchen zuwenden, frage ich Hu Ye, ob es in ihrer Familie Frauen mit gebundenen Füßen gegeben hat. Daraufhin erzählt Hu Ye von ihrer Großmutter, die gebundene Füße hatte.

»Meine Oma war stolz auf ihre gebundenen Füße; ohne sie hätte sie sich minderwertig und nicht so weiblich gefühlt. Füßchen, die nicht länger als sieben Zentimeter waren, also so groß wie ein Daumen, nannte man goldene Lotusfüßchen, Füße von zehn Zentimetern bezeichnete man als silberne Füßchen, und ab einer Länge von zwölf Zentimetern sprach man von eisernen Füßchen. Meine Großmutter hatte eiserne Füßchen.«

Hu Ye erzählt, dass ihre Oma aus einer Bauernfamilie stammte und mit ihren eisernen Füßchen auf dem Land arbeiten musste. Deshalb waren ihre Füße nur minimal abgebunden. Dennoch hatte auch sie große Schmerzen erleiden müssen, um bei potentiellen Heiratskandidaten Anklang zu finden. Am Abend des 23. Tages des achten Monats im fünften Lebensjahr ihrer Töchter legten alle Mütter des Dorfes kleine bestickte Lotusschuhe auf den Altar der Guanyin, der Göttin der Barmherzigkeit. Am darauffolgenden Tag wurden die Füße der Mädchen dann zum ersten Mal behandelt. Das Binden musste einsetzen, bevor die Innenseite ihrer Füße ausgewachsen war.

»Meine Urgroßeltern waren einfache Landarbeiter, die in einem Lehmhaus in einem Bauerndorf in der Provinz Hebei unweit von Peking wohnten. Im Winter fielen die Temperaturen auf minus zwanzig Grad, ein Kanonenofen heizte das Haus. Der Winter war die richtige Saison, um mit dem Füßebinden zu beginnen, denn die Kälte machte die Füße gefühllos, so dass der Schmerz erträglicher war. Omas

Abb. 8:
Eine Bäuerin mit gebundenen Füßen aus der Provinz Hebei bei der Küchenarbeit. (Foto von 1936)

Abb. 9:
In den Bordellen und Nachtklubs Shanghais waren die gebundenen Füße weiterhin en vogue, auch nachdem diese Praxis 1912 verboten worden war. (Foto ca. Anfang 20. Jahrhundert)

Füße wurden in einem Kräuterbad eingeweicht und die Zehennägel wurden kurzgeschnitten, um das Einwachsen der Nägel und Infektionen zu verhindern. Dann wurde der Fuß gebogen, bis der vordere Teil unter der Fußsohle lag.«

Mit ihrer linken Hand drückt Hu Ye die Finger ihrer rechten Hand nach unten und faltet sie in die Handfläche, um zu demonstrieren, wie die Zehen unter die Sohle gebunden wurden. Die große Zehe wurde etwas in die Höhe gebogen, damit die Frauen das Gleichgewicht halten konnten. Hu Ye berichtet, dass die Füße ihrer Großmutter von deren Mutter fast täglich versorgt wurden.

Die Prozedur des Bindens und Bandagierens wurde meist von einer älteren Frau aus der Familie oder einer professionellen ›Fußbinderin‹ verrichtet, die ins Haus kam. Sie löste die Bandagen, schnitt die Zehennägel und entfernte den Eiter und das abgestorbene Fleisch. Dann betupfte sie die Füßchen mit Alaun und besprenkelte sie mit Parfüm, um den Geruch des faulenden Fleisches zu überdecken. Nach ein paar Wochen mussten die Mädchen gehen lernen. Unter dem Druck ihres Körpergewichts spürten und hörten sie, wie ihre Zehen dabei brachen. Nach einiger Zeit bildete sich ein Spalt zwischen den eingezwängten Zehen und der hochgebogenen Ferse. Nach zwei Jahren war die ideale, spitz zulaufende Form einer imaginären Lotusknospe erreicht. Die Brüche in den Lotusfüßchen konnten nicht heilen, da die Blutzufuhr zu den Zehen von den eng angelegten Bandagen abgeschnürt wurde. Infektionen, Quetschungen und Schwellungen waren unumgänglich. Die Zehen verfaulten oder starben ab, was manchmal tödlich endete. Ungefähr 10 Prozent der Frauen mit gebundenen Füßen starben an Blutvergiftung. Die Fußknöchelchen blieben unter Umständen jahrelang gebrochen, manchmal heilten sie jedoch, vor allem wenn ein Mädchen in die Pubertät kam. Dann mussten die Knospen erneut gebrochen werden. Im Alter von dreizehn oder vierzehn Jahren, wenn die Fußknöchelchen der Mädchen nicht mehr wuchsen, beendete man das Bandagieren und das Schlimmste war überstanden. Frauen mit gebundenen Füßen konnten jedoch schlecht gehen und in höherem Alter kam es bei ihnen oft zu Hüft- oder Beinbrüchen.

Ab dem 17. Jahrhundert war das Füßebinden allgemein verboten. Dessen ungeachtet gingen bis Ende des 19. Jahrhunderts 80 Prozent aller Frauen auf gebundenen Füßen. In den höheren Kreisen banden alle Frauen ihre Füße, ausnahmslos. Fühlten sie sich auf ihren stinkenden Stümpfen elegant und sexy? Das Verbot des Füßebindens wurde von der regierenden Mandschu-Minderheit während der Qing-Dynastie verhängt. Sie hatte für das chinesische Füßebinden offenbar nichts übrig. Frauen mit gebundenen Füßen durften die Verbotene Stadt nicht betreten. Die Mandschu-Kaiser erlagen allerdings durchaus ihren chinesischen Konkubinen und deren Lotusfüßchen.

Hu Yes Großmutter war eine Zeitgenossin von Qiu Jin und erlebte den Sturz des Qing-Kaiserreiches 1911 mit. Für Qiu Jin und ihre revolutionären Mitstreiter war das Füßebinden ein politisches Thema. Sie traten für eine Abschaffung des Füßebindens ein. Zu Qiu Jins Zeit begann das Füßebinden allmählich zu verschwinden und auf der Straße konnte man immer mehr junge Frauen mit normalen Füßen sehen. Doch dieser Prozess verlief schleppend, da die Frauen ihre jahrhundertealte Tradition, der sie trotz all des Elends und Leidens ihre Identität und ihren Status entlehnten, nicht von einem auf den anderen Tag aufgeben konnten, dazu war ein Prozess der Bewusstwerdung nötig.

Wenn ich an das Füßebinden denke, drängt sich mir der Vergleich mit der Beschneidung von Mädchen auf, die sie ihres sexuellen Genusses beraubt. Eine Frau mit gebundenen Füßen war an das Haus gefesselt und musste höllische Schmerzen ertragen, um im Gegenzug Status und flüchtige Huldigung im Schlafzimmer zu erlangen. Frauen der Aristokratie konnten ohne die Hilfe ihrer Diener keinen Schritt auf ihren kleinen Lotusfüßen tun. Die Lotusfüßchen machten Frauen völlig von ihrer Familie und später dann von ihrem Ehemann und dessen Familie abhängig. Die amerikanisch-chinesische Schriftstellerin Maxine Hong Kingston lässt in *Die Schwertkämpferin* ihre Mutter reflektieren:

> »Wenn wir Chinesenmädchen zuhörten, wie die Erwachsenen Geschichten erzählten, lernten wir daraus, daß wir unseren Lebenszweck verfehlten, wenn wir nur Ehefrauen oder Sklavinnen wurden. Wir konnten nämlich Heldinnen werden. Schwertkämpferinnen. Eine Schwertkämpferin rechnete mit jedem ab, der ihrer Familie Schaden zufügte, und wenn sie dazu durch ganz China stürmen

musste. Vielleicht waren die Frauen einst so gefährlich gewesen, daß man ihnen die Füße bandagieren musste.« (KINGSTON, 24)

Hu Ye spießt mit einem Essstäbchen ein Dampfbrötchen auf und beginnt es genüsslich zu verspeisen. Meine Eier sind kalt geworden; ich nehme ein Schlückchen Tee und blicke nach draußen. Ich denke an Pearl S. Buck. Ihre Mutter, die Niederländerin Carrie Stulting, sagte einmal: »China wäre ein wunderbares Land, wenn die Frauen nur nicht ihre Füße binden müssten.«

In Pearl S. Bucks Büchern wird das Thema Füßebinden regelmäßig aufgegriffen. So schreibt sie in *Die gute Erde* (1931) über den bettelarmen Bauern Wang Lung, der die Sklavin O-Lan heiratet, eine grobe, hässliche Frau, die ihm mehrere Söhne schenkt. O-Lan arbeitet auf dem Land und führt den Haushalt, dank ihrer Anstrengungen wird Wang Lung letztendlich steinreich. Solange er mit dem Land, das er bearbeitet, verbunden bleibt, lebt er nach gesunden Prinzipien. Doch als der Fluss über die Ufer tritt und ihn am Arbeiten hindert, beginnt er über seinen sozialen Status nachzudenken. Er fängt an, O-Lan herumzukommandieren und ihr Aussehen zu bekritteln, vor allem ihre großen, ungebundenen Füße. Er findet, er als reicher Bauer habe etwas Besseres verdient. Zugleich ist ihm bewusst, dass er seinen Reichtum zu einem großen Teil seiner Frau zu verdanken hat. Da sein Land unter Wasser steht, beschließt er, in die Stadt ins Teehaus zu gehen, wo er sich in die Prostituierte Lotus verliebt. Durch die Schönheit von Lotus betört, kann Wang Lung das harte Leben auf dem Land für kurze Zeit vergessen und sich dem sinnlichen Genuss hingeben. Lotus wird von Buck als reines Lustobjekt dargestellt. Ihre Nägel haben die Farbe von Lotusknospen, ihr Lachen hat den Klang einer silbernen Glocke und ihre Hand die Zerbrechlichkeit eines trockenen Blattes. Auf Wang Lung wirkt sie nicht real, sondern wie eine Frau aus einem Gemälde. Die sinnliche, eindimensionale Lotus ist das Gegenbild zu O-Lan, einem schlichten Menschen aus Fleisch und Blut. Buck hebt mit Absicht O-Lans menschliche Qualitäten hervor: ihre Selbstlosigkeit, Loyalität und Standhaftigkeit. Die Füße beider Frauen stehen symbolisch für ihre unterschiedlichen Funktionen im Leben.

Der Roman *Die gute Erde* spielt in der Zeit von Hu Yes Großmutter, die ein Teenager war, als das Kaiserreich zusammenbrach. China geriet damals in den Bann eines schrecklichen Bürgerkrieges, der 1927 schließlich in einen Kampf zwischen den Nationalisten unter Chiang Kai-shek und den Kommunisten Mao Zedongs mündete. Der Kampf sollte dreiundzwanzig Jahre, bis zur Gründung der Volksrepublik China 1949, dauern. In der Zwischenkriegszeit herrschte Chaos in China; die Welt trug schwer an der Last einer beispiellosen Finanzkrise, doch Shanghai florierte wie nie zuvor.

Es war auch die Zeit, in der der Tim und Struppi-Comic *Der Blaue Lotos* spielt. Das mondäne Partyleben in den Clubs, Hotels und Restaurants von Shanghai wird darin gut durch die Femmes fatales auf Werbeplakaten veranschaulicht, auf denen sie in ein *Qipao* (ein traditionelles Kleid) oder einen Pelzmantel gehüllt sind und mit einer eleganten Zigarettenspitze posieren. Shanghai galt damals als ›Perle des Orients‹, als das ›Mekka der Reichen und Intellektuellen‹, aber auch als die ›Hure des Orients‹. Rikschas und westliche Limousinen prägten das Straßenbild. Entlang des *Bunds*, der Uferpromenade des Flusses Huangpu, schossen Wolkenkratzer, Bürogebäude, Lichtspielhäuser und Hotels in die Höhe. 1930 hatte Shanghai drei Millionen Einwohner. Die Wolkenkratzer waren höher als die von New York, und Art-déco-Gebäude wie das Große Theater und das Cathay Hotel von Vidal Sassoon machten weltweit großen Eindruck.

Selbstverständlich hatte die Metropole eine Nacht- und Schattenseite. Das Vergnügungsviertel lag in den Händen der Unterwelt, die Stadt war dem Opium, dem illegalen Alkoholkonsum und der Prostitution verfallen, und die Stadtverwaltung war durch und durch korrupt. In mir tauchen Bilder aus *Shanghai Serenade* auf, einem Film über die Unterwelt im Shanghai der Dreißigerjahre unter der Regie von Zhang Yimou, in dem mein chinesischer Lieblingsfilmstar Gong Li als Nachtklubsängerin Xiao Jinbao brilliert. In diesem Film finde ich Gong am schönsten; mit langen Perlenohrgehängen singt und tanzt sie in einem Nachtclub mit angeschlossenem Bordell. Die Männer, der Bordellbesitzer eingeschlossen, erliegen ihrem Charme, Xiao wird unbeabsichtigt in Drogengeschäfte und Spielskandale verwickelt. All das vor der Szenerie der Zwanzigerjahre im Art-déco-Stil.

Abb. 10: Gong Li in ihrer Rolle als Nachtklubsängerin Xiao Jinbao in dem Film *Shanghai Serenade* aus dem Jahr 1995.

Abb. 11:
Eines der in den 20er bis in die 40er Jahren hinein in Shanghai sehr populären Werbeposter. Es zeigt ein Kalendergirl in einem *Qipao*, ein Kleid, das zu dieser Zeit modern und von den Damen der High Society getragen wurde.
Diese Art Werbeposter und Kalenderblätter mit einer schönen Chinesin als Pin-up-Girl hatte der amerikanische Verleger Carl Crow in seiner Werbeagentur in Shanghai entworfen und prägte damit eine ganze Epoche. Heute feiern diese Poster ein Comeback, sind sie doch Ausdruck des Lebensgefühls von *Old Shanghai*.

Damals hatte sich Shanghai durch ausländische Einflüsse, denen es ab dem Ende des 19. Jahrhunderts ausgesetzt war, schon völlig verändert. Das kulturelle Klima wurde nicht mehr von Intellektuellen und Literaten bestimmt, sondern von Kaufleuten und Händlern, die nicht auf feinsinnigen Genuss, sondern auf sexuelle Befriedigung aus waren. Die für ihre Schönheit und ihr Raffinement berühmten Kurtisanen der Stadt mussten sich als Huren verdingen. Ihre musikalischen, künstlerischen und literarischen Talente waren nicht mehr gefragt.

Doch die Frauen stellten sich auf die neue Situation ein. Sie wandelten sich von eleganten Kurtisanen zu modernen Geschäftsfrauen, die sich ihre Kunden selbst erwählten. Das Haar prachtvoll hochgesteckt, sorgfältig geschminkt und nach der neuesten Pariser Mode gekleidet, flanierten sie über den Bund. Sie besuchten die Pferderennen auf der Rennbahn von Shanghai oder spielten in Restaurants, Lichtspielhäusern, Spiel- und Opiumhallen und in Nachtclubs die Femme fatale. Ihr mondäner Lebensstil wurde genüsslich in den Klatschspalten der Zeitungen breitgetreten, die sich auf dem Vormarsch befanden und sich eifrig die schnelle Entwicklung der Fotografie und der neuen Drucktechniken zunutze machten.

Die Kurtisanen bekamen auch Konkurrenz von anderen schönen Frauen, die sich auf den Plakatwänden der Stadt oder auf den Leinwänden der Filmtheater eindrucksvoll in Szene setzten. Doch nicht alle hatten dieses Glück zu Lichtgestalten der High Society zu werden und zahllose unverheiratete oder arbeitslose Frauen gerieten in die Prostitution, während die Frauen auf dem Land noch immer als Landarbeiterinnen und Gebärmaschinen mit gebundenen Füßen ihr Leben fristeten.

Der Flair Shanghais mit seiner Weltoffenheit und nimmermüden Lebendigkeit erstarb 1937, dem Jahr, in dem der Krieg zwischen China und Japan eskalierte. Shanghai wurde von den japanischen Bombenangriffen schwer beschädigt. Die japanischen Brandbomben verwüsteten das alte Zentrum und fast alle Ausländer, die zur Blüte der Stadt beigetragen hatten, zogen fort.

Menschen hängen an dem, was sie kennen, und seien es auch schmerzhafte Erfahrungen; wir sind Gewohnheitstiere. Die Frauen, die zwischen 1911 und 1949 allmählich das Ritual des Bandagierens ihrer Füße aufgeben sollten, wussten sich keinen Rat. Das Füßebinden war Teil ihrer Identität geworden, sie waren stolz auf ihre Lotusfüßchen, die von allen Männern verehrt wurden. Sie hatten damit zu leben gelernt.

Susan Brownell, eine fließend Chinesisch sprechende amerikanische Anthropologin, die ebenso wie ich in den Achtzigerjahren mit chinesischen Frauen Leistungssport trieb, beschreibt, wie sich das Verbot des Füßebindens in die kommunistische Ideologie der Volksrepublik China einfügte. Deren Maxime bestand schlicht und einfach darin, dass auch Frauen arbeiten mussten. Obwohl Frauen mit ihren Lotusfüßchen kaum laufen konnten, hatten Maos Rotgardisten mit den körperlich versehrten Frauen der alten Kultur kein Mitleid. Hatten nicht viele Frauen mit gebundenen Füßen den Langen Marsch unter der Leitung des Großen Vorsitzenden überstanden?

Die Abschaffung des Füßebindens sorgte bei vielen jungen Frauen für eine lange Phase neuerlicher Schmerzen und Qualen. Ohne Bandagen begannen die Füße der Mädchen im Teenageralter in ihrer deformierten Stellung weiterzuwachsen, mit allen Schmerzen, die damit verbunden waren.

»Hu Ye«, frage ich, »hat deine Großmutter je mit dem Füßebinden aufgehört?«.

»Ja«, sagt sie, »aber sie hatte lebenslang Schmerzen, auch wenn diese weniger wurden, als die Füße nicht mehr wuchsen. Zum Glück musste meine Mutter ihre Füße nie binden. Obwohl es seit 1949 offiziell verboten war, haben Mütter auf dem Land die kleinen Füße ihrer Töchter noch jahrelang gebunden. Aber meine Großmutter hat das glücklicherweise nicht getan.«

Als der Tisch abgeräumt ist, erzählt Hu Ye mir mehr von der Zeit, in der ihre Großmutter aufwuchs.

»Meine Großmutter war eine ganz besondere Frau. Sie ist im Jahr 1900 geboren und dreiundneunzig Jahre alt geworden. Sie ist nie zur Schule gegangen, verfügte aber über eine ganz eigene, angeborene soziale Intelligenz. Meinem Opa ist sie begegnet, als sie noch in Hebei auf dem Land wohnten. Er war damals ein erfolgreicher Geschäftsmann und nahm meine Oma mit nach Peking, wo er eine große Seidenhandlung eröffnete. Der im berühmten Qianmen-Viertel gelegene Laden hatte einen hervorragenden Ruf und viele vornehme Kunden. Mein Opa baute ein Seidenimperium auf, er besaß in Peking mehrere *Siheyuans*, Häuser, die sich um einen umschlossenen Innenhof gruppierten. Wie viele andere Unternehmer war auch er Mitglied der *Yiguandao*, einer daoistischen Bewegung, die sich in den Dreißigerjahren des vergangenen Jahrhunderts rasend schnell in China verbreitete und Millionen Anhänger hatte. Nach dem Sturz des Kaiserreiches gab es in China hunderte religiöser Bewegungen, von denen *Yiguandao*, ›der Weg, der alles in Einem verbindet‹, eine der einflussreichsten war. Es war ein Geheimbund, der sich auch mit okkulten Dingen befasste; gut organisiert und im Untergrund tätig, entzog er sich den Blicken und der Kontrolle der Machthaber. Daher ist es nicht verwunderlich, dass Mao Zedong diese Bewegung verbieten und seine Mitglieder eifrig verfolgen ließ.

Meine Großmutter gebar zehn Kinder, das jüngste, meine Mutter, bekam sie erst mit fünfundvierzig. Von den zehn Kindern starben sechs; man muss bedenken, dass die Kinder damals noch nicht geimpft wurden. Eines Tages im Jahr 1949 fand sie, als sie nach Hause kam, einen Brief auf dem Küchentisch. Da meine Großmutter Analphabetin war, ging sie damit zu ihren Nachbarn, die ihr das Schreiben vorlasen. Es war ein Abschiedsbrief ihres Mannes: ›Ich bin nach Taiwan gegangen. Ich kann euch nicht mitnehmen, das würde mich und euch in Gefahr bringen. Sucht nicht nach mir, ich tue das für euch.‹«

Im Geburtsjahr der Volksrepublik China war Hu Yes Opa also nach Taiwan geflüchtet, wahrscheinlich, wie ich vermute, um den Rotgardisten zu entkommen.

»Oma hat getan, worum er sie gebeten hat«, fährt Hu Ye fort. »Sie hat nicht nach ihm gesucht und auch nie mehr etwas von ihm gehört. Ihr Leben war fortan darauf ausgerichtet, ihre vier Kinder sicher großzuziehen. Während der Kulturrevolution hat sie ihren gesamten Besitz aufgegeben. Sie hat die Rotgardisten persönlich dazu eingeladen, die antiken Möbel zu verbrennen und ihren Schmuck mitzunehmen. Auf ihren gebundenen Füßen hat sie sich immer für die Nachbarn eingesetzt und sich um ihre Freunde gekümmert. In dieser Zeit war es wichtig, sich mit anderen gut zu stellen, um nicht verraten zu werden. Oma war immer hilfsbereit und bei allen beliebt.«

Hu Yes Geschichte ihrer Großmutter hat mich sehr berührt und ich fühle eine Welle der Empathie für ihr Schicksal. Doch stellt sich mir die Frage, wie diese in meinen Augen grausame Volkstradition des Füßebindens entstanden ist und ich versuche zu verstehen, wie sie so lange Bestand haben konnte. Faktisch konnte sie nur fortbestehen, weil Frauen sich selbst, ihre Töchter und Enkelinnen geduldig und liebevoll verstümmelt haben. Ist das alles einem vom Konfuzianismus geprägten Idealbild zur Last zu legen? Nein, das ist doch allzu vereinfachend gedacht, schreibt Barend J. ter Haar in *Het hemels mandaat*; seit dem 13. Jahrhundert schon hätte sich die konfuzianische Elite gegen das Füßebinden zur Wehr gesetzt, und im 19. Jahrhundert lehnte sich die Beamtenelite sogar aktiv gegen den Kult des Füßebindens auf.

Die genaue Entstehungszeit dieser jahrhundertealten Tradition kennt man nicht genau. Dazu machen viele Geschichten die Runde. Eine der bekanntesten berichtet, Kaiser Li Yu aus der Tang-Dynastie sei von den Füßen seiner Lieblingskonkubine Yao Niang ganz besessen gewesen. Am liebstem sah er ihr beim Spitzentanz auf einer Bühne in einer großen nachgebildeten Lotusblüte zu. Der entzückte Kaiser schrieb hymnische Gedichte auf die bandagierten Füße seiner Konkubine. Er nannte sie ›kleine goldene Lotusblüten‹. So entstand die wahnwitzige Idee, dass Frauen mit winzigen Füßen dem kaiserlichen Schönheitsideal entsprächen. Frauen mit Lotusfüßen waren oder wurden für Männer zu begehrenswerten Lustobjekten, zu kostbaren Bräuten, durch sie konnte die Frau in China, trotz ihrer untergeordneten Stellung, doch noch Macht über einen Mann erlangen.

Ich winke die Bedienung heran um zu zahlen. Hu Ye und ich laufen schweigend zur U-Bahn an der Ecke, jede von uns in ihre eigenen Gedanken versunken.

KAPITEL 5

Schönheit um jeden Preis?

Man könnte sagen – und dieser Vergleich wird durchaus gezogen –, die moderne Chinesin, die auf Stilettos wandelt, habe eine weniger schmerzhafte Alternative zu den goldenen Lotusfüßchen ihrer Urgroßmutter gefunden. Doch sie unternimmt noch mehr um einen Partner zu finden. Plastische Chirurgie hat in den chinesischen Großstädten einen enormen Aufschwung genommen. Worin liegen die Gemeinsamkeiten und Unterschiede zwischen dem Füßebinden im alten China und der plastischen Chirurgie, der sich Frauen heute unterziehen? Um Antworten auf diese Fragen zu erhalten, sind wir zu Danielle Liu unterwegs, einer plastischen Chirurgin und Direktorin einer Pekinger Privatklinik.

Morgendlicher Berufsverkehr, kein Durchkommen auf den Straßen. Autos, Taxis, Busse, Rikschas, Mofas, alles steht still. Auf dem breiten Bürgersteig, auf dem wir laufen, ist hingegen alles in Bewegung. Jeder scheint irgendwohin unterwegs zu sein und dennoch hat es offenbar seltsamerweise niemand wirklich eilig. Wir werden von dem Strom mitgezogen, in den Schlund der U-Bahn hinein, wo wir uns in die Schlange vor dem Schalter einreihen um ein Ticket zu kaufen. Danach bewegt sich die Meute Schritt für Schritt an der Absperrung entlang auf den Bahnsteig der Blauen Linie zu, die uns in das Geschäftsviertel Dongzhimen bringen wird.

Die für die Olympischen Spiele 2008 neu angelegten U-Bahn-Linien werden von den Bürgern Pekings, die noch immer von Smog und hartnäckigen Staus geplagt werden, intensiv genutzt. Sitzplätze sind in China in erster Linie für Ältere gedacht und um die wenigen verbleibenden Sitze wird verhalten gerungen. Die meisten Passagiere stieren apathisch vor sich hin.

Ich schaue einem Mädchen zu, das unbeirrt Spiele auf seinem Handy spielt. Es trägt Lackschuhe mit hohen Absätzen, einen superkurzen Rock und ein rosafarbenes Top. An ihrem Handy baumelt ein Hello-Kitty-Schlüsselanhänger. Einige stehende Fahrgäste hängen ihr dicht auf der Pelle. Ich denke an die eintönige, graue, aber auch schlichte Szenerie des Jahres 1980 zurück, als ich zum ersten Mal in Peking war. Modischer Chic existierte nicht, Freude und Lust galten noch immer als bourgeois und verderbt. Doch mit der Politik der offenen Tür verschwand die auferlegte Prüderie. Deng Xiaoping hatte damals schon gewarnt: »Wenn man das Fenster öffnet, lässt es sich nicht vermeiden, dass hin und wieder eine Fliege hereinkommt.« Es blieb nicht bei einer Fliege, es wurde ein ganzer Schwarm. China begann mit Kampagnen gegen die sogenannte ›geistige Verschmutzung‹ um sich zu schlagen. Den chinesischen Frauen wurde wieder bewusst, dass man mit Honig mehr Fliegen fängt als mit Essig, und sie fingen nach und nach an, mit Kleidung, Schuhen, Make-up, Frisuren und kosmetischen Behandlungen zu experimentieren, wobei sie Extreme nicht scheuten. Chinesische Frauen gehen heute ausgesprochen sexy gekleidet zur Arbeit: mit hochhackigen Schuhen und ultrakurzen Röcken. Dynamisch, jugendlich und sexy auszusehen ist in China sehr wichtig, ohne eine kosmopolitische Ausstrahlung kann man bei einem Bewerbungsgespräch den Traumjob wohl vergessen.

In der Zeit zwischen 2006 und 2009, als ich in Peking wohnte, traf ich eine Reihe von Frauen, die sich in einer Klinik für plastische Chirurgie einer Behandlung unterzogen hatten. Dabei fiel oft der Name Danielle Liu. Die von ihr operierten Frauen hatten ausnahmslos ein natürliches jugendliches Aussehen. Es waren keine hässlichen Frauen mit aufgeblasenen Lippen oder extrem gestrafften, ausdruckslosen Gesichtern. »Wer ist diese geschickte Chirurgin?«, fragte ich mich. Heute werde ich mich mit ihr treffen. Wie sieht das Schönheitsideal der modernen chinesischen Frau aus? Warum wollen so viele Frauen in China ihr eigenes Gesicht gegen das eines berühmten Filmstars eintauschen?

Plastische Chirurgie liegt seit etwa zehn Jahren im Trend. Eine Ursache dafür ist die Stellenknappheit auf dem Arbeitsmarkt. Gutes Aussehen ist, wie schon gesagt, wichtig in China, daher investieren junge Chinesen gern in ihr Äußeres. Ein schönes Gesicht verleiht nicht nur der Sekretärin, die ihre Augenlider und ihre Nase richten lässt, neues Selbstvertrauen, sondern wertet auch das Ansehen, das

›Gesicht‹ ihres Arbeitgebers auf. Und dann gibt es noch so etwas wie das *Feng Shui* des Gesichts. Nach dieser traditionellen Lehre der idealen Formen und Linien kann man dem Gesicht eines Menschen ansehen, ob er oder sie erfolgreich sein kann.

Zu Mao Zedongs Zeit war es streng verboten, dem Aussehen Aufmerksamkeit zu schenken. Doch heute lohnt sich das durchaus, und arbeitslose Jugendliche denken zu Recht, dass ein schöneres Gesicht ihre Chancen auf dem Arbeitsmarkt erhöht. Ende 2008 erreichte die Arbeitslosigkeit einen Höhepunkt und die Umsätze der plastischen Chirurgen stiegen um vierzig Prozent pro Quartal. Plastische Chirurgie ist der am schnellsten wachsende Wirtschaftszweig des Landes. 2008 besaßen zwanzigtausend Privatkliniken eine offizielle Zulassung. In den ländlichen Gebieten sind viele Pfuscher und nicht zugelassene private Chirurgen aktiv. 2009 gaben die Chinesen für zwei Millionen kosmetische Eingriffe gut sechs Milliarden Euro aus. Ich bin neugierig, was dieses *booming business* den Chinesinnen bringt und ob sie wirklich davon profitieren.

Wir steigen an der U-Bahnstation Liangmahe aus und gehen Richtung Kempinski Hotel, dem angesagtesten Treffpunkt für Politiker und Geschäftsleute. Wir passieren die großen gläsernen Drehtüren und durchqueren die riesige Marmorhalle um zur Lounge zu gelangen, wo wir auf ausladenden Sesseln aus grauem Samt vor einem niedrigen Couchtisch Platz nehmen, auf dem ein chinesischer High-Tea serviert wird. Eine Frau von etwa fünfunddreißig Jahren kommt auf uns zu. Ihr Haar ist kurz geschnitten, sie hat ein ovales, faltenloses Gesicht mit hohen Wangenknochen und dünnen, hochgewölbten Augenbrauen über mandelförmigen Augen. Sie trägt einen melierten Bleistiftrock zu einem blauen Shirt mit Bateau-Ausschnitt. Unter ihrem Arm trägt sie eine blaue Lacktasche, Marke Louis Vuitton.

»Doktor Liu ist müde«, sagt sie scherzhaft, nachdem wir uns gesetzt haben. Auf ihrem glatten faltenlosen Gesicht ist davon keine Spur zu erkennen, nur ihre Augen sind leicht gerötet.

»Chinesinnen geben sich sehr viel Mühe, um schön auszusehen, nicht wahr?« frage ich um das Eis zu brechen.

»Welche Frau tut das nicht«, sagt Liu lachend. »Vor zehn Jahren hatten die Leute kein Geld, um sich operieren zu lassen, aber heute ist das *hot*. Wir haben auch schon schlechte Zeiten erlebt. Anfang der Neunzigerjahre war unsere Branche in der breiten Öffentlichkeit noch nicht sehr bekannt. Doch heute kommen täglich neue Patienten zu mir. Plastische Chirurgie ist in China zurzeit äußerst populär. Auf den Reklamewänden, auf dem Campus von Universitäten und Schulen, auf den Straßen und in den Einkaufszentren, im Fernsehen und in Zeitschriften – überall wird den Jugendlichen suggeriert, dass sie so schön und attraktiv werden können wie populäre Film- und Fernsehstars.«

Hu Ye mischt sich in das Gespräch ein und bestätigt, dass manche ihrer Altersgenossen oft darüber reden, welchen Filmstars sie am liebsten ähnlich sehen wollen: »Sie sind unsere Idole, wir möchten alle ihre Kleider tragen, ihre Frisur haben und würden am liebsten genauso schön aussehen wie sie: Zhang Ziyi in *Tiger and Dragon*, Maggie Cheung in *Hero* und Zhou Xun, die in *Beijing Bicycle* (*Fahrraddiebe in Peking*) mitspielte.«

»Wer glaubt an diese Machbarkeit? Wer sind Ihre Kunden?«, frage ich.

Liu zeigt auf Hu Ye. »Vor allem junge Leute, die in den Achtzigern und Neunzigern geboren sind«, antwortet sie ohne zu zögern. »Junge Mädchen kommen zu mir, weil sie sich einen reichen Mann angeln wollen. Ob dieser Mann schon verheiratet ist, erzählen sie mir nicht.«

Liu zielt damit auf Studentinnen ab, die über Partnervermittlungen versuchen, die Geliebte eines reichen Chinesen zu werden. Es ist die althergebrachte Kuppelei in neuem Gewand.

»Doch gegenwärtig ist der wichtigste Grund kein Mann, sondern ein Job«, erklärt Liu lächelnd. »Frauen wollen bei einem Vorstellungsgespräch den bestmöglichen Eindruck hinterlassen. Zum Beispiel mit der Nase ihrer Lieblingsschauspielerin. Zu mir kommen auch Frauen, deren Mann eine Geliebte hat. Sie lassen sich in der Hoffnung behandeln, dass ihr Mann dann zu ihnen zurückkommt. Dreißig Prozent meiner Klienten sind übrigens Männer. Noch vor einigen Jahren lagen kaum Männer auf meinem Behandlungstisch.«

Im Großen und Ganzen lassen sich Lius Klienten in drei Altersgruppen einteilen: die Gruppe im Alter von dreizehn bis Ende zwanzig, die von dreißig bis fünfzig und die von fünfzig bis siebzig. Die letzte Gruppe stellt die Minderheit dar. Alt ist alt, auch in China.

Abb. 12: Zhang Ziyi in dem Film *House of Flying Daggers* aus dem Jahr 2004.

»Ich schneide wenig, ich mache viele kleine Eingriffe wie zum Beispiel Augenlidkorrekturen. Das Doppellid ist nach wie vor gefragt. Ein Facelifting geht schon etwas weiter. Große Eingriffe sind die Rekonstruktionsoperationen nach Unfällen und die Korrekturen von Körperteilen, mit denen man schon zur Welt gekommen ist, wie eine zu große Nase oder zu große oder zu kleine Brüste. Ich sehe mir die Proportionen des Gesichts an und kann dann gut abschätzen, was schön aussieht. Dabei ist es wichtig, dass man sich fragt, warum Menschen einander attraktiv finden. Die Wahl eines Partners wird größtenteils von einer unbewussten biologischen Vorliebe bestimmt. Nach der *Feng-Shui*-Gesichtslehre wird ein Mensch mit einem stark asymmetrischen Gesicht eher Kinder mit einer Anomalie gebären. Auch sehr viele andere Dinge sollen sich vom Gesicht ablesen lassen; zum Beispiel sollen Menschen mit hängenden Mundwinkeln weniger Chancen auf ein erfolgreiches Leben haben. Gleiches gelte auch für Charakterzüge. Ob man freundlich, langweilig, beharrlich oder dickköpfig ist: alles ist sichtbar. Wie man dann letztendlich einen Partner wählt? Jedenfalls nicht aufgrund der Symmetrie, denn sonst könnte niemand einen Partner finden. Das menschliche Gesicht ist schließlich von Natur aus immer ein wenig asymmetrisch. Man könnte sagen, die chinesischen Frauen sind auf der Suche nach der attraktiven Asymmetrie eines Filmstars wie Zhang Ziyi oder Zhou Xun. Natürlich wird nicht nur nach dem Äußeren entschieden. Die Wahl geschieht oft unbewusst. Der Partner ist meistens das *Missing Link*, jemand, der das totale Gegenteil zu einem selbst ist und die eigenen Stärken und Schwächen kompensiert. Das hat auch etwas mit den eigenen Eltern zu tun; unbewusst wählen wir jemanden mit Eigenschaften, die wir bei unserem Vater oder unserer Mutter als positiv erlebt haben. Wenn der eigene Vater dominant war und man das als störend empfunden hat, wählt man nicht gerade eine Person mit den gleichen Charakterzügen.«

Das gilt auch für Doktor Lius Klienten. Sie möchten etwas verändern, was sie an sich selbst stört oder auch schon an ihren Eltern gestört hat. Eine Gesichtsbehandlung steht ganz oben auf der Liste, aber immer öfter kommen sie auch, um Korrekturen an ihrem Körper vornehmen zu lassen.

»Es bedarf einiger Gespräche, um herauszufinden, was ein Klient genau möchte und ob er oder sie einer einschneidenden äußerlichen Veränderung gewachsen ist. Die Frauen, die zu mir kommen, sind allesamt gut gestellt: Botschaftsmitarbeiterinnen, Schauspielerinnen, Managerinnen von Unternehmen, Ehefrauen reicher Industrieller und Expats. Nach der Operation erhalten meine Klienten eine eingehende Nachsorge. Für eine Fettabsaugung bezahlen meine Klienten durchschnittlich 200 Euro, für eine Augenlidkorrektur 400 Euro, ein Facelift kostet 2.000 Euro und eine Nasen- oder Wangenoperation liegt zwischen 6.000 und 10.000 Euro. Die Preise hier in Peking sind etwa 10 Prozent geringer als bei euch im Westen.«

Das klingt als ob alles nur eine Frage des Geldes ist und eine Schönheits-OP kein Risiko darstellt. Alljährlich werden in China zweihunderttausend Klagen wegen missglückter Eingriffe eingereicht. In den großen Städten steht die plastische Chirurgie unter Kontrolle, doch diese zeigt nach Ansicht einiger Kritiker kaum Wirkung. 2010 erlitt die plastische Chirurgie in China einen gewaltigen Knacks, als Wang Bei, eine Finalistin der Talentshow *Supergirls*, bei einer Wangenoperation starb, während sich ihre Mutter – wohlgemerkt zur gleichen Zeit – einer ähnlichen Operation unterzog. Der Tod des Supertalents entfachte eine lebhafte öffentliche Debatte über die Grenzen der plastischen Chirurgie.

Zu ihren Kritikern gehört Professorin Zhou Xun, Ärztin und Soziologin an der Chinesischen Volksuniversität in Peking und Namensvetterin des bekannten chinesischen Filmstars. Ich ziehe einen Artikel von Zhou Xun aus meiner Tasche. Zhou plädiert für eine strengere Kontrolle der Kliniken. Sie schreibt: »All diese Kliniken mit ihren Werbekampagnen, all diese Schönheitswettbewerbe und all diese Aufmerksamkeit für die plastische Chirurgie im Fernsehen stellen ein großes Problem dar. China ist von Schönheit besessen. Das ist menschenunwürdig, genau wie das Einbinden von Füßen in früheren Zeiten«.

Ich spreche Danielle Liu auf diesen Artikel an und frage sie, ob diese und andere kritische Stimmen die Popularität der plastischen Chirurgie beeinflussen. Liu sagt, sie kenne diesen Artikel von Zhou und pflichte ihr teilweise bei.

»Die Leute entscheiden sich selbst dafür; in China nennt man das Fortschritt. Außerdem ist das Niveau eines plastischen Chirurgen in China durchschnittlich höher als in Europa. Auch das ist Fortschritt. Es gab eine Zeit, in der Chinesinnen gern westlich aussehen wollten. Mädchen, die sich selbst für zu klein hielten, gingen sogar so weit, sich zur Verlängerung ihrer Beine Knochen transplantieren zu lassen. Da China heute innerhalb der medizinischen Forschung bessere internationale Kontakte unterhält, wissen wir mittlerweile, dass Knochentransplantationen gefährlich sein können. Einem Patienten, der mit dem Wunsch nach Knochentransplantation zu mir kommt, kann ich nicht weiterhelfen.«

Da wir etwas essen möchten, verlassen wir die elegante Bar der Kempinski-Lobby, in der eine typisch chinesische Unterhaltungsmusik läuft und ich chinesische Geschäftsleute in Anzügen Deals mit westlichen Globetrottern aushandeln sehe. Wir steigen in Lius weißen Lexus und fahren ein paar Blocks weiter zu einem Sichuan-Restaurant. Nachdem die Gerichte bestellt sind, die in einem Eimer zappelnden Graskarpfen für gut befunden wurden, und wir unsere Schälchen aus den Schüsseln auf dem Drehtisch gefüllt haben, kommen wir auf Lius Jugend zu sprechen.

Liu wurde in der Inneren Mongolei geboren. Ihr Vater war Arzt und ihre Mutter Wirtschaftsprüferin; beide waren also hochgebildete Intellektuelle, die in Peking aufgewachsen waren. Während der Kulturrevolution wurden sie von den Rotgardisten in die Innere Mongolei zwangsumgesiedelt, wo sie in einer Art Stall wohnten. Lius Mutter war eine mutige, starke Frau, eine elegante und stolze Erscheinung.

»Meine Eltern waren modern und hatten ziemlich liberale Auffassungen. Mein Bruder und ich wurden gleichbehandelt, wir durften studieren, was wir wollten. Mein älterer Bruder arbeitet heute in der IT-Branche. Nach meiner Gymnasialzeit schrieb ich mich in der medizinischen Fakultät ein. Schon früh interessierte ich mich für plastische Chirurgie. Chinesische Frauen haben jahrhundertelang gelernt, mit großer Geduld feine handwerkliche Arbeit zu verrichten. Das liegt auch mir im Blut. Chinesische Haut heilt nicht so schnell wie westliche Haut. Damit sich kein Narbengewebe bildet, ist man als Chirurg in China daher gezwungen präzise zu arbeiten.«

Ich erwähne im Gespräch den chinesischen Namen von Pearl S. Buck, Sai Zhenzhu. Ich erzähle Liu, dass ich ihr Werk lese, und frage sie, ob sie je etwas von ihr gehört hat. Sie schüttelt den Kopf. Ihre Eltern würden sie wahrscheinlich kennen. Buck hat viel über das chinesische Schönheitsideal geschrieben, erzähle ich ihr. Ich nehme *Die Frauen des Hauses Wu* aus meiner Tasche und schlage es an einer bestimmten Stelle auf. Die Hauptperson Madame Wu, erzähle ich Liu, ist das Oberhaupt einer sechzigköpfigen Aristokratenfamilie, die allesamt unter einem Dach wohnen. Sie ist von kleiner Statur, hat kleine Füße, kleine Brüste, einen kleinen Mund, einen hellen Teint, feine langgezogene Augenbrauen, mandelförmige Augen, eine schmale Taille und einen langen Hals: sie verkörpert das klassische chinesische Schönheitsideal.

»Eindeutig«, sagt Danielle Liu. »Diese Schönheitsideale sind noch immer en vogue, obwohl die Brüste, der Mund und die Füße heute etwas größer und die Beine länger sein dürfen. Großgewachsene chinesische Mädchen stehen heute bei den immer zahlreicher werdenden Modelagenturen Schlange. Die Modelbranche nahm um die Jahrtausendwende einen rasanten Aufschwung, heute heuert jede bekannte Marke und jedes Unternehmen, das etwas auf sich hält, eine schöne Frau an, um die eigenen Produkte zu vermarkten.«

Ich denke an die subtropische Insel Hainan, auf der ich 2006 meine Weihnachtsferien verbracht habe. Hainan ist heute noch stolz darauf, 2003 die Miss-World-Wahlen ausgerichtet zu haben, die damals zum ersten Mal in der Geschichte in China abgehalten wurden. Kurz zuvor hatte man in Shanghai die Miss-Ugly-Wahlen organisiert, deren Gewinnerin eine Summe von 20.000 Euro in Empfang nehmen durfte, um sie für einen plastischen Chirurgen ihrer Wahl zu verwenden.

Chinesische Frauen, wie schön sie auch sein mögen, haben bisher nie den Olymp der internationalen Modelwelt erklommen. Ein Mädchen bildet hierbei eine Ausnahme. Ihr Name ist Lu Yan. Sie entspricht nicht dem klassischen chinesischen Schönheitsideal, doch da sie groß gewachsen ist, kam sie dennoch bei einer Modelagentur unter Vertrag. Sie wurde schließlich entdeckt, war auf den Covern von *Elle* und *Paris Match* zu sehen und erlangte international Berühmtheit. Sie wurde das Gesicht von Dior und Gucci. Mit ihren charakteristischen Augen, ihrer bronzefarbenen Haut und den vollen Lippen entspricht sie dem westlichen Geschmack. Ich frage Dr. Liu, ob sie von Lu Yan gehört habe.

»Ja sicher, sie ist in China sehr berühmt und hat uns die Augen für ein anderes Schönheitsideal geöffnet. Für die chinesische Frau ist eine weiße Haut noch immer die Grundlage aller Schönheit. Braune Haut assoziieren wir mit Armut und ungewaschenen Bäuerinnen auf dem Land. Viele Chinesinnen verwenden Bleichcremes. Das verändert sich gerade, vielleicht auch wegen Lu Yans Erfolg. Für viele Neureiche ist eine weiße Haut nicht mehr allein selig machend. Braun zu sein, betrachten sie als ein Zeichen für Erfolg und Wohlstand, denn damit können sie zeigen, dass sie sich kostspielige Urlaube in der Sonne leisten können. In Peking und anderen Städten haben bereits die ersten Sonnenstudios eröffnet.«

Hu Ye mischt sich in unser Gespräch ein und bemerkt: »Meine Altersgenossen finden Lu Yan nicht attraktiv. Früher wollten Chinesinnen westlich aussehen, das hat sich in den letzten Jahren stark geändert. Wir beginnen unser asiatisches Aussehen nun immer mehr zu schätzen. Für viele Mädchen ist die koreanische Schauspielerin Hye-kyo Song heute ein großes Idol. In dem Martial-Arts-Film *The Grandmaster* spricht sie fließend Chinesisch, speziell für den Film hat sie Kung-Fu-Stunden genommen. Sie hat große Augen und volle Lippen, sie ist eine wahre Schönheit.«

Nicht dass Hu Ye sie bewundern würde. »Ich beschäftige mich nicht besonders mit dem Aussehen. Auch wenn ich zugeben muss, dass Frauen in Martial-Arts-Filmen, die mit Messern und Schwertern zaubern können, noch immer die Fantasie anregen. Aber das sind dann auch Frauen mit künstlerischen und spirituellen Qualitäten. Frauen, die ganz natürlich sind, gefallen mir am besten. Ist dir eigentlich schon einmal aufgefallen, dass sich viele Mädchen in China nicht die Achselhaare rasieren?«

»Karrierefrauen gehen da kein Risiko ein, sie rasieren sich die Achselhaare, aber ansonsten stimmt es«, sagt Doktor Liu. »Schamhaar wird sogar in Gedichten besungen. Es wird als ›schwarze Rose‹, ›duftendes Gras‹ oder ›heiliges Haar‹ beschrieben. Schamhaar steht für Schönheit, Sinnlichkeit und Fruchtbarkeit. Die Chinesen glauben, dass das Qi besser gewahrt wird, wenn man sein Schamhaar nicht rasiert.«

Ich frage Doktor Liu, was chinesische Frauen an einem Mann eigentlich schön finden. Auch eine helle Haut?

»Das Äußere spielt eigentlich keine so große Rolle. Chinesische Frauen legen besonderen Wert auf das Innere. Bei einem Mann geht es ihnen darum, dass er zuverlässig ist. Und sie sehen es gern, wenn sein Portemonnaie gut gefüllt ist. Über Korpulenz sehen sie eher hinweg als westliche Frauen, auch wenn diese Toleranz sichtlich schwindet, weil ein Bäuchlein nicht mehr wie früher mit Reichtum assoziiert wird. Für die jüngere Generation von Frauen gewinnt das Aussehen eines Mannes zunehmend an Bedeutung. Neu ist auch der Trend, dass Frauen Männer, die rauchen und trinken, ablehnen. Kürzlich habe ich in der Zeitung gelesen, dass 70 Prozent der jungen unverheirateten Frauen keinen Mann heiraten möchten, der raucht und trinkt. Die chinesischen Männer werden also massenweise auf Entzug gehen müssen, denn die meisten rauchen.«

Ich erzähle Liu, dass ich in den Niederlanden oft gefragt werde, ob ich chinesische Männer gutaussehend finde. Oft wurde ich gefragt: »Du hast vier Jahre in China gelebt. Hattest du in dieser Zeit Kontakt mit chinesischen Männern? Findest du sie attraktiv?«

Liu muss lachen.

»Chinesische Männer trauen sich nicht, auf Frauen aus dem Westen zuzugehen«, fahre ich fort, »und eine Frau, die die Initiative ergreift, was für eine westliche Frau nicht ungewöhnlich ist, finden sie doch ein wenig beängstigend.«

Liu nickt. »Viele Chinesen denken, dass westliche Frauen grobe Manieren haben; sie seien im Umgang zu direkt. Die Kommunikation ist sehr wichtig. Westliche Frauen wollen gern reden, sprechen aber kein Chinesisch, und chinesische Männer sprechen meistens nicht oder kaum Englisch und sind es nicht gewohnt viel zu reden. Chinesinnen betrachten es weniger als Problem, dass ihr Mann verschlossen ist. Ein Chinese, zumindest einer der älteren Generation, sagt nur einmal im Leben ›Ich liebe dich!‹, der soziale und ökonomische Druck auf einen chinesischen Mann ist zudem so groß, dass wenig Zeit und Raum übrig bleibt, um eine innige Beziehung zu seiner Ehefrau aufzubauen.«

»Und was halten Chinesinnen dann von westlichen Männern? Erliegen sie ihnen nicht reihenweise?«

»Ausländische Männer mit heller Haut und blonden Haaren werden von Chinesinnen im Allgemeinen als gut aussehend angesehen, selbst wenn die meisten westlichen Frauen zu einer anderen Ansicht tendieren. Sehr muskulöse, dunkle Männer sind weniger beliebt. Für einen One-Night-Stand finden sie einen Mann aus dem Westen zwar spannend, aber die meisten Frauen würden eine Heirat mit einem solchen Mann nicht einmal in Betracht ziehen.«

Noch eine letzte, recht persönliche Frage an Dr. Liu: »Chinesinnen ordnen sich ihrem Mann traditionellerweise unter. Tun Sie das auch?«

Sie kichert: »Frauen, die sich ihrem Mann unterordnen, bleiben zu Hause und kümmern sich um das Essen und den Haushalt. Aber ich habe immer zu tun, ich habe keine Zeit, um zu Hause die Dienerin zu spielen. Meinen Mann nutze ich als Blitzableiter. Bei ihm kann ich mich entspannen und meine Geschichten loswerden. Aber die großen Entscheidungen überlasse ich ihm trotzdem.«

Liu schaut auf die Uhr; sie hat einen vollen Nachmittag vor sich. Kurz nimmt sie noch mein Gesicht in ihre Hände und macht mir Komplimente.

»Du hast eine gute Knochenstruktur und deine Haut ist sehr gut in Schuss. Doch du könntest deine Wangen aufpolstern lassen und deine Stirn könnte man etwas liften. Das Polstermaterial für die Wangen könnte man aus deinen Pobacken nehmen, dort sitzt ja genug. So bekämst du eine jüngere Ausstrahlung mit weicheren Linien. Wenn du so weit bist, weißt du, wo du mich findest.«

Doktor Liu geht vor mir her zum Parkplatz, auf dem ihr Auto steht, sie ist schon auf dem Weg zu ihrem nächsten Termin. Mein Blick folgt den Konturen ihres schlanken Körpers, als sie die Tür des Wagens mit der Fernbedienung öffnet und einsteigt. Plastische Chirurgie ist nicht mit dem früheren Füßebinden zu vergleichen, denke ich bei mir. Sie ist gewiss heute üblich, aber noch längst nicht so weit verbreitet und traditionell wie das Füßebinden zu früheren Zeiten. Sie ist eine vom Westen übernommene modische Marotte. Für die pragmatischen Chinesen ist die mittels Geld und Skalpell formbare Frau sehr attraktiv. Um einem Schönheitsideal zu entsprechen, ist eine chinesische Frau fast zu allem bereit. Was dies angeht, verhielt es sich mit dem Füßebinden im alten Kaiserreich nicht anders.

KAPITEL 6

Parkgeheimnisse

Der Zhongshan-Park liegt unmittelbar hinter der Verbotenen Stadt. Für mich einer der schönsten Orte Pekings. Ich erinnere mich, wie ich 2009 dort, in der *Forbidden City Concert Hall* hinter den Mauern der Verbotenen Stadt, eine Aufführung von Händels *Messias* besuchte. Der Park war märchenhaft beleuchtet, ich kam mir vor wie in der Ming-Dynastie (1368-1644), in der sich die Kaiser in den Gärten von ihren Kurtisanen und Konkubinen unterhalten ließen. Zusammen mit Hu Ye gehe ich an den dicken zinnoberroten Mauern entlang, die den Park säumen.

Ich spreche mit Hu Ye über Ding Ling (1904-1986), eine chinesische Feministin, die sich in den Zwanziger- und Dreißigerjahren des vorigen Jahrhunderts für die Rechte der Frauen eingesetzt hat. Ding Ling war zu ihrer Zeit sehr populär, weil sie sich weigerte, ihren Cousin, dem sie versprochen war, zu heiraten. Sie gehörte zu einer Gruppe linker Intellektueller, die sich gegen den westlichen Imperialismus auflehnten, die sozialistischen Vorstellungen des Westens von der Gleichberechtigung von Männern und Frauen jedoch übernahmen.

Die gebildeten chinesischen Frauen dieser Zeit lasen *Ein Puppenhaus* von Hendrik Ibsen und auch die Bücher von Pearl S. Buck, mit der einige von ihnen befreundet waren. Sie versuchten Antworten auf die Frage zu finden: Was geschieht, wenn wir dem Elternhaus und der Familie den Rücken kehren und unserem Leben selbst eine Richtung geben? Ende der Zwanzigerjahre eröffnete die *Guomindang*, die damals herrschende Nationale Volkspartei, unter dem Kampfslogan ›Weißer Terror‹ eine Hexenjagd auf Kommunisten, der auch Feministinnen zum Opfer fielen. Tausende, vielleicht sogar zehntausende aufgeklärter und selbstständiger Frauen wurden inhaftiert, vergewaltigt und ermordet. Zunächst kam Ding Ling noch mit knapper Not davon. 1927 wurde sie mit dem *Tagebuch der Sophia* berühmt, in dem eine junge Frau freimütig über ihre widerstreitenden Gefühle und ihr unglückliches Liebesleben schreibt, in dem sie sexuellen Genuss mit Liebe und Romantik verwechselt. Vielleicht traf das auf viele Frauen zu, denn da in China Ehen arrangiert wurden, hatten Frauen kaum Erfahrung mit Liebe und Romantik. Was die Popularität von *Das Tagebuch der Sophia* und von Ibsens *Ein Puppenhaus* erklären könnte.

Als sich Ding Ling mit Mao Zedong in der Kommunistischen Partei engagierte, wurde sie von der *Guomindang* festgenommen und für drei Jahre unter Hausarrest gestellt. Zwanzig Jahre später, im Jahr 1957, wurde sie während der Kulturrevolution von ihrer eigenen Partei zu fünf Jahren Zwangsarbeit verurteilt. Ihre Bücher wurden verboten. Erst nach Maos Tod im Jahr 1976 wurde sie rehabilitiert. Ding Ling übte scharfe Kritik an der Doppelmoral der Männer. Frauen galten als minderwertig und waren nur für die Hausarbeit zu gebrauchen; wenn sie außer Haus arbeiteten, galten sie als unanständig, vor allem wenn sie unverheiratet blieben. Ding Ling war zudem besonders den männlichen Kadermitgliedern gegenüber kritisch eingestellt, die ihre Macht dazu missbrauchten, ihre Frauen mittels einer schnellen Scheidung loszuwerden.

Sie habe zwar schon von Ding Ling gehört, sagt Hu Ye, aber noch nie etwas von ihr gelesen.

»In der Schule und an der Universität lernte ich, dass vor allem Mao das Verhältnis zwischen Männern und Frauen tiefgreifend verändert hat. Mit der Volksrepublik China hielt ein Staatsfeminismus Einzug; das hierarchische Denken des Konfuzianismus wurde von Mao Zedong geächtet. Das Füßebinden wurde gesetzlich verboten. Mao setzte die Frauenrechte auf die Agenda und erließ ein Ehe- und Scheidungsgesetz. Polygamie und Zwangsehen waren offiziell verboten; die Frau durfte von nun an selbst einen Mann wählen und die Scheidung beantragen. Das alles war für die Frauen sehr positiv«, schließt Hu Ye.

»Na ja, war das alles wirklich so positiv?« frage ich mich laut. »Mao führte den Slogan ein ›Frauen tragen die Hälfte des Himmels‹, womit er Frauen im kommunistischen Heilsstaat zwang, doppelte Pflichten auf sich zu nehmen. Sie mussten nicht nur im Haus, sondern auch außer Haus arbeiten, die Kinder großziehen und in der revolutionären Bewegung voranschreiten. Mao verbot den Frauen gewissermaßen ihr ›Frausein‹, sie durften keine Frauenkleider mehr tragen und sich nicht öffentlich zu ihrer Weiblichkeit bekennen. Maos Gesetze setzten auch der Zwangsverheiratung, der Prostitution und der allgemein verbreiteten Polygamie kein Ende.«

»Okay, ich gebe zu, unsere Schulbücher sind zensiert«, räumt Hu Ye verdrießlich ein. »Wenn man erfahren will, wie es in der Mao-Zeit wirklich zuging, muss man den Leuten zuhören, die die Kulturrevolution miterlebt haben. Meine Großmutter hat mir viel über die Mao-Zeit erzählt. Meine Großeltern väterlicherseits sind beide Kinder von Großgrundbesitzern aus Chengdu in der Provinz Sichuan. Sie wurden miteinander verkuppelt und sahen sich an ihrem Hochzeitstag zum ersten Mal. Vor 1949 waren Ehen eine Familienangelegenheit; die Familien trafen Absprachen miteinander oder heuerten einen professionellen Heiratsvermittler an. Dieser kam meistens zuerst ins Haus des Mädchens und beriet sich danach mit den Eltern des Jungen. Dann wurde geschaut, ob der potenzielle Schwiegersohn genug verdiente und ob die Geburtsdaten des Paares zueinander passten. War das der Fall, tauschte man Geschenke aus und legte ein astrologisch günstiges Datum fest, an dem die Hochzeit stattfinden konnte.«

Während wir die zinnoberrote Mauer des Zhongshan-Parks entlanggehen, sehe ich die Propagandaplakate aus der Mao-Zeit förmlich vor mir. Strahlende Frauen in Overalls, die einen Traktor lenken oder mit Strohhüten und hochgekrempelten Hosenbeinen im Wasser stehen, um Reis zu pflanzen. In der Fabrik und auf dem Acker wurde auf diese Weise der Unterschied zwischen Männern und Frauen nivelliert. Diese Geschlechtsneutralität war während der Kulturrevolution am stärksten ausgeprägt.

»Mao Zedong hat den Frauen tatsächlich viel Gutes gebracht«, versuche ich Hu Ye entgegenzukommen. »Aber gleichzeitig wurde ihre Sexualität verdrängt. Genderpolitik wurde zum Klassenkampf, die traditionellen Vorurteile gegenüber Frauen blieben bestehen, und ihre Diskriminierung setzte sich fort, wenn auch weniger öffentlich. Frauen mussten sich wie Männer verhalten und konnten ihr ›Frausein‹ nicht zum Ausdruck bringen. War es nicht so, dass der Feminismus und das Bewusstsein dessen, was eine Frau zur Frau macht, ganz und gar aus der Kultur und der Gesellschaft verschwunden waren?«

Hu Ye schweigt und beschleunigt ihre Schritte. Manchmal verstehe ich sie nicht. Einerseits ist sie progressiv und kritisch, doch sobald ich China kritisiere, ergreift sie sofort für ihr Land Partei. Ich schlage einen anderen Kurs ein.

»Hat Mao Frauen anfangs nicht dazu ermutigt, möglichst viele Kinder zu bekommen?«

Hu Ye antwortet nicht gleich und blickt beim Gehen auf die Spitzen ihrer Birkenstocks. Dann ergreift sie mit einem Seufzer wieder das Wort.

»Ja, aber er ist davon schnell wieder abgekommen. Er sah, dass nicht alle Mäuler gefüttert werden konnten. Die Nahrungsproduktion musste gesteigert werden. Dazu brauchte er Arbeitskräfte, auch Frauen, und die durften dann natürlich nicht schwanger werden.«

Entsprechend empfahl Mao den Frauen, möglichst spät und möglichst wenige Kinder zu bekommen. Deng Xiaoping, Maos Nachfolger, hat hierauf 1979 die Ein-Kind-Politik eingeführt. Die Statistiken weichen voneinander ab, aber maßgebliche Demografen behaupten, dadurch seien etwa 400 Millionen Kinder weniger geboren worden. 400 Millionen! Das sind 80 Millionen mehr als die Gesamtbevölkerung der Vereinigten Staaten.

Das Töten und Aussetzen weiblicher Babys ist übrigens kein Phänomen, das erst in den letzten Jahrzehnten infolge der Ein-Kind-Politik aufgetreten ist. Zu Zeiten Pearl S. Bucks und in dem Jahrhundert davor waren in den Augen fast aller Chinesen Mädchen weniger wert als Jungen. Mädchen brachten kein Geld ein, zählten nach ihrer Eheschließung zur Familie des Schwiegersohns und konnten kein Land erben. In den vergangenen Jahrhunderten wurden in den Städten, aber vor allem in den ländlichen Gebieten Millionen weiblicher Babys ausgesetzt oder unmittelbar nach ihrer Geburt getötet.

Hilary Spurling hat unter dem Titel *Burying the Bones* eine Biographie über Pearl S. Buck geschrieben. Der Titel verweist auf die Knochen der weiblichen Babys, die nach der Geburt von der Amme, dem Vater oder anderen Anwesenden erwürgt wurden. Um 1900 fand Pearl als Kleinkind solche Knochen, als sie hinter dem Haus ihrer Eltern in Nanshuzhou, wo ihr Vater Pfarrer in einer presbyterianischen Missionskirche war, spielte. Spurling schreibt dazu:

»Manchmal fand Pearl die Überreste von Babys im Gras, Teile von Gliedern, eine verstümmelte Hand oder eine Schulter, an der noch der Teil eines Armes hing. Sie waren so winzig, sie wusste, es waren die Gliedmaßen toter Babys, fast immer Mädchen, die nach der Geburt erstickt oder erwürgt und den Hunden vorgeworfen worden waren. Pearl wagte es nicht, mit jemandem darüber zu reden. Doch sie überwand ihren Ekel und begrub die sterblichen Überreste mit einem selbsterdachten Ritus in den Löchern und Spalten des Bodens oder hob diese selbst aus.« (Spurling, S. 3)

Das Töten und Aussetzen von Mädchen ist auf dem Land durch die Ein-Kind-Politik nicht beendet worden. Ein Ehepaar auf dem Land, dessen erstes Kind ein Mädchen ist, darf zwar ein weiteres Kind bekommen, doch wenn dieses zweite Kind auch ein Mädchen wird, ist es seines Lebens nicht sicher. [1]

Die Geburtenregelung wird von örtlichen Beamten kontrolliert, die in einigen Fällen dafür sorgen müssen, dass in ihrer Gemeinde die jährlich festgesetzte Quote an Schwangerschaftsabbrüchen erreicht wird.

Kaum bekannt ist, dass Geert Jan Olsder, ein niederländischer Professor für angewandte Mathematik, der Architekt der chinesischen Ein-Kind-Politik ist. 1975 stattete der chinesische Raketenforscher Song Jian der Universität für Technik und Sozialwissenschaften Twente einen Besuch ab, wo er Olsder kennenlernte. Nach einem Rundgang erzählte Olsder bei einem Bier von seinem neuesten Projekt, der Entwicklung eines Rechenmodells zur Kontrolle des Bevölkerungswachstums. Der Club of Rome hatte kurz zuvor eine Warnung vor weltweiten Katastrophen als Folge des schnellen Anwachsens der Weltbevölkerung ausgesprochen. Olsder hatte sich mathematisch eingehend mit diesem Problem befasst. Anhand seines Rechenmodells legte er Song dar, wie ein Land das Bevölkerungswachstum effektiv bis auf ein akzeptables Niveau eindämmen könne. Song machte sich Notizen auf dem sprichwörtlichen Bierdeckel und kehrte mit Olsders Wissen nach China zurück, wo er binnen kur-

---

1 Kurz nach dem Erscheinen des Buches von Bettine Vriesekoop gab die chinesische Regierung das Ende ihrer Ein-Kind-Politik bekannt. Lesen Sie mehr zu den neuen Bestimmungen im Glossar.

zer Zeit zum wichtigsten Demografen seines Landes avancierte. Vier Jahre darauf wurden Olsders Berechnungen in die Praxis umgesetzt. Deng Xiaoping führte die Ein-Kind-Politik ein.

Ab Ende der Achtzigerjahre verbesserte sich aufgrund des Wirtschaftswachstums der Lebensstandard in China. Dengs Politik der offenen Tür befreite innerhalb von zwanzig Jahren fünfhundert Millionen Menschen aus ihrer Armut. Dadurch konnten mehr Mädchen zur Schule gehen und Frauen bekamen mehr Raum zur Selbstentfaltung. Das ist eine vielleicht weniger bekannte, aber untrüglich positive Konsequenz der Ein-Kind-Politik. Die Schattenseiten dieses größten demografischen Experiments der Geschichte der Menschheit sind bei uns im Westen besser bekannt: Frauen- und Kinderhandel, illegale Adoptionen, erzwungene Schwangerschaftsabbrüche und Sterilisationen.

Die praktischen Konsequenzen dieser Politik bestehen darin, dass China heute mit einem Vergreisungsproblem und einem gigantischen Frauenmangel zu kämpfen hat. Auf dem Land findet ein Drittel oder gar die Hälfte der Männer keine Ehepartnerin. Diese Männer werden *Guang Gun* oder auch *kahle Zweige* genannt: unverheiratete Männer ohne Familie. In abgelegenen Provinzen werden junge Frauen entführt oder unter falschen Vorwänden in die Großstädte gelockt, woraufhin sie auf dem Hochzeitsmarkt verkauft werden oder in die Prostitution entschwinden. Dort werden sie gefangen gehalten; sie sind verzweifelt und stehen Todesängste vor ihren Entführern aus. Es kommt auch vor, dass junge Mädchen von ihren haushoch verschuldeten Eltern für einige Tausend Euro an Frauenhändler verkauft werden. Laut der *All Women Federation of China* (AWFC) werden jährlich zwanzig- bis dreißigtausend Frauen als Bräute an die Familien ihre zukünftigen Männer oder als Prostituierte an Massagesalons oder Bordelle verkauft. China importiert auch Frauen aus dem Ausland. Laut eines UN-Berichts aus dem Jahr 2010 handeln gut organisierte internationale Verbrecherorganisationen und lokale Banden mit Frauen aus den Vereinigten Staaten, Vietnam, Thailand, Nordkorea, Laos, der Mongolei, Russland und Birma.

Nicht zuletzt gibt es auch Frauen aus China oder den Grenzgebieten, die sich selbst an Eheschließungen mit einem *kahlen Zweig* bereichern, dessen Eltern jahrelang dafür gespart haben, um ihrem Sohn eine Braut zu besorgen. Nach der Hochzeit machen sich die gerissenen Frauen mit dem Geld aus dem Staub, um anderswo in China die nächste Ehe mit einem heiratswilligen Bauernsohn einzugehen.

Es dürfte Experten schon frühzeitig klar gewesen sein, dass die zahlenmäßige Relation zwischen den Geschlechtern durch die Ein-Kind-Politik in China gravierend in Schieflage geraten würde und es ist kaum anzunehmen, dass die KP sich dessen nicht bewusst war. Doch im Kampf gegen die Armut ist Geburtenbegrenzung unverzichtbar. Der Staat betreibt vor allem auf dem Land Aufklärung, um die Bevölkerung davon zu überzeugen, dass Mädchen ebenso wertvoll sind wie Jungen. Um den Abtreibungen weiblicher Föten entgegenzuwirken, hat man seit einigen Jahren Ultraschalluntersuchungen, für die kein medizinischer Grund vorliegt, verboten, und seit 2007 geht der Staat mit Kampagnen gegen Frauenhandel vor. Bis heute hat das alles nicht viel gebracht: der Frauenmangel hat sich nicht verringert und die Nachfrage nach jungen Bräuten ist nach wie vor groß.

Hu Ye und ich betreten durch das Tor den Zhongshan-Park. Plötzlich fühle ich mich wie in einer anderen Welt. Die Hektik des Platzes des Himmlischen Friedens und der umgebenden Geschäftsstraßen ist verflogen, wir genießen das Grün und die schön angelegten Blumenbeete. Im Park herrscht eine in Peking seltene Ruhe. Aber nicht alle Besucher kommen hierher um sich auszuruhen. Am Ufer eines Teiches sehen wir unter den Bäumen eine Gruppe Frauen und Männer mittleren Alters stehen. Sie sind eifrig in Gespräche vertieft. Eingeschweißte Fotografien oder Papptäfelchen hängen an einer Schnur um ihren Hals. Als Hu Ye und ich näherkommen, erkennen wir, dass sie alle mit dem Foto und Lebenslauf ihres Sohnes oder ihrer Tochter umhergehen. Manche tragen Schuhkartons mit Fotos bei sich, andere Einklebebücher und Familienalben. Endlich begreife ich! Wir befinden uns hier auf einem altmodischen Kuppelmarkt, auf dem sich Eltern heimlich treffen, um für ihren Sohn oder ihre Tochter einen Ehepartner zu suchen. Die missbilligenden Blicke machen mir deutlich, dass wir als ungebetene Zuschauer hier nicht willkommen sind. Vorsichtig versuchen wir dennoch Kontakt aufzunehmen. Frau Rui, eine gepflegte, großgewachsene Frau von etwa fünfzig Jahren, ist bereit mit uns zu sprechen. Sie hat ihre Tochter um ihre Zustimmung gebeten, bevor sie hierherkam, um einen Mann für sie zu suchen.

»Ich komme jetzt schon mehr als ein halbes Jahr hierher, aber einen guten Mann für meine Tochter zu finden, ist schwierig«, sagt sie.

Herr Lan, ein älterer, etwas ungepflegt aussehender Mann, schaut neugierig über ihre Schulter und verfolgt unser Gespräch.

»Mein Sohn arbeitet im Logistikbereich, er ist 1, 65 Meter groß und schon fünfunddreißig Jahre alt. Er braucht dringend eine Frau«, sagt er.

»Nun, meine Tochter ist sechsundzwanzig. Für viele Männer ist das schon zu alt«, sagt Frau Rui.

Dann verlieren sie das Interesse an uns, gehen gemeinsam von dannen und tauschen Kontaktdaten aus. Zu alt? Können heiratswillige Chinesen denn noch solche Ansprüche stellen? Nach Auskunft des Komitees für Familienplanung und Bevölkerungspolitik wurden 2010 auf 118 männliche 100 weibliche Babys geboren. Nach Angaben der chinesischen CASS (*China Academy of Social Sciences – Chinesische Akademie der Sozialwissenschaften*) werden im Jahr 2020 24 Millionen mehr Männer als Frauen in China leben. Der Mangel an heiratswilligen Frauen wird sich in den kommenden Jahren also noch weiter verschärfen.

Dennoch treffe ich bei unserem Mittagsausflug im Zhongshan-Park vornehmlich Eltern, die auf der Suche nach einem Schwiegersohn für ihre Tochter sind. Ich spreche mit Frau Gao, einer schlicht gekleideten Frau von fünfundfünfzig Jahren. Am Fuße eines Baumes liegt ein Informationsblatt aus gelbem Karton, das alle Informationen über ihre Tochter enthält: Sie ist fünfundzwanzig Jahre alt, studiert Japanisch und Englisch, auch ihre Größe, ihr Alter, ihr Gewicht und ihre Blutgruppe sind darauf vermerkt, ebenso wie die Dinge, die sie mag und nicht mag, ihr chinesisches Sternzeichen und ihre Hobbys. Frau Gao, die sich ein Foto von ihrer Tochter um ihren Hals gehängt hat, erzählt mir, dass in Peking vor allem hoch qualifizierte Frauen schwer an den Mann zu bringen sind.

»In Peking gibt es keinen Männerüberschuss und ich höre, dass es in den anderen Großstädten schon genauso ist. Mädchen aus der Provinz kommen in die Stadt, um hier einen gut ausgebildeten Ehemann zu suchen, daher gibt es eine große Konkurrenz. Meine Tochter hat wegen ihres Studiums und ihrer Arbeit keine Zeit, sich einen Partner zu suchen. Außerdem ist sie intelligent und gebildet, deshalb trauen sich viele Männer nicht auf sie zuzugehen.«

»Dann weiß ihre Tochter wohl nicht, dass sie hierherkommen«, sage ich. Als sie nickt, mischen sich andere Eltern in die Diskussion ein.

»Wir waren früher nicht so kritisch. Wir akzeptierten einfach den Partner, den uns unsere Eltern ausgesucht hatten. In unserer *Danwei*, unserer Wohn- und Arbeitsgemeinschaft, half jeder jedem. Heute ist das Leben schnelllebiger und alles dreht sich nur noch um Geld«, ruft ein Mann.

Eine kräftige Frau in einer violetten Bluse sagt auf einmal, ihr sei es nicht recht, dass ich mich als Ausländerin in die privaten Probleme der Parkbesucher einmische. »Oder suchst du vielleicht auch einen Mann?« Dann richtet sie sich an die Umstehenden und sagt: »Wenn sie keinen Mann sucht, hat sie hier nichts zu suchen. Also warum redet ihr mit ihr?«

Ich winke Hu Ye zu und wir verziehen uns.

Als ich kurz einen Blick über meine Schulter werfe, sehe ich, dass auf dem Kuppelmarkt wieder Ruhe eingekehrt ist. Ich denke über Ding Ling und ihren Kampf für die Selbstbestimmung der Frauen über ihren eigenen Körper nach, über ihr ›mein Bauch gehört mir‹ zu Zeiten von Maos Langem Marsch. Das ist nun fast hundert Jahre her und heute stehen hier Eltern in einem Park, um ihre Töchter an den Mann zu bringen, und das, wohl gemerkt, ganz in der Nähe der Verbotenen Stadt.

»Eigentlich passt das nicht mehr in die heutige Zeit, oder?«, frage ich Hu Ye, nachdem wir etwas weitergegangen sind. »Schließlich kann man sich doch heute überall verabreden, auch als Frau. Es gibt Partnervermittlungen. Frauen gehen auch in Bars oder Nachtclubs, um Männer zu treffen.«

»Natürlich gibt es das alles«, antwortet Hu Ye. »Jüngere Leute gehen zu Speeddatings in Restaurants und in Karaokebars. Es fahren sogar Dating-Busse überall im Land herum. Eine Freundin hat mir erzählt, sie surfe auf Dating-Seiten mit Millionen von Besuchern. Sie hat ein Foto von sich gepostet und hatte zu ihrer Überraschung schon nach wenigen Stunden 500 Reaktionen. Im Fernsehen schaut jeder das Dating-Format *Wenn du der Wahre bist*. Es hat schon monatelang die höchsten Zuschauerraten.«

Nach meiner Rückkehr nach Amsterdam lese ich in *Behind the Red Door: Sex in China* von Richard Burger, dass die Sendung 2012 eine Grenze überschritten hat. Junge Leute, die miteinander um ein Date konkurrierten, diskutierten in der Sendung öffentlich über Sex vor der Ehe und die Ein-Kind-Politik. Diese Themen waren allerdings nach Auffassung der Zensur nicht für eine öffentliche Debatte geeignet. Den Produzenten der Sendung wurde zu verstehen gegeben, dass Themen mit negativen sozialen Auswirkungen im chinesischen Staatsfernsehen tabu sind. Später wurde die Altersgrenze der Teilnehmer hochgesetzt, und ein Professor mit einer hohen Funktion in der Kommunistischen Partei Chinas (KPCh) erhielt einen festen Platz im Panel. Lässt sich das nun auf die konfuzianistische Prüderie oder den permanenten Kontrollwahn der KPCh zurückführen? Oder ging es hier nur darum, nicht gegen den guten Geschmack zu verstoßen?

Unterdessen lebt die Tradition des Verkuppelns im Park bei der älteren Generation weiter. Verkuppeln und Glücksspiel sind beliebte Hobbys der Chinesen.

»Wusstest du, dass auch die Gewerkschaften Partys mit Partnerbörsen organisieren?«, fragt Hu Ye. »Ein gutes Familienleben befördert harmonische Beziehungen am Arbeitsplatz, daher tut die Gewerkschaft viel für die soziale Einbindung ihrer Mitglieder. Sie veranstaltet Konzerte, feiert Geburtstage, verteilt Kinokarten und organisiert Partnerbörsen. Sie können tagelang dauern und ziehen Tausende von Kandidaten mit ihren Eltern an, die den modernen Medien noch nicht ganz vertrauen und den persönlichen Kontakt brauchen, wenn sie einen Partner für ihr Kind suchen. China ist ein riesiges Land, hier kann jeder jeden an der Nase herumführen, denken wir. Deshalb ist *Guanxi* so wichtig, und deshalb spielen die Eltern gern selbst die Rolle des Kupplers. Ein Kuppelmarkt, wie wir ihn heute Mittag im Park gesehen haben, findet sich in vielen Großstädten. Vor allem die Eltern hochqualifizierter Töchter machen sich Sorgen, da ihre Tochter, wenn ihr überhaupt der Sinn nach einer traditionellen Ehe steht, keinen Mann mit einer geringeren Qualifikation heiraten möchte. Männer hingegen wollen aber gerne eine Frau heiraten, die geringer qualifiziert ist als sie selbst. Daher bleiben die höher qualifizierten Töchter ›übrig‹. Diese Frauen haben auch einen Namen: Sie werden *Shengnü* genannt. *Sheng* ist der erste Teil des Wortes *Shengcai*, das *Essensrestchen* bedeutet. Frei übersetzt heißt das, dass diese Frauen so etwas wie ein Restchen sind, die man in einem Doggybag mit nach Hause nimmt, um sie dort aufzuessen oder in den Müll zu werfen.«

China steht also vor zwei sozialen Problemen von ungeahntem Ausmaß. Das erste besteht darin, dass junge Männer aus ländlichen Regionen und der Provinz nur schwer eine Frau finden, da sie zu gering qualifiziert sind und auch finanziell einer Frau nichts bieten können. Unverheiratete Männer werden *kahler Zweig* genannt, weil sie den Stammbaum der Familie nicht fortsetzen können. Laut einer UN-Statistik von 2010 ist ein Drittel aller chinesischen Männer zwischen fünfundzwanzig und dreißig Jahren ledig. Eine Bauernfamilie mit einem Sohn muss für viel Geld eine Braut kaufen, die vielleicht entführt oder über die Grenze aus den Nachbarländern hereingeschmuggelt wurde.

Das zweite gewaltige Problem der chinesischen Gesellschaft ist die wachsende Anzahl junger Frauen in den Großstädten, die ledig bleiben, weil sie hochqualifiziert sind und meistens einen gutbezahlten Job haben. Von allen Frauen in China zwischen fünfundzwanzig und dreißig sind 21,6 Prozent Single – fünfmal so viel wie vor fünfundzwanzig Jahren. Schon 2003 stellten Wissenschaftler in einer Universitätsstudie fest, dass die Hälfte der Frauen in Peking zwischen fünfundzwanzig und dreißig mit einem Einkommen von fünfhundert bis fünfzehnhundert Euro im Monat unverheiratet seien. Die *Shengnü* in den Großstädten drohen in eine soziale Isolation zu geraten. In der Familie stehen sie, als Sonderfall, allein da und auch am Arbeitsplatz werden sie häufig ausgeschlossen, weil sie für die verheirateten Männer eine Gefahr darstellen.

Mit *kahlen Zweigen* und *Essensrestchen* entwickelt sich kaum eine harmonische Gesellschaft, wie sie der frühere Staatspräsident Hu Jintao propagiert hat. Der Männerüberschuss in China geht nicht nur auf die Ein-Kind-Politik zurück. Es gibt mehr Männer als Frauen im Land, weil man Männer im kaiserlichen China, in Maos China und unter der heutigen Regierung von Xi Jinping stets für bedeutsamer hielt als Frauen.

Die Ein-Kind-Politik hat das Abtreiben weiblicher Föten leicht gemacht, zudem wurden zahllose neugeborene Mädchen dem Tod durch Verwahrlosung überlassen oder ausgesetzt. Hinzukommt, dass in China schon infolge der Hungersnöte in den Jahren 1959 und 1961 ein Frauenmangel bestand. Denn viele Familien ließen ihre Töchter damals sterben, um ihre Söhne vor dem Hungertod zu retten. Laut eines Berichts der Weltgesundheitsorganisation aus dem Jahr 1997 sind auf diese Weise 50 Millionen Mädchen weniger zu Frauen herangereift.

Im heutigen China sind Mädchen gesetzlich vor Kindstötung, Vernachlässigung und Aussetzung geschützt. Auf Entführung und Kinderhandel stehen schwere Strafen. Pränatale Untersuchungen zur Bestimmung des Geschlechts und selektive Abtreibungen sind untersagt. Heute müssen sich junge selbstbewusste Frauen anderen Problemen stellen: eine *Shengnü* wird durch ihre Ausbildung und ihren sozialen Status den althergebrachten Familientraditionen entfremdet und muss in der städtisch geprägten Gesellschaft nach einem passenden Lebensstil als alleinstehende Frau suchen.

KAPITEL 7

Die Begegnung mit einer Shengnü

In einem der *Hutongs* hinter dem Tiananmen-Platz (dem Platz des Himmlischen Friedens) haben Hu Ye und ich eine Verabredung im *Lao She*, dem bekanntesten Teehaus in Peking. Das Teehaus, das 1988 seine Pforten öffnete, ist nach einem der bedeutendsten Schriftsteller der Moderne, Lao She (1899-1966), benannt, der mit Büchern, wie *Rikscha Kuli* und *Das Teehaus* bekannt und populär wurde. Er war ein Zeitgenosse von Pearl S. Buck, Qiu Jin und Ding Ling.

In Pekings Teehäusern wurden schon während der Qing-Dynastie Opern aufgeführt. So entstand eine Tradition, die bis auf den heutigen Tag fortlebt. Frauen in chinesischen Opern sind stereotype Figuren. Es gibt deren sechs, sogenannte *Dans*: die vornehme Dame, die hyperaktive Plaudertasche, das alte Frauchen, den Spaßvogel. Aber auch die junge Kriegerin, die *Daomadan*, die vom Rücken eines galoppierenden Pferdes aus mit ihrem Schwert kämpft, also eine Art Hua Mulan. Und dann gibt es noch die *Wudan*, eine Meisterin in vielen Kampfkünsten und in allen Waffengattungen bewandert. *Daomadan* und *Wudan* stellen in der Tradition der chinesischen Oper die starken Frauen dar.

Eine Besonderheit besteht darin, dass alle diese Rollen, auch die *Daomadan* und die *Wudan*, nicht von Frauen, sondern von Männern verkörpert wurden, damals zumindest. Heute geschieht das nur noch selten. In der Peking-Oper waren es früher immer Männer, die sich als Frauen verkleideten und die Dans spielten. Erst zu Beginn des zwanzigsten Jahrhunderts erschienen allmählich Frauen auf der Bühne. In dieser Zeit war Mei Lanfang der Caruso der Peking Oper. Mei stellte Hunderte von *Dans* dar, darunter Hua Mulan in der Oper *Hua Mulan geht zur Armee*. Mei Lanfang ist einer der größten Kulturhelden Chinas.

Abb. 13: Mei Lanfang (1892-1961) stellte auf der Bühne vornehmlich weibliche Rollen (Dan) dar. Berühmt wurde er wegen seiner Gesangs- und Darstellungstechnik. Seine Bemühungen zur Anerkennung der Peking-Oper machten ihn weltweit bekannt. Durch Mei Lanfang wurde die Peking-Oper wieder populär, ein Trend, der bis heute anhält – auch wenn die Frauenrollen inzwischen fast ausschließlich von Frauen gespielt werden.

»Hu Ye«, sage ich auf unserem Weg zum Teehaus, »heute Morgen haben wir im *Zhongshan*-Park mit Müttern gesprochen, die auf der Suche nach Männern für ihre Töchter waren. Hat sich deine Mutter auch so intensiv um dein Liebesleben und deine Zukunftspläne gekümmert?«

»Über mich selbst möchte ich lieber nicht sprechen«, antwortet Hu Ye, »aber ich kann dir erzählen, wie es meinen Freundinnen ergeht. Sie sind auch Ende zwanzig und unverheiratet. In den Augen ihrer Umgebung haben sie ein ›persönliches Problem‹, weil sie immer noch nicht verheiratet sind. Wenn man in China siebenundzwanzig wird und noch immer unverheiratet ist, gilt man von einem auf den anderen Tag als ein *Essensrestchen*, das dazu bestimmt ist, eine alte Jungfer zu werden. Sie haben ihre Mütter mittlerweile zur Verzweiflung getrieben. Diese haben schon seit Jahren Babykleidung gehortet und eine Aussteuer zusammengekauft, die irgendwo im Haus für den großen Tag aufbewahrt wird. Das hat viel damit zu tun, dass in den vorhergehenden Frauengenerationen immer alles nach Plan verlief. Nahrungsmittel bekamen sie mit speziellen Coupons, eine Stelle bekamen sie vom Staat und ein Mann wurde für sie ausgewählt. Frauen fühlten sich sicher, weil alles für sie geregelt wurde. Doch die siebenundzwanzigjährigen Frauen von heute lassen ihre Zukunft nicht mehr von ihren Eltern planen. Sie stellen sich dem Druck, der auf sie ausgeübt wird, und der kommt nicht nur von den Eltern, sondern auch den Großeltern, den Tanten und sogar den Nachbarn. Sie erhalten dann zum Geburtstag beispielsweise so ein beliebtes Büchlein wie das *Nü Da Dang Jia* (*Eine Frau, alt genug um zu heiraten*) als Geschenk.«

»Wer ist in den Augen deiner Mutter ein guter Bräutigam?«, frage ich.

Hu Ye antwortet ohne zu zögern: »Ein Mann mit einer festen Stelle. Bei einem staatlichen Unternehmen oder in der Verwaltung. Und am besten ist er auch noch Mitglied der Kommunistischen Partei. Dass ihr Schwiegersohn hochqualifiziert sein muss, ist für alle Mütter fast eine Obsession. Ein Mastertitel ist akzeptabel, aber ein Doktortitel ist besser. Und ein Städter steht auf ihrer Rangliste wesentlich höher als ein Mann vom Land. Schließlich verbindet eine Ehe auch zwei Familien miteinander.«

Wir gehen in Richtung Teehaus und nun erkenne ich den *Hutong* auch wieder.

»Hu Ye«, frage ich, »gibt es denn auch Frauen, die es besonders gut finden verkuppelt zu werden?«

»Oh, ganz sicher«, antwortet sie gleich. »Meine Freundin zum Beispiel, die früher immer mit den chinesischen Versionen von Ken und Barbie spielte. Für sie ist Heiraten ein romantisches Märchen, ihre Mutter und ihre Tanten helfen ihr dabei es wahrzumachen. Sie ist ihrem jetzigen Freund bei einem Karaoke-Abend begegnet, den wir speziell für sie organisiert haben. In diesem Fall haben also wir, ihre Freundinnen, sie verkuppelt. Die beiden hatten schon nach kürzester Zeit keinen Blick mehr für uns übrig. Sie haben kein einziges Lied gesungen, sondern an einem der kleinen Tische Karten gespielt und Händchen gehalten. Es war Liebe auf den ersten Blick. Glaub aber ja nicht, dass ihre Eltern nun nichts mehr mitzureden hätten. Wenn der junge Mann ihren Eltern nicht gefällt und seine Ausbildung und sein Einkommen nicht ihren Erwartungen entspricht, wird nichts aus der Hochzeit.«

Bei Hu Yes Schilderung muss ich an die Eltern auf dem Kuppelmarkt denken, die die Lebensläufe ihrer Töchter herumtrugen. Ich komme immer noch nicht darüber hinweg, dass chinesische Eltern, aus der Furcht heraus, auf einem *kahlen Zweig* oder einem *Essensrestchen* sitzen zu bleiben, sich so intensiv in das Liebesleben ihrer Kinder einmischen.

Im Teehaus *Lao She* bin ich mit einem solchen *Essensrestchen*, einer *Shengnü*, verabredet. Hu Ye hat sie gefunden, eine von 11 Millionen in China. Die Ein-Kind-Politik und das Anwachsen der Mittelklasse sind mitverantwortlich für das Phänomen der *Essensrestchen*. Durch Deng Xiaopings Politik der offenen Tür hat sich seit den achtziger Jahren schnell eine zunehmend wohlhabendere Mittelklasse gebildet, besonders in Südchina und an der Ostküste, wo sich die verarbeitende Industrie zuerst entwickelte. Es gab Arbeit im Überfluss, der Export wuchs explosionsartig an, bessere Löhne sorgten für bessere Lebensbedingungen und für eine bessere Ausbildung der Kinder.

Auch Frauen hatten nun viel mehr Möglichkeiten, sie konnten studieren und selbst Geld verdienen. Das galt auch für die Frauen auf dem Land. Wenn sie schon nicht in der Stadt studieren konnten, zogen sie zumindest als Arbeitsmigrantinnen dorthin, in der Hoffnung, in der Stadt Geld verdienen zu können.

Die Position der Arbeitsmigranten verbesserte sich im Jahr 2001, als Maos Gesetz aus dem Jahr 1958, das eine strikte Trennung der Bauern und der Landbevölkerung von der Stadtbevölkerung verfügte, aufgeweicht wurde. Mao hatte seinerzeit den Personalausweis eingeführt, den sogenannten *Hukou*. Jemand mit einem städtischen *Hukou* durfte kein Land besitzen, und jemand ohne städtischen *Hukou* durfte nicht in der Stadt arbeiten. Seit 2001 durften Migranten nun auch in der Stadt Arbeit suchen, ohne Gefahr zu laufen, von der Polizei festgenommen zu werden.

Die Zahl der Selbsttötungen unter Frauen in ländlichen Regionen hat sich dadurch stark verringert. In den Neunzigerjahren war China weltweit das Land mit der höchsten Rate an Selbsttötungen.

Eine in der medizinischen Fachzeitschrift *The Lancet* veröffentlichte Studie, die Daten von 1995 bis 1999 ausgewertet hat, belegt, dass sich dreiundzwanzig von hunderttausend Chinesen selbst das Leben nahmen, vor allem junge Frauen in ländlichen Gebieten. Laut einer neuen Studie waren es 2011 nur noch drei von hunderttausend. Der stärkste Rückgang wurde bei Frauen bis fünfunddreißig verzeichnet. Das Zentrum für Suizidforschung und Prävention in Hong Kong wies angesichts dieser Zahlen darauf hin, dass dieser Rückgang ohne gezielte Prävention oder verbesserte Hilfsangebote erreicht worden sei. Mir scheint, dass sich die jungen Frauen aus der Provinz durch die Migration in die Städte von ihrer Armut befreien konnten. Sie entzogen sich dem Zugriff ihrer Familien, dem Druck ihrer Eltern oder einer dominanten Schwiegermutter, oder sie entflohen aus einer schlechten Ehe. Nach Ansicht der Wissenschaftler ist der Rückgang der Suizide auf dem Land auch auf die Einführung eines Verbots tödlicher Pestizide zurückzuführen. Sie wurden vor allem von Frauen getrunken und sind heute nicht mehr frei erhältlich.

Im weltweiten Vergleich sind die Frauen in China in den Führungsetagen der Wirtschaftsunternehmen überrepräsentiert. Chinesinnen sind dafür bekannt, dass sie gut mit Geld umgehen können. Eine der reichsten Frauen in China ist Zhang Yin, die auch *Paperqueen* genannt wird, weil sie mit dem Verkauf von Altpapier reich geworden ist. Ihre Karriere ist die chinesische Variante des American Dream: des Aufstiegs vom Tellerwäscher zum Millionär. 2010 führte die Gründerin und Vorsitzende von *Nine Dragon Papers* die Forbes-Liste der reichen Selfmade-Frauen mit einem geschätzten persönlichen Vermögen von 5,6 Milliarden Dollar an. Damit stand sie vor J.K Rowling und Oprah Winfrey. Elf der zwanzig reichsten Selfmade-Frauen der Welt sind Chinesinnen.

Der Erfolg der Selfmade-Geschäftsfrauen und die Spitzenjobs hochqualifizierter Frauen aus der Mittelklasse haben diese in den vergangenen zehn Jahren, was die Liebe angeht, nicht wirklich glücklich gemacht. Neben den reichen und intellektuellen Frauen gibt es natürlich auch Frauen, die auf einen Mann aus sind, der einem Hauptgewinn gleichkommt. Sie sind heiratsfähig und, da sie in der Minderheit sind, heiß umworben; wählerisch warten sie auf den besten Kandidaten, den Mann mit dem meisten Geld, dem größten Haus, den besten Zukunftsaussichten. Diese Frauen mussten aus einer unerwarteten Ecke, der *All China Women's Federation* (ACWF), der Frauenrechtsbewegung der KP, heftige Kritik einstecken.

2011 stellte die ACWF eine harsche Schmähschrift auf ihre Webseite, in der die *Essenrestchen* einiges zu hören bekamen:

>»Ein hübsches Mädchen braucht keinen akademischen Titel, um einen reichen Mann zu heiraten. Mädchen, die nicht so attraktiv sind, hoffen durch hartes Studieren und einen guten Job auf dem Heiratsmarkt letztlich doch noch gut wegzukommen. Leider funktioniert das nicht. Bis sie ihren Master- oder Doktortitel haben, sind sie wie vergilbte Perlen, alt und wenig wert. Also Mädchen, passt auf und heiratet rechtzeitig!«

Die Kolumne rief unter den Frauen großen Protest hervor und wurde nach kurzer Zeit von der Webseite entfernt.

Im Übrigen haben sich auch die chinesischen Medien auf das Thema ›Frauen, die heiraten wollen‹ gestürzt, was vielleicht auch erklärt, warum so viele Frauen auf den ACWF-Aufruf reagiert haben. Das Thema treibt die Frauen wirklich um. Nicht nur Datingshows wie etwa Varianten von *Bauer sucht Frau* sind ungeheuer populär, auf CCTV 8 gibt es auch die Comedy *Meine älteste Tochter braucht einen Mann* über eine berufstätige Frau, die bei der Suche nach einem passenden Mann von ihrer Familie unterstützt wird.

Das Medieninteresse für *Essensrestchen* ist groß, das Interesse für *kahle Zweige*, für Männer mit ähnlichen Problemen, ist hingegen minimal. Nur am 11.11. – die Eins ist die Zahl der Einsamkeit – gibt es einen ›Kahle-Zweige-Tag‹, aber ansonsten bleibt es um die Junggesellen wider Willen still.

Als wir ins Qianmen-Viertel kommen, erzählt Hu Ye von Jiujiu, dem *Essensrestchen*, das wir gleich treffen werden.

»Jiujiu ist eine typische *Shengnü*: Sie ist siebenundzwanzig, reich, begabt und hat einen akademischen Abschluss. Sie hofft, irgendwann ihren Traummann zu heiraten. Sie kann Geld ausgeben so viel sie will, doch sie weiß inzwischen, das Geld allein nicht glücklich macht.«

Als wir das Teehaus betreten, sehe ich hinten im Halbdunkeln eine junge Frau an einem Tischchen sitzen, die intensiv mit einem iPad mini zugange ist. Teuer und geschmackvoll gekleidet, mit Brille, halblangem Haar, glänzenden Sandalen und einem blauen Jäckchen mit einem sportlichen gelben Reisverschluss. Als ich auf ihren Tisch zugehe und sie mir zur Begrüßung ihre Hand entgegenstreckt, sehe ich das winzige Schmetterlings-Tattoo auf ihrem Mittelfinger. Die Hülle ihres iPads ist im gleichen Blau gehalten wie ihr Jäckchen. Sie sieht keck aus. Jiujiu begrüßt mich etwas kühl und zurückhaltend. Offensichtlich muss Hu Ye erst einmal das Eis brechen. Sie hat Jiujiu gefunden und ein Treffen arrangiert, kennt Jiujiu aber auch nicht näher. Wie geht man so eine Suche an? Hu Ye rief eine Freundin an und fragte sie, ob sie eine *Shengnü* kenne, am liebsten eine, die reich ist und mit einer ausländischen Autorin über ihr Leben sprechen will. »Nein«, sagte diese Freundin, »aber vielleicht kennt meine Freundin, die dort und dort wohnt, eine solche Frau.« Und so kristallisierte sich in dem weitverzweigten und bizarren Netzwerk sozialer Beziehungen schließlich eine Frau heraus, die zu einem Interview bereit war. Doch wollte sie keinesfalls allein mit mir reden, sondern nur gemeinsam mit jemandem aus dem eigenen Kulturkreis, da es ja vor allem um intime Frauenthemen gehen sollte.

Hu Ye beginnt ein angeregtes Gespräch über unseren Spaziergang im Park und die Eltern, mit denen wir auf dem Heiratsmarkt unter den Bäumen gesprochen haben. Dann stellt sie mich vor und erzählt noch einmal, worüber ich mit ihr reden möchte. Die ganze Zeit über schaue ich Jiujiu lächelnd an, doch sie erwidert meinen Blick nicht. Als Hu Ye ihren Bericht beendet hat, wendet sich Jiujiu mir schließlich doch zu und beginnt freimütig von ihrer Jugend zu erzählen.

»Mein Vater war Bildschnitzer. Als Kind saß ich bei ihm in der Werkstatt und er brachte mir alles über Holz und seine Bearbeitung mit Messer, Beitel und Hohlmeißel bei. Die Holzschnitzerei erfordert viel Geduld und technisches Feingefühl, das man nur durch unermüdliches Üben lernt. Ich fand es herrlich und war von morgens früh bis spätabends damit beschäftigt. Wir wohnten eine Stunde von Peking entfernt in der Provinz. Dort nimmt man es mit der Schulpflicht nicht so genau; ich ging nur zur Schule, wenn mein Vater mich hinschickte. Trotz meiner lückenhaften Schulbildung besuchte ich nach dem Abschluss des Gymnasiums die Universität, wo ich Wirtschaft und Handel studierte. Irgendwann habe ich den Betrieb meines Vaters übernommen. Mein Vater wusste, dass er nicht bis zu seinem Tod als Bildschnitzer arbeiten konnte; das Handwerk zehrt zu sehr an den Lungen, Muskeln und Knochen. Außerdem muss man finanziell sehr beschlagen sein, Holzschnitzerei ist in China ein Big Business.«

Jiujiu greift zu ihrem iPad und scrollt durch ihre Fotos. Sie zeigen eindrucksvolle mannshohe Buddhafiguren.

»Die Preise der Skulpturen, die ich geschnitzt habe, sind sehr verschieden, aber mein Vater macht immer große Skulpturen, die sehr kostbar sind. Sie bringen mehrere Hunderttausend Euro. Ich kann also durchaus sagen, dass mich das zur Millionärin gemacht hat.«

Dann erzählt Jiujiu von ihrem ersten Freund.

»Ich war siebzehn, besuchte die Universität und schwärmte natürlich für hübsche Jungen mit einem guten Charakter. Mein Freund war einer von ihnen. Aber als seine Eltern sich scheiden ließen, zog er mit seiner Mutter nach Japan. Nach Abschluss meines Studiums war ich dreiundzwanzig und fand gleich Arbeit: Ich bekam eine Stelle als PR-Agentin bei einem Medienunternehmen. Dort gab es einen Sänger, der bei uns unter Vertrag stand; mit ihm freundete ich mich an. Kurz vor seinem Durchbruch verliebte ich mich in ihn. Die Beziehung hielt nicht lange, denn er fand mich zu männlich, zu selbstständig und zu dominant. Die meisten chinesischen Männer wollen eine Frau, die sie in allen Belangen kontrollieren können. Außerdem wollte er seiner Karriere wegen nur eine heimliche Beziehung eingehen. In China kann man als Sänger niemals den Durchbruch schaffen, wenn man schon eine Freundin hat, erst recht nicht, wenn man verlobt oder verheiratet ist; die jugendlichen Fans sollen glauben, dass ihr Idol Single ist. Das Medienunternehmen ging pleite, und daraufhin zog mein Freund nach Shanghai. Wir haben nie offiziell schlussgemacht, das Feuer ist einfach allmählich erloschen.«

»Ist es schwer für eine Frau eine Beziehung zu beenden?«

»Nein, eigentlich nicht. Im Übrigen machen Frauen meistens nicht richtig Schluss. Sie machen deutlich, dass sie damit, wie ihr Partner sie behandelt, nicht glücklich sind, so sind die Frauen. Sie möchten Aufmerksamkeit und sagen Dinge, die sie eigentlich nicht meinen. Männer durchschauen das nie. Meiner Meinung nach sollte man seinem Freund gegenüber besser ehrlich sein und sagen, was man will. Wenn ich mich verliebe, habe ich keine Angst davor, es dem Betreffenden zu sagen. Leider passiert mir das nicht mehr so oft. Nette Männer, die etwas taugen, gehören in China zu einer aussterbenden Spezies, die meisten sind meiner Ansicht nach Deppen oder verwöhnte Trottel. Das kann ich auch bei meinen Freundinnen und Cousinen beobachten; alle waren sie verheiratet und nach einem oder zwei Jahren wieder geschieden, weil ihr Mann fremdging. Deshalb stehe ich auf etwas ältere Männer, die geben mir ein Gefühl der Sicherheit. Sie haben Erfahrung und treffen ihre Wahl bewusster.«

Auf meine Frage hin, erzählt uns Jiujiu, welchen Eindruck sie von chinesischen Männern hat: »Sie sind unreif, verantwortungslos und aufgrund der Ein-Kind-Politik verwöhnt. Sie glauben tatsächlich, alle Frauen kriegen zu können, und die Frauen bestätigen sie in ihrem Verhalten, indem sie ihnen hinterherlaufen.«

Jiujiu nimmt sich selbst nicht aus. Sie sieht sich als Prinzesschen ihres Vaters, für das nur die hübschesten, intelligentesten und integersten Jungs gut genug waren. Letztes Jahr begegnete sie einem jungen Mann, mit dem sie sich auf Anhieb gut verstand. Nachdem er sie eine Woche nicht mehr angerufen hatte, erhielt sie eine SMS. Er dachte, ihrer nicht würdig zu sein. »So ein Mädchen wie du verdient einen besseren«, schrieb er. Ihr Status und ihr Geld hatten ihn eingeschüchtert.

Wie sie die Zukunft sieht?

»Ich weiß es nicht. In Peking heiratet man als Frau mit etwa zwanzig. Für mein Umfeld und meine Familie ist es nicht akzeptabel, dass ich mit siebenundzwanzig noch Single bin.«

»Haben deine Eltern nie versucht, dich zu verkuppeln?«

»Doch«, sagt sie, »aber das ist lange her. Damals war ich zwanzig. Ich war zum Shoppen in der Stadt, als mich mein Vater anrief. Er sagte: ›Geh nach Hause, zieh dein schönstes Kleid an und hochhackige Schuhe und mach dich zurecht.‹ Aber ich tat nicht das, was er mir aufgetragen hatte. In Slippers und einer kurzen Hose ging ich in das Restaurant, in dem mein Vater ein Treffen arrangiert hatte. Dort wartete er und neben ihm saß ein baumlanger Kerl mit einem Baseball Cap. Er war der Sohn von einem seiner Freunde. Seine Mutter war auch dabei. Wir mussten uns an ein Tischchen gegenübersetzen und unsere Eltern nahmen ein paar Tische entfernt Platz. Ich wusste nicht, was ich sagen sollte. Er fragte mich: ›Hast du Hobbys? Oder ein Haustier?‹ Langes Schweigen. Als er mein Tattoo auf meinem Finger sah, fragte er: ›Hast du noch mehr davon?‹ ›Ja‹, sagte ich, ›auf meinem Rücken.‹ Er sagte: ›Ich mag keine Tattoos.‹ Darüber freute ich mich. Ich habe ihm freundlich für das Getränk gedankt und gesagt, dass ich es nett fand, ihn getroffen zu haben.«

Als Hu Ye und ich nach der Schilderung dieser witzigen Szene losprusten, kann Jiujiu schließlich selbst auch darüber lachen. Es ist wie eine Befreiung, wir brechen in schallendes Gelächter aus. Als wir uns wieder gefasst haben, beginnt Jiujiu ihren Vater zu entschuldigen.

»Weißt du, er ist Künstler und eigentlich würde man so ein Verhalten nicht von ihm erwarten; aber die Anbahnung einer Ehe, ist noch immer Teil der vorherrschenden Kultur, auch in den Städten. Meine Generation wird dem wohl ein Ende setzen, aber auf dem Land wird diese Tradition noch lange fortbestehen, glaube ich. Dort ist das noch ganz üblich. Kinder werden hier nicht nur einander vorgestellt, sondern Ehen werden Jahre im Voraus arrangiert. Meistens sind es die Mütter oder die Großmütter, die verkuppeln oder Vereinbarungen treffen. Es ist also Sache der Frauen damit aufzuhören. Sie müssen ihren Kindern eine freie Partnerwahl ermöglichen«, sagt Jiujiu ernst. »Meine Familie fällt aus dem Rahmen. Meine Mutter hat eher den Charakter eines Mannes. Sie hat sich nie in mein Liebesleben eingemischt. Ein bekanntes Sprichwort in China lautet: ›Jungen muss man mit wenigem erziehen, Mädchen mit vielem.‹ Dahinter steht die Vorstellung, dass man Jungen aus ihrer Komfortzone holen muss. Sie sind von Natur aus stark und aggressiv, sie müssen aber Willenskraft entwickeln. Mädchen müssen in ihrer Jugend ›viel Bitternis kosten‹ und lassen sich daher leicht von reichen Männern mit schlechten Absichten verführen. Wenn Mädchen aber eine komfortable Jugend hatten, lassen sie sich nicht so leicht von einem reichen Aufschneider beeindrucken. Unbewusst hat mein Vater mich und meinen Bruder nach dieser Devise aufgezogen. Er bekam nichts und ich alles. Nun bin ich reich und verwöhne meinen kleinen Bruder«, sagt sie lachend.

»Aber das macht meine Suche doch anders als die der meisten Mädchen. Des Geldes wegen brauche ich keinen Mann.«

»War die Beziehung zu deinem Vater kompliziert?«, frage ich.

»Als ich zwanzig war, ließen sich meine Eltern scheiden. Als uns mein Vater verließ, schenkte er mir eine Reihe großer Buddhafiguren, an denen er jahrelang gearbeitet hatte. Bald danach eröffnete ich meinen eigenen Laden. Ich bin in seine Fußstapfen getreten. Er hat mir die Bildschnitzerei beigebracht, und nachdem er in Pension gegangen war, übernahm ich seinen Kundenstamm. Im Übrigen ist meine ganze Familie, meine Onkel und meine Tanten, im Kunsthandel tätig. Sie handeln mit Jade, Schmuck, alter Kunst und antiken Möbeln. Wir vermitteln uns gegenseitig Kunden, und das half mir zu Beginn meiner Selbstständigkeit gewaltig. Meinen ersten Großkunden bekam ich 2010 durch Vermittlung eines Onkels, des jüngsten Bruders meiner Mutter. Da sie mit zwei Kindern allein zurückgeblieben war, wollte er ihr unter die Arme greifen. Heute habe ich in einem Außenbezirk von Peking eine große Lagerhalle, in der viele Skulpturen von mir und meinem Vater stehen. Eine kleine Skulptur schnitze ich in wenigen Monaten, aber mit einer großen Skulptur, zum Beispiel von Guanyin oder den *Acht Unsterblichen*, bin ich gut und gerne ein Jahr beschäftigt. Ich habe Skulpturen meines Vaters verkauft, die neun Meter hoch waren. Sie brachten pro Stück mehr als vierhunderttausend Euro ein. Dieser Preis hängt nicht nur von der künstlerischen Arbeit, sondern auch vom Material ab. Außerdem muss man sehr konzentriert arbeiten. Das Werkzeug ist messerscharf und man schneidet sich sehr schnell in die Hand. Heute schnitze ich nicht mehr so oft selbst. Ich vergebe die Arbeit an kleine Manufakturen, in denen junge Fachleute arbeiten. Doch es werden auch immer weniger Skulpturen hergestellt. Das Holz wird knapp und gute Bildschnitzer sind immer schwerer zu finden. Dadurch steigen die Preise. Skulpturen, die ich für dreihunderttausend verkauft habe, bringen heute leicht das Dreifache ein. Mein Vater hat noch ein paar große Skulpturen, aber die verkauft er vorläufig nicht.«

Wir legen eine kurze Pause ein. Ich möchte Jiujiu weitere Fragen zu ihrem Gefühlsleben stellen. Die Skulpturen interessieren mich sehr, aber sie sind nicht der Grund, weswegen ich hier bin. Hu Ye winkt die *Fuwuyuan*, die Kellnerin, heran, und wir bestellen *Jiaozi*, einen

Snack, in Teig gewickelte Fleischbällchen. Ich frage Hu Ye, ob Jiujiu etwas über die Scheidung ihrer Eltern erzählen möchte. Ich vermute, dass sie die hart getroffen hat.

»Mein Vater hatte eine andere Frau. Niemand hatte das erwartet. Meine Eltern haben mehr als zwanzig Jahre sehr hart gearbeitet, um das Geschäft aufzubauen. Aber er war oft unterwegs, tief in den Bergen auf der Suche nach Baumwurzeln oder zur Lehre bei alten Meistern, um seine Technik zu verfeinern und zu verbessern. Meine Mutter arbeitete als Gefängnisaufseherin. Sie ist eine kräftige Frau mit einem männlichen Äußeren. Mein Vater ist ein zarter Mann, ruhig und sanft. Seine neue Frau war weiblicher und anfangs anschmiegsam wie ein Kätzchen, deshalb hat er sich in sie verliebt. Die Scheidung meiner Eltern ist völlig an mir vorbeigegangen. Ich war auf Reisen in der Provinz und als ich zurückkam, waren sie plötzlich getrennt. Sie haben das absichtlich so geregelt, weil sie wussten, dass ich dagegen gewesen wäre. Als mein Vater mir die schlechte Nachricht überbrachte, war ich geschockt; ich konnte es nicht fassen, dass sie das hinter meinem Rücken ausgeheckt hatten. In diesem Moment hasste ich meinen Vater und seine neue Frau. Ich fand, dass sie unsere Familie zerstört hatten. Und wenn ich ganz ehrlich bin, habe ich ihnen heute, nach sieben Jahren, noch immer nicht vergeben. Früher verbrachte er so viel Zeit mit mir, ich war sein kleines Mädchen. Aber jetzt sehe ich ihn nur noch zweimal im Jahr. An meinem Geburtstag und am chinesischen Neujahrsfest essen wir zusammen, und das ist es dann auch. Meine Mutter hat übrigens einen neuen Freund und die beiden sind sehr glücklich miteinander. Es ist ein großer Kontrast: früher war ich sein Augenstern, sein Liebling, heute kümmert er sich kaum mehr um mich. Ich glaube, die Scheidung meiner Eltern hat dafür gesorgt, dass ich schnell erwachsen geworden bin.«

Jiujiu schaut traurig vor sich hin. Ich frage sie, ob die Scheidung ihre Sicht auf Männer verändert hat.

»Weißt du«, sagt sie düster, »kein Mann ist gut genug für mich. Ich bin früher durch die Aufmerksamkeit meines Vaters zu sehr verwöhnt worden. Er hat alles für mich getan. Nun habe ich Angst, eine neue Beziehung einzugehen, weil ich fürchte, im Stich gelassen zu werden. Von verheirateten Männern halte ich mich fern. Die Scheidung meiner Eltern hat mir sehr wehgetan und natürlich wirkt sich das auf mein Liebesleben aus. Einmal hatte ich eine Verabredung mit einem geschiedenen Mann, der mir das nicht gleich gesagt hatte. Dann ist es für mich schon vorbei. Ich wünsche mir völlige Offenheit und Ehrlichkeit. Irgendwann werde ich dem Richtigen schon noch begegnen. Was für ein Mann das ist? Ein Mann, der sich selbst und mich respektiert, gepflegt aussieht, Humor hat, intelligent und verantwortungsbewusst ist, und sich nicht davor scheut, etwas mit einer Frau anzufangen, die reicher ist als er selbst. Ich weiß, dass ich anspruchsvoll bin, und vielleicht bin ich noch immer das kleine verwöhnte Mädchen, das auf der Suche nach bedingungsloser Vaterliebe ist. Dann ist das eben so. Mit weniger gebe ich mich nicht zufrieden.«

Abb. 14: Hu Ye und die Autorin unterwegs in Peking

KAPITEL 8

Ein Gespräch über Empfängnisverhütung

Das Aufkommen der Empfängnisverhütung hat in der Nachkriegszeit im Westen für die Emanzipation der Frau eine bedeutende Rolle gespielt. Wie steht es damit in China? Ich bin mit zwei *Lalas*, zwei chinesischen Lesben, verabredet, die für den Kondomgiganten Durex China arbeiten. Wie kämpferisch sind diese Frauen? Haben sie sich bewusst dafür entschieden, bei Durex zu arbeiten? Hat das etwas damit zu tun, dass sie lesbisch sind?

Über das kahle, schmutzige Treppenhaus eines Gebäudes, das wohl eigentlich ein heruntergewirtschaftetes Bürogebäude ist, betreten wir die bunte Welt eines Costa Coffeeshops, dem Konkurrenten von Starbucks. Das Café bietet einen Ausblick auf eine breite Straße im Viertel Haidian, ganz in der Nähe der Qinghua und der Beida, den beiden Spitzenuniversitäten von Peking und ganz China. Hu Ye und ich flüchten uns vor der dröhnenden Discomusik in zwei viel zu tiefe Sessel. Mit einer großen Kanne Lavendeltee schlagen wir die Zeit tot, während wir auf unsere Gäste warten.

Hu Ye erhält einen Anruf: Sie verspäten sich, denn sie stehen, wie in Peking nicht unüblich, im Stau. Erst anderthalb Stunden später steigen zwei burschikose Frauen aus dem Aufzug, der mitten im Café ankommt. Bis dahin ist uns vom Tee schon ganz übel und von der Musik sind wir bereits halb taub. Wir geben uns die Hand. Die kleinere der beiden trägt ein kleines, schwarzes Hütchen à la Michael Jackson und ein weißes Hemd unter einem schwarzen Singlet. Die andere hat eine Schlabberjeans an, gehalten von Hosenträgern über einem weitfallenden, weißen T-Shirt, auf dem in silbernen Glitzerbuchstaben steht: ›If you really love her, wear a cover.‹ Aus meiner Sicht passen sie gut zur Musik, sie könnten geradewegs aus der Disco kommen. Die junge Frau mit dem Hütchen heißt Hong Li, sie ist neunundzwanzig. Die größere der beiden mit dem witzigen Slogan über ihren kleinen Brüsten heißt Zheng Yue, sie sagt, sie sei sechsundzwanzig. Sie setzen sich in die tiefen Sessel uns gegenüber und reichen beide kaum über die Höhe des runden Tisches. Als wir alle mit Lavendeltee versorgt sind, kann das Gespräch beginnen. Hong Li setzt ihr Hütchen ab, räuspert sich und erzählt uns etwas über ihren Hintergrund.

»Ich bin Sexualwissenschaftlerin, konnte aber keine Stelle finden. Vor zwei Jahren war ich auf einem Symposium, auf dem Durex neue Sexspielzeuge präsentierte. Einer der Sprecher war Ma Xiangnian, derzeit der bekannteste Sexualwissenschaftler Chinas. Er ist in den Siebzigern, ein Senior-Experte also. Die meisten älteren Leute halten Sex für etwas Schlechtes, über das man nicht spricht. Auf dem Symposium ging es um das Durchbrechen von Tabus. Die Präsentation inspirierte mich dazu, mich bei Durex zu bewerben. Heute habe ich eine großartige Stelle als Sexualwissenschaftlerin mit einer Mission.«

Zheng Yue hat Landschaftsarchitektur studiert, fühlt sich aber eher in den Geisteswissenschaften heimisch. Nach ihrem Studium entschied sie sich für den Kommunikationsbereich und landete über ein PR-Unternehmen bei Durex.

»Ich habe mich lange für meine Arbeit geschämt. Obwohl ich doch eigentlich Menschen half, hatte ich das Gefühl, beinahe etwas Kriminelles zu tun. Erst als ich selbst akzeptierte, dass Sex etwas Natürliches ist, ebenso natürlich wie essen und trinken, spürte ich, dass andere meine Arbeit zu respektieren begannen. Einen Job bei Durex zu haben, bedeutet schließlich nicht nur, Gummis zu verkaufen, sondern auch zu einer besseren Welt beizutragen.«

Ich frage Zheng Yue und Hong Li, ob sie ein Paar sind. Sie schauen sich lachend an: »Nein, wir sind einfach Kolleginnen.«

Nach dieser sehr persönlichen Frage komme ich wieder zum Thema zurück und stelle Zheng Yue gleich meine nächste Frage: »Weißt Du, wieviele junge Leute heute Sex vor der Ehe haben?«

»Siebzig Prozent«, antwortet sie ohne nachzudenken. »Chinesen, die in der Stadt wohnen, haben ungefähr mit sechzehn, siebzehn ihre ersten sexuellen Kontakte. Etwas mehr als die Hälfte benutzt dabei keine Verhütungsmittel. Im Biologieunterricht lernen chinesische Schüler, wie sich Frösche fortpflanzen, doch wie es Menschen tun, darüber wird kein Wort verloren. Und auch aufgeklärte Jugendliche benutzen häufig kein Kondom. Mädchen finden es peinlich, so etwas in ihrem Täschchen dabei zu haben; ein anständiges Mädchen tut sowas nicht. Es wirkt so, als hätte sie es von vornherein darauf angelegt, Sex zu haben; so sind chinesische Kinder nicht erzogen. Die Jugendlichen, die keine Verhütungsmittel benutzen, glauben, es genüge schon, vor dem Höhepunkt rechtzeitig einen Rückzieher zu machen. Dass Sperma in der Vagina etwa vier Tage überleben kann, darüber sind sie sich allerdings nicht im Klaren.«

Dass es noch viel mehr wesentliche Dinge gibt, über die die chinesische Jugend nicht informiert ist, geht aus fast allen Studien zu Sexualität und Gender hervor, die in den letzten Jahren erstellt wurden.

So nehmen beispielsweise nur 1,2 Prozent aller chinesischen Frauen die Pille und 70 Prozent kennen nicht den Unterschied zwischen der Wirkweise der normalen Pille und der Pille danach. Die Pille steht in einem schlechten Ruf. Frauen fürchten sich vor Nebenwirkungen wie Gewichtszunahme und Brustkrebs. Und viele Frauen denken noch immer, die Pille würde die Wahrscheinlichkeit einer zukünftigen Schwangerschaft verringern. In dem Bereich des Gesundheitswesens, der sich mit Geburtenregelung befasst, hat man festgestellt, dass die Abtreibungsquote mittlerweile zwar abnimmt, die Zahl der Abtreibungen bei jungen Frauen aber verhältnismäßig hoch ist. Auch das hat viel mit fehlender Aufklärung und dem fehlenden Zugang zu medizinischer Fürsorge zu tun. Staatliche chinesische Statistiken aus dem Jahr 2009 verzeichnen 13 Millionen Schwangerschaftsabbrüche pro Jahr; mehr als 60 Prozent bei Frauen in den Zwanzigern, überwiegend bei Unverheirateten.

Gleichwohl verhüten 85 Prozent der Frauen in China; was weltweit den höchsten Prozentsatz darstellt. Wenn man vor zwanzig Jahren durch die Bauerndörfer fuhr, konnte man auf der Mauer des Dorfplatzes lesen. »Haben Sie ein Kind. Nehmen Sie bitte die Spirale. Haben Sie zwei? Lassen Sie sich sterilisieren«, lese ich in dem Bericht eines Wissenschaftlers an einem Institut in der Provinz Yunnan.

Heute tragen 40 Prozent der Frauen eine Spirale; das Einsetzen wird von der öffentlichen Gesundheitsfürsorge übernommen. Sterilisieren lassen sich Frauen vor allem nach der Geburt des ersten, mitunter auch des zweiten Kindes. Doch Jugendliche, die nicht unter die Familienplanung fallen, bekommen keine Verhütungsmittel von der öffentlichen Gesundheitsfürsorge. Kondome und die Pille werden in China relativ selten genutzt, was nach Ansicht von Wissenschaftlern unter anderem auf die geringe Aufklärung der Jugend zurückzuführen ist.

Zheng Yue berichtet, Durex habe herausgefunden, dass viele Jungen und Mädchen auch nicht genau wissen, wie sie ein Kondom benutzen sollen. Der chinesische Zweig des britischen Unternehmens entwickelte deshalb ein spezielles, beidseitig verwendbares Kondom mit zusätzlichem Gleitmittel.

Seit einigen Jahren stehen an fast allen Universitäten Kondomautomaten. Durex organisiert Werbekampagnen und Ideenwettbewerbe, um Studenten bewusst zu machen, dass Kondome zum Leben auf dem Campus dazugehören. Zheng Yue lehnt sich zurück und fischt ein Taschentuch aus der Seitentasche ihres Rucksacks. Sie tupft sich die Stirn ab und wischt sich die Hände. Es ist warm im Coffeeshop. Zheng Yue und Hong Li fänden es besser, wenn sich die sexuelle Aufklärung stärker auf Frauen und Paare konzentrieren würde.

»1989, in dem Jahr des Tiananmen-Aufstands, wurde nicht weit vom Platz des Himmlischen Friedens *Adam und Eva* eröffnet«, erzählt Zheng Yue. »Ein staatlicher Laden, in dem man Kondome, die Pille und Pessare kaufen konnte. Aber erst nach einem regulären Beratungsgespräch, denn Verhütungsmittel waren noch Sache des Staates. Sexspielzeug war außerdem noch völlig tabu: Es sei schädlich für die Volksgesundheit, lautete der offizielle Standpunkt. 1993 führte der Staat ein Examen für Verlobte ein: Sie mussten sich im Krankenhaus zu einer obligatorischen Sexualaufklärung melden. Das klingt wie ein Scherz, ist aber wahr. Und irgendwie war das noch nicht einmal so dumm, denn die meisten jungen Leute hatten kaum eine Ahnung von Sex. Die Idee war gut, doch es hat wenig dazu beigetragen, Scheidungen, sexuelle Gewalt, Geschlechtskrankheiten und unerwünschte Schwangerschaften zu verhindern und die Beziehung zwischen Mann und Frau zu verbessern.«

»Die meisten chinesischen Mädchen wissen nicht mal, wie man masturbiert«, fährt Zheng Yue fort. »Sie machen sich von Männern abhängig. Eine chinesische Frau stellt ihre eigenen Interessen zurück und ist tolerant; sie will Probleme vermeiden und verschließt ihre Augen davor. Junge chinesische Eltern leben für ihre Kinder und verlieren den Kontakt zu sich selbst. Im Westen sprechen Ehepaare über ihre sexuellen Probleme und suchen nach einer Lösung. In China ist das anders: Wenn der Mann keine Befriedigung findet, geht er auf Abenteuer aus. Eigentlich ist für diese Generation das Wort *Ernai* (das wörtlich *zweite Brust* bedeutet) für eine zweite Frau nicht mehr angebracht. Die jungen Leute haben heute viele wechselnde Beziehungen. Wenn herauskommt, dass der Mann fremdgeht, folgt die Frau oft seinem Vorbild. Daraufhin kommt es zum Streit, es kommt zur Scheidung.«

Zheng Yue glaubt, dass der Mangel an sexueller Aufklärung weitreichende soziale Konsequenzen hat. Sie selbst beschäftigt sich bei Durex mit dem Thema HIV. Durex arbeitet auf diesem Gebiet viel mit NGOs zusammen, die ihrerseits wiederum mit internationalen Organisationen kooperieren. In der Provinz und in den ländlichen Regionen Chinas haben die Bauern kein Geld, um einen Aidstest machen zu lassen, der ihre Chancen auf dem Arbeitsmarkt erhöhen könnte. Billige Kondome bieten Zhengs Ansicht nach zudem keinen ausreichenden Schutz. Homosexuelle, Prostituierte und Drogenkonsumenten sind den Gefahren von HIV am stärksten ausgesetzt, da der Staat Durex jedoch Beschränkungen auferlegt, erreichen sie diese Gruppen nicht immer. Der Staat kehrt HIV und andere sexuell übertragbare Krankheiten aus Scham noch immer unter den Teppich.

»Gerade weil wir kommerzielle Interessen verfolgen, ist die Aufklärung, die wir bieten können, beschränkt. Durex ist keine Bürgerinitiative; uns geht es vor allem darum, Kondome zu verkaufen.«

Hong Li fügt noch hinzu: »Unsere ›Zero-Aids‹-Kampagne, die auf die völlige Ausrottung von Aids abzielt, findet immerhin im Ausland Gehör. So hat beispielsweise der Fernsehsender MTV mit unserer Unterstützung eine weltweite Kampagne initiiert. In China ist so etwas nicht möglich. Für Arbeitsmigranten ist die Marke Durex zu teuer. Trotzdem versuchen wir diese Zielgruppe zu erreichen. Für sie haben wir ein preiswertes Kondom entwickelt, das ›Me and You‹ heißt. ›Me-and-You‹-Kondome gibt es nicht zu kaufen. Sie werden von NGOs gratis verteilt, um die Verbreitung von HIV und anderen sexuell übertragbaren Krankheiten in China zu verhindern. Es gibt auch NGOs, die in kleinem Maßstab Prostituierte anheuern, die den Wanderarbeitern ihre Dienste kostenlos zur Verfügung stellen. Die Zusammenarbeit zwischen den NGOs wird jedoch vom Staat erschwert. Der Staat beruft sich zu diesem Zweck auf ein Gesetz zur Beschränkung der Versammlungsfreiheit. Wenn die NGOs ihre Kräfte bündeln würden, könnten sie, so die Befürchtung, mitunter zu mächtig werden. Sie können daher Aidsvorsorge kaum in großen Stil betreiben, hier heißt es, auf einen größeren Spielraum und gezielte staatliche Aktionen zu warten. Derzeit verbreitet die Regierung über Internetkampagnen Slogans, und in den Dörfern auf dem Land hängen in den Straßen Transparente, aber eine gezielte Prävention und Gesundheitsfürsorge findet nicht statt.«

Wir bestellen etwas zu essen und kommen auch zwangloser ins Gespräch. Zheng Yue und Hong Li erzählen von ihrer Jugend und was es bedeutet, eine *Lala*, eine Lesbe in China zu sein.

KAPITEL 9

Leben als Lala in China

Zheng Yue wurde in Harbin, einer Stadt im eiskalten Norden Chinas, geboren. Sie wuchs in einfachen Familienverhältnissen auf. Ihre Eltern arbeiteten für Staatsbetriebe und waren bettelarm. Während der Kulturrevolution wurde ihr Großvater zum Tode verurteilt und exekutiert. Jahrzehntelang herrschte eine grimmige, angespannte Atmosphäre in ihrer Familie, für freiheitliche Vorstellungen gab es keinen Raum.

Ihr anderer Großvater starb, als ihr Vater zehn Jahre alt war; seine Gesundheit hatte gelitten, als er im Bürgerkrieg in Nordkorea gegen die Amerikaner gekämpft hatte. Zheng Yues Großmutter war eine starke Frau. Als sie Witwe wurde, blieb sie mit fünf Kindern allein zurück. Um den Lebensunterhalt für alle zu verdienen, arbeitete sie in der Verwaltung einer Fabrik, in der Bratfett produziert wurde. Jeden Morgen stand sie um vier Uhr auf und ging zu Fuß zur Arbeit, um Geld zu sparen. Nach der Arbeit in der Fabrik ging sie auf den Markt, um die letzten Gemüsereste zu einem günstigeren Preis zu erstehen.

»Meine Mutter war eigentlich eine *Shengnü*, ein *Essensrestchen*«, erzählt Zheng. »Meine Oma mütterlicherseits wollte der Mutter meines Vaters helfen, als sie hörte, dass diese noch eine Frau für ihren unverheirateten Sohn suchte. ›Das trifft sich gut‹, sagte sie damals, ›denn ich habe noch eine unverheiratete Tochter zu vergeben.‹ So wurden die beiden dann meine Eltern. Als sie mich zeugen wollten, wussten sie nichts von Sex, sie hatten keine Ahnung, wie sie ein Kind machen sollten. Sie sahen sich gemeinsam Bücher an, aber zu guter Letzt mussten sie doch ihre Eltern fragen, wo die Kinder herkommen. Ganz allmählich kamen sie dahinter, wie man ein Kind zeugt. Das Ergebnis war ich. Auf dem Gymnasium hörte ich zum ersten Mal, dass sich Mädchen auch in andere Mädchen verlieben können. Da begann ich, mich selbst besser zu verstehen. An der Universität habe ich dann meine erste Freundin kennengelernt. Dass ich eine Lesbe bin, habe ich sehr lange verschwiegen.«

In China können Homosexuelle nicht heiraten. Die meisten gehen eine heterosexuelle Ehe ein, die sie als Deckmantel verwenden. Um ihre Eltern zufriedenzustellen, bekommen sie ein Kind und konzentrieren sich anschließend auf ihr Doppelleben. Zheng Yue hat diesen Weg nicht gewählt und ist sich sicher, dass sie ihn auch zukünftig nicht gehen will.

»Der Druck meiner Familie ist groß. Oma fragt mich immer wieder, ob ich denn nicht bald heiraten werde, und meine Eltern wünschen sich sehr ein Enkelkind. Aber daraus wird natürlich nichts.«

Nun mischt sich auch Hong Li in unser Gespräch ein. Ich betrachte ihr jungenhaftes Gesicht, ihre glatte, gebräunte Haut.

»Meine sexuelle Entwicklung verlief völlig anders«, erzählt sie. »Meine Mutter war Ärztin und wir redeten zu Hause immer ganz offen über Sex. Dennoch dauerte es bis zu meinem zwanzigsten Lebensjahr, bis ich mit einem Jungen ins Bett ging. Ein Jahr später zog ich nach England, um dort Sexualwissenschaft zu studieren. Dort entdeckte ich, dass ich auch an Mädchen interessiert war. Obwohl ich mich als Studentin intensiv mit Sexualwissenschaft befasste, hatte ich keine Ahnung davon, wie zwei Frauen sich lieben. Ich habe immer noch gern Sex mit Männern, aber bei Frauen kann ich meinen Gefühlen freien Lauf lassen. Zuerst habe ich nicht kapiert, warum ich mich nicht in Männer verlieben konnte. Aus Filmen und Büchern wusste ich, dass das Herz vor Verliebtheit schneller schlagen und man einen Jungen so sehr vermissen konnte, dass man unfassbar traurig war. Aber das fühlte ich nie. Bis es mir mit einem Mädchen passierte. Als ich fünfundzwanzig war, entschied ich, dass ich bisexuell bin. In England hatte ich wechselnde Kontakte. Nach meiner Rückkehr nach China hatte ich eine feste Beziehung mit einem amerikanischen Mädchen in Shanghai. Ich nahm mich total zurück und schon bald war ich für sie nicht mehr interessant. Danach hatte ich eine Freundin, die sich aber ihrerseits zu abhängig von mir machte. Jetzt habe ich endlich eine stabile Beziehung mit einer Frau, die auch schon einige Beziehungen hinter sich hat. Wir sind erwachsen und zwischen uns besteht ein Gleichgewicht. Meine Mutter hat fünf Jahre gebraucht, um zu akzeptieren, dass ich lesbisch bin. Für sie war es eine enorme Enttäuschung und vor meinem Vater verbirgt sie diese Tatsache bis zum heutigen Tag. Sie weiß, dass ich auch Dates mit Jungs hatte, daher hofft sie tief im Innersten ihres Herzens nach wie vor, dass ich mich letzten Endes vielleicht für einen Mann entscheiden werde. So würden sie und mein Vater doch noch zu einem Enkelkind kommen.« Hong Li lehnt sich zurück und sieht mich an, als ob sie eine Reaktion von mir erwartet.

Hong Lis und Zheng Yues Erfahrungen stehen exemplarisch für die Art, wie Chinesen mit Homosexualität umgehen. Darüber habe ich einiges aus *Concubines and Courtisans*, dem Buch des Kunstsammlers Ferry Bertholet, erfahren, das in meinem Billy-Regal mit Chinaliteratur steht. Das Buch ist mit erotischen Fotos und Drucken aus dem alten China illustriert. Waren denn die Chinesen in der Kaiserzeit nicht ausgesprochen freizügig, was (Homo)Sexualität anging? Wie konnte es so weit kommen, dass heute eine abweichende sexuelle Ausrichtung moralisch verurteilt wird? Homosexualität war im alten China der Tradition nach doch überhaupt nicht ungewöhnlich?

Als die Jesuiten Ende des 19. Jahrhunderts in einer zweiten Missionswelle nach China kamen, um den katholischen Glauben zu verbreiten, machten sie überrascht und schockiert mit der freizügigen Sexualmoral der Chinesen Bekanntschaft. Bertholet beschreibt die Bordelle dieser Zeit, in denen Männer hetero- und homosexueller Liebe frönten und auch Sex zwischen Frauen öffentlich nicht abgelehnt wurde. Solange die Werte der Familie respektiert wurden, war das, was die Eheleute außerhalb des Hauses trieben, nicht mehr als ein spannender Abstecher. Die höchste gesellschaftliche Norm war ein gesundes Familienleben, alles andere wurde mehr oder weniger geduldet. In der Philosophie des Daoismus war Sex zwischen zwei Frauen erst recht kein Problem, denn dabei wurden idealerweise keine Körpersäfte verschwendet. Homosexuelle Beziehungen wurden erst verurteilt, wenn sie die konfuzianischen hierarchischen Rollenmuster bedrohten und der Erbfolge im Weg standen. In der modernen Zeit kommt noch hinzu, dass der älteren Generation, die am Aufbau des kommunistischen Staates beteiligt war, Mao Zedongs moralische Dogmen eingetrichtert worden waren. Mit Deng Xiaopings Politik der offenen Tür hielt auch die westliche Kultur wieder

Einzug und damit auch Freiraum zur Entfaltung des Individuums. Anfang der Neunzigerjahre erschienen die ersten Studien zur Homosexualität im modernen China. Eine der bedeutendsten Feministinnen und Soziologinnen ist Li Yinhe. Sie ist ein Sprachrohr und eine Vorkämpferin der Frauen, Homosexuellen und Transsexuellen (siehe auch Kapitel 15). Nach Lis Einschätzung leben zwischen 40 bis 70 Millionen Homosexuelle in China. 2003 entfachte Li eine öffentliche Diskussion über die Homoehe und drei Jahre darauf reichte sie einen Gesetzesentwurf zu ihrer Legalisierung ein. Der Entwurf wurde abgewiesen.

2008, im Jahr der Olympischen Spiele, erstellte Li eine Studie zur Einstellung der Öffentlichkeit zur Homosexualität: 90 Prozent der Befragten waren der Auffassung, dass Homosexuelle die gleichen Rechte haben sollten. Dennoch waren noch 40 Prozent für ein Unterrichtsverbot homosexueller Lehrer. Fast die Hälfte der Befragten stigmatisierten Homosexualität als psychische Krankheit.

In den Neunzigerjahren erstellte Li Yinhe einen Bericht über die Umstände, unter denen sich Homosexuelle trafen, über ihre psychischen Probleme und ihre Isolation. Sie sprach mit Homosexuellen, die unter dem Druck der konfuzianistischen Moral, die Maos Kommunismus offenbar nicht ausgerottet hatte, ein Doppelleben führten, um ihren Eltern die Nachkommenschaft zu sichern. Zu dieser Zeit outete sich noch niemand, vor allem nicht im Familienkreis. Li plädierte schon damals für sexuelle Selbstbestimmung, und sie erhielt dabei zunehmend Unterstützung von ihren wissenschaftlichen Kollegen. Das Bewusstsein, dass zur Eindämmung von Aids die gesellschaftliche Akzeptanz Homosexueller notwendig war, wuchs; das umstrittene Gesetz von 1997, das anstößiges Verhalten unter Strafe stellte und dazu genutzt wurde, Homosexuelle von den Parks fernzuhalten, wurde abgeschafft. Auch der Autor Fang Gang zog das Fazit, dass die öffentliche Toleranz gegenüber Homosexuellen im Vergleich zu den Achtzigerjahren deutlich gestiegen sei.

2001 wurde Homosexualität aus der Liste der psychischen Erkrankungen gestrichen und galt somit nicht länger als Geisteskrankheit. Der Siegeszug des Internets erledigte den Rest. Homosexuelle können heute online Kontakte knüpfen und Treffen verabreden. In den Großstädten Peking, Shanghai und Chengdu gibt es überall Treffpunkte für *Tongxinglian*, für Homosexuelle. Dennoch werden sie noch immer diskriminiert. Der Staat setzt sogenannte *Green-Dam-Software* ein, um nach verbotenen Webseiten zu suchen, worunter auch Seiten mit homosexuellen Inhalten fallen. Immer noch ist es verboten, Bücher und Filme über Homosexualität auf den Markt zu bringen und es gibt nur wenige Männer und Frauen, die es in ihrem Arbeits-und Familienkreis wagen, zu ihrer homosexuellen Veranlagung zu stehen.

Ich frage Zheng Yue, ob ihre Familie in Harbin mittlerweile weiß, dass sie lesbisch ist.

»Meine Mutter weiß es und mein Vater ahnt es. Aber ich halte mein Leben als Lesbe von meiner Familie strikt getrennt. Seit einem Jahr bin ich Mitglied von *Common Language*, einer Organisation, die die Interessen der *Tongxinglian* vertritt und Kundgebungen und Diskussionsforen organisiert. 2010 bin ich am Valentinstag mit anderen Homosexuellen in Peking auf die Straße gegangen, um Rosen zu verteilen und so Aufmerksamkeit und Anerkennung für die Liebe Homosexueller zu fordern. Zu unserer Überraschung hinderte man uns nicht daran. Letztes Jahr haben wir es erneut getan und da hatten schon mehr Schwule und Lesben den Mut daran teilzunehmen. Heute wird in vielen Städten am Valentinstag die homosexuelle Liebe gefeiert.«

»In China ist es noch nicht üblich, dass Männer lesbischen Frauen mit einem Kinderwunsch Samen spenden. Die Allgemeinheit würde ein solches Kind auch niemals akzeptieren; meine Mutter zum Beispiel findet, dass ein Kind nur in einer stabilen ›normalen‹ Beziehung aufwachsen sollte«, sagt Hong Li. »Hinzu kommt, dass man auch keine Aufenthaltsgenehmigung (*Hukou*) für ein solches Kind bekommen kann, das faktisch als illegal gilt. Somit wäre es nicht nur von dem kostenlosen Unterricht ausgeschlossen, sondern könnte auch keine staatliche Krankenversicherung bekommen.«

Die Entwicklungen verlaufen offenbar nicht so linear in China, schließe ich daraus. Es geht zwei Schritte vorwärts und einen zurück. Dreißig Jahre nach der Politik der offenen Tür steht es den Chinesen frei, hinter den verschlossenen Türen ihres Schlafzimmers ihr Sexualleben so einzurichten, wie es ihnen beliebt. Was sie heute einschränkt,

ist nicht die KPCh, sondern die Erziehung ihrer Eltern und Großeltern. Homosexualität wird vom Staat geduldet und vor der Familie
verschwiegen. Was das betrifft, hat sich in den vergangenen Jahrhunderten wenig geändert.

KAPITEL 10

Lanlan:
Prostituierte und Frauenaktivistin

Homosexualität ist in China nicht mehr strafbar, Prostitution allerdings schon. Das ›älteste Gewerbe der Welt‹ hat in China eine lange Geschichte und wegen des gravierenden Frauenmangels auch eine enorme soziale Funktion. Heute will ich eine Frau interviewen, die im Rahmen der chinesischen Gesellschaft dem ältesten Gewerbe der Welt nachging. Hu Ye hat ein Treffen mit Lanlan für mich arrangiert. Sie war Prostituierte, leitet heute aber eine NGO für Arbeitsmigrantinnen, die in der Prostitution gelandet sind.

Der Südbahnhof Nanzhan liegt eine Stunde vom U-Bahnhof Dongsi entfernt. Es ist früh am Morgen und wir sind nach Tianjin unterwegs, einer Küstenstadt 175 Kilometer von Peking entfernt. Bevor auf dieser Strecke eine Trasse für Hochgeschwindigkeitszüge angelegt wurde, hatte die Reise nach Tianjin gut und gerne zwei bis drei Stunden gedauert, doch jetzt ist die Stadt in einer halben Stunde erreichbar.

Unterwegs sehe ich eine Frau mit zwei Schildern um ihren Hals. Auf dem einen sind chinesische Schriftzeichen zu sehen, auf dem anderen steht in Englisch, dass sie einen Autounfall hatte und die Verursacher einfach weitergefahren wären. Sie bettelt um Geld.

»Merkwürdig«, sagt Hu Ye, »die chinesische Version ist anders als die englische. Auf Chinesisch steht da, sie habe ihr Leben riskiert, um ein Kind, das von einer Brücke gefallen war, vor dem Ertrinken zu retten. Heldentaten werden in China belohnt, doch auf dem Schild steht, sie habe nie etwas dafür bekommen.«

Hu Ye erklärt, sehr wahrscheinlich sei diese Frau von *Tufeis* losgeschickt worden, von Banden, die behinderte Bettler ausbeuten. Kindern wird sogar das Augenlicht genommen oder sie werden verstümmelt, um sie zum Betteln auf die Straße schicken zu können.

Neunzig Prozent aller Bettler werden von Kriminellen kontrolliert; die Polizei ist machtlos oder lässt sich bestechen.

Im Zug frage ich Hu Ye, ob sie etwas über die Geschichte der Prostitution in China weiß. Sie weicht meiner Frage mit einem Schulterzucken aus.

»Ach, weißt du, meiner Meinung nach gab es zu allen Zeiten Prostitution. In der Schule haben wir natürlich nichts über Prostitution erfahren, doch wie jedermann weiß auch ich, dass dieses Gewerbe schon Tausende von Jahren alt ist.«

In meinen Seminaren in Tilburg bin ich auf die Geschichte der Kurtisanen und Konkubinen kurz eingegangen, wobei ich hier aus *Concubines and Courtesans: Women in Chinese Erotic Art* von Bertholet schöpfte.

Wie schon in Kapitel 3 erwähnt, erlebte China während der Tang-Dynastie (618-907) eine lange Phase des ökonomischen Wachstums und der kulturellen Blüte, die mit relativ großer sexueller Freiheit einherging. Besonders im Süden führten Künstler und Bürger ein freizügiges Leben. Der Neokonfuzianismus, der in der Tang- und der anschließenden Song-Dynastie aufkam, war eine Reaktion darauf, eine Art moralischer Neuorientierung. Es entwickelte sich eine Kultur, in der die Tugendhaftigkeit der Frau unter allen Umständen bewahrt werden muss. Eine Folge davon war, dass anständige Frauen zu Hause blieben und sich nicht mehr auf der Straße zeigten oder allein ausgingen, um Freundinnen zu besuchen. Den strengen Moralvorstellungen des Neokonfuzianismus widersprach es jedoch nicht, dass öffentliche Würdenträger Prostituierte besuchten. Junge Männer aus den besseren Kreisen durften, bevor sie verheiratet waren, nicht mit Mädchen ihres eigenen Standes schlafen; also machten sie ihre ersten sexuellen Erfahrungen in Bordellen. Auch Marco Polo spricht in seinem Reisebericht davon. Bei seiner Beschreibung der neuen Stadt Kublai Khans Dadu berichtet er von fünfundzwanzigtausend käuflichen Frauen in den Vorstädten.

Wie die Tang-Dynastie kannte auch die Ming-Dynastie (1368-1644) eine Phase des Aufstiegs, der Blüte und des Verfalls. Die Ming-Dynastie hat nicht nur das prachtvolle Ming-Porzellan hervorgebracht, sondern auch einen großen Schatz an raffinierter erotischer Kunst, darunter das weltberühmte erotische Werk eines anonymen Autors unter dem Titel *Kin Ping Meh* (Pinyin: *Jin Ping Mei*). Es handelt sich dabei um einen fünfteiligen, fast dreitausend Seiten umfassenden, pornografischen Schelmenroman, der während der späten Ming-Dynastie erschienen ist. Wir lesen darin von den sexuellen Eskapaden des Hsi Men (Pinyin: Xi Men). Dieser Casanova gelangte mit Hilfe seines Vermögens in die vornehmen dekadenten Kreise seiner Zeit. Seine erotischen Abenteuer werden verblüffend freimütig geschildert. Er hatte Beziehungen zu sechs Frauen. Seine Lieblingsgespielin war Goldener Lotus. Einmal steckte Xi Men eine Pflaume in ihre Vagina, drehte sie so lange, bis sie einen Orgasmus bekam, und aß die Pflaume dann auf.

Seine fortwährenden Liebesspiele wurden ihm schließlich zum Verhängnis, wie die folgende Szene kurz vor seinem frühen Tod deutlich macht:

»Es war Mitternacht, als er sich schwer berauscht und schlaftrunken [...] auf den Nachhauseweg machte. [...]

Unsicheren Schrittes, schwer auf Dienerschultern gestützt, ließ sich Hsi Men zum Pavillon von Goldlotos bringen. Sie hatte auf ihn gewartet und war noch auf. [...]

[...] Anstatt ihm nun seine Ruhe zu gönnen, begann sie, von unersättlicher Lüsternheit getrieben, ihre Finger an seiner Lendenmitte auf und ab gleiten zu lassen. Sein Ding fühlte sich weich und schlapp an wie Watte. Soviel sie an ihm herumspielte, es wollte nicht fest werden. Gar zu gern hatte sie gewusst, mit welcher Frau er heute schon das Lager geteilt hatte.

Jetzt beugte sie sich in kniender Stellung über ihn und versuchte es mit dem Flötenspiel. Aber es zeitigte ebenfalls keine Wirkung. Da verlor sie die Geduld. Sie rüttelte so lange an ihm, bis er erwachte.

»Wo hast du die Pillen von Pater Fan aufbewahrt?« fragte sie.

»Laß mich doch schlafen! [...] Aber wenn du es unbedingt wissen willst, die Pillen stecken in meiner Ärmeltasche; in der goldenen Dose mit dem durchbrochenen Deckel.«

Flugs erhob sie sich und durchsuchte seine Ärmeltaschen. Richtig, da war die goldene Dose mit dem in der Mitte herzförmig durchbrochenen Deckel. Sie öffnete. Es waren genau noch vier Pillen drin. Sie nahm eine heraus und schluckte sie mit einem Becher angewärmten Weins selber hinunter. Dann füllte sie einen zweiten Becher für ihn voll, und da sie sich einbildete, daß in Anbetracht seines abgekämpften Zustandes eine einzelne Pille vielleicht nicht ausreichend wirken würde, tat sie gleich alle noch übrigen drei Pillen in den Becher.

[...] Es währte kaum die Zeitspanne, die man zum Ausschlürfen einer Schale heißen Tees braucht, da machte sich die Wirkung der dreifach genossenen Dosis zu ihrer Genugtuung mit dreifach gesteigerter Kraft geltend. Zum Überfluß bestrich sie ihm auch noch das Pferdeauge ergiebig mit der Wundersalbe. Dann kletterte sie auf ihn und lenkte mit sicherer Hand seinen Luststengel in die rechte Bahn. Nie zuvor fühlte sie sich so innig und zutiefst mit ihm verschmolzen wie diesmal, unaussprechlich waren die Wonnen, die sie heute erschauern ließen. Zweimal war bei ihr bereits die Wolke geborsten. Da stellte sich auch bei ihm der erlösende Regen ein. Aber diesmal war es ein Platzregen, und er wollte kein Ende nehmen. Und während es anfangs wie Quecksilber aus enger Röhre quoll, gewahrte sie später mit Entsetzen eine trübe blutige Flüssigkeit. Auch wunderte sie sich, daß er so reglos dalag und nicht atmete. Eine Ohnmacht hatte ihn befallen. Fünf Taschentücher hatte sie bereits verbraucht, da stockte endlich der grausige Regen, und er kam wieder zu sich.

»Ko ko, wie fühlst du dich?«, fragte sie ängstlich.

»Mir ist so sonderbar schwindlig«, sagte er matt.

Daß sie Pater Fans Warnung mißachtet und ihm drei Pillen statt einer zu schlucken gegeben hatte, verschwieg sie ihm.

Geschätzte Leser, auch Wollust hat ihre Grenzen, und der Vorrat an Manneskraft ist nicht unerschöpflich, Wenn das Öl versiegt, erlischt die Lampe, und kein Mark im Rückgrat bedeutet den Tod.«

(*Kin Ping Meh*, 2. Bd., S. 641-644)

Bemerkenswert ist, dass der anonyme Autor seinen Lesern die Moral des Dao beim Liebesspiel mit auf den Weg gibt: Ein Mann lässt die Körpersäfte seiner Geliebten strömen, muss selbst aber gut auf seine Grenzen achten, da es ihn sonst das Leben kosten kann. In der chinesischen Literatur wurde des Öfteren die dunkle Seite des daoistischen Liebespiels beleuchtet, wobei der sogenannte Fuchsgeist der Frau für die Welt des Yin steht, die dem Mann langsam das Yang abluchst.

Das Buch sorgte in China für gewaltigen Aufruhr, vergleichbar mit den empörten Reaktionen, die das Erscheinen von *Lady Chatterley's Lover* von D. H. Lawrence in den Zwanzigerjahren des vergangenen

Jahrhunderts in der westlichen Welt auslöste. Heute wird der Roman als der fünfte große Klassiker der chinesischen Literatur betrachtet. Pearl S. Buck schrieb einmal, sie habe das Buch verschlungen, doch im chinesischen Buchhandel ist es bis zum heutigen Tag nicht erhältlich.

Der Roman *Jin Ping Mei* markiert den moralischen und ökonomischen Verfall der Ming-Dynastie infolge korrupter Verwaltung, Naturkatastrophen, Epidemien und Hungersnot. Die Mandschus im hohen Norden konnten daher ohne große Anstrengungen die Macht ergreifen. Sie errichteten das Qing-Reich, das China drei Jahrhunderte lang in einem eisernen Griff hielt und Sex und Erotik unterdrückte. Aber Sex lässt sich nicht unterdrücken, daher wurden Prostitution, Kuppelei, Konkubinat und Sexsklaverei von der Unterwelt an den Rändern der Gesellschaft, unter Mithilfe korrupter Beamter, weiterhin betrieben. Auch die schickeren Teehäuser, die Pearl S. Buck in *Die Gute Erde* beschrieben hat, wurden zahlreicher und waren in allen Städten zu finden.

Ein Teehaus, so berichtet Bertholet in seinem Buch, war zu jener Zeit ein großes Bordell, dem eine ›Madame‹ und ihr Ehemann, der sogenannte ›Schildkrötensklave‹, vorstanden: Dieser trug die Mädchen, die auf ihren Lotusfüßchen nicht gut gehen konnten, auf seinem Rücken zu den Zimmern des Etablissements, kassierte das Geld und hielt aggressive Kunden auf Abstand. Die Madame war oft selbst lange im Gewerbe tätig gewesen und stand nun an der Spitze einer Familie von Prostituierten, die sich gegenseitig als Schwestern bezeichneten. Die Kurtisanen im Teehaus waren jung, zwischen dreizehn und zwanzig, und oft gebildet und musikalisch bewandert. Weniger exquisite Bordelle waren die sogenannten Weinhäuser oder Restaurants mit lieblichen Namen wie etwa Frühlingshaus. Auf dem Türpfosten neben dem Eingang hingen, meistens aus rotem Reispapier, Schriftrollen, auf denen in goldenen Schriftzeichen die Namen der Huren verzeichnet waren, die dort arbeiteten. Passanten wussten auf diese Weise gleich, dass hier neben Wein und Essen auch Sex zu bekommen war.

Am Ende der Qing-Dynastie war die chinesische Gesellschaft durch und durch degeneriert. Der Opiumkrieg hatte China lahmgelegt, Aufstände die Bevölkerung ausgezehrt. Eine Migrationswelle von den armen Landgebieten in die reichen Städte setzte ein und zugleich kam es zu einer Geburtenexplosion, die die Bevölkerung der Städte noch schneller anwachsen ließ.

Während der Qing-Dynastie wurden Mädchen schon in jungen Jahren in großem Maßstab als Ehefrauen, Konkubinen, Bedienstete, Prostituierte oder Sklavinnen verkauft. Der Mädchenhandel war ein allgemein akzeptiertes Phänomen, gleichwohl schämten sich Eltern, die sich aus reiner Not gezwungen sahen, ihre Tochter an ein Bordell zu verkaufen.

Als Sun Yat-sen zu Beginn des zwanzigsten Jahrhunderts die Republik China gründete, änderte sich vieles. Das Examenssystem für Beamte wurde abgeschafft, das Füßebinden verboten und die Teehäuser und Opiumhöhlen geschlossen. Über Eheangelegenheiten, Beziehungen und Sex konnte nun wieder öffentlich gesprochen werden, und soziale Organisationen – vor allem die christlichen Kirchen der westlichen Welt – gingen gegen Kuppelei, Prostitution, Konkubinat und Kindstötung auf die Barrikaden. Ein Problem, das weiterhin bestehen blieb, war der mangelnde Schutz und die fehlende Betreuung minderjähriger Prostituierter.

In Mao Zedongs Augen war Prostitution die ultimative Form kapitalistischer Ausbeutung. Shanghai war für ihn Chinas Sodom und Gomorra. Als er mit der Gründung der Volksrepublik China an die Macht kam, ließ er sofort hunderte Bordelle schließen. Tausende Mädchen wurden festgenommen und in Straflager geschickt. Die Ausrottung der Prostitution war einer der zentralen Punkte seiner Politik: 1958 war in ganz China fast kein Bordell mehr zu finden. Zehn Jahre später erklärte Mao stolz, dass in China alle sexuell übertragbaren Krankheiten eliminiert seien. Infolge Dengs Politik der offenen Tür Anfang der Achtzigerjahre hielt die freie Marktwirtschaft Einzug und plötzlich war alles wieder käuflich. Damit kehrte auch die Prostitution wieder in das Straßenbild zurück.

Heute gibt es innerhalb des Gewerbes noch immer unterschiedliche Rangordnungen und Stände. *Santing*, drei Hallen, ist der Name für ein Freudenmädchen, mit dem man sich in einer Disco, Karaokebar oder einem Teehaus vergnügt. Eskort-Huren heißen *Dingdongs*, Türklingel-Mädchen. Sie mieten ein Zimmer in einem Hotel und bieten ihre Dienste über das Haustelefon oder per Anruf von außerhalb an. Dann gibt es noch die *Falangmei*, die Schwestern des Friseursalons, die in Friseur- oder Massagesalons arbeiten. Die risikoreichste Prostitution ist die der *Jienu*, der Straßen- oder Strichmädchen, und der *Xiagongpeng*, der Schlafbarackenhuren. Für wenige Yuan oder eine Schale Reis prostituieren sie sich bei den Arbeitsmigranten in den Schlafbaracken auf den Baustellen der Stadt.

In China ist Prostitution verboten, doch sie wird allgemein und nach eigenem Gutdünken von den örtlichen Behörden geduldet. Die Öffentlichkeit hält Prostitution für moralisch verwerflich, hat aber auch Verständnis dafür: Schließlich müssen diese Frauen ja auch leben. Ein Pragmatismus, der für die chinesische Kultur charakteristisch ist, früher wie heute. Natürlich gibt es in China nicht nur *eine* Meinung und *eine* Entwicklung. Es gibt Feministinnen und NGOs, die die Prostitution abschaffen wollen. Andere Gruppierungen rufen wiederum dazu auf, sie völlig zu legalisieren. Aber da die Nachfrage nach Prostitution – sowohl bei einflussreichen Regierungsmitgliedern als auch bei bettelarmen Arbeitsmigranten – groß ist, wird sie schon seit Jahrhunderten geduldet. Und für viele Migrantinnen ist die Prostitution die einzige Möglichkeit zu überleben.

Ich bin neugierig zu erfahren, wie Lanlan als Prostituierte überlebt hat und wie sie dem Gewerbe entkommen ist. Unser hypermoderner Schnellzug gleitet langsam in den Bahnhof von Tianjin, einer Satellitenstadt, in der die Häuser viel günstiger sind als in Peking. Die Pendler von Tianjin fahren nicht der sauberen Luft wegen täglich von Peking nach Hause; alles, was man hier riecht und einatmet, ist schmutzig und fettig, über den Gebäuden liegt eine dünne Rußschicht.

Ein Taxi bringt uns in einen Außenbezirk. Nach einer halbstündigen Fahrt steigen wir an einem eisernen Bogen aus, einem Tor, das als Zugang zu einem verfallenen, ärmlichen Wohnviertel dient. Wir betreten einen dunklen Hauseingang, wie es ihn in China vielfach gibt. Der Treppenaufgang aus Beton ist mit Klebezetteln mit den Telefonnummern von Dienstleistern gepflastert: Schreiner, Klempner, Finanzberater und Prostituierte. Wir klingen an einer eisenbeschlagenen Tür, an der ein Transparent angebracht ist: *Xinai* (*Neue Liebe*), NGO. Eine kräftige Frau mit mandelförmigen Augen öffnet die Tür.

Sie trägt eine kurzärmlige Bluse mit Zebramuster. »Lanlan?«, fragt Hu Ye. Die Frau in der Türöffnung nickt und zieht ihre Bluse zurecht. Mit einer ausholenden Geste fordert sie uns auf einzutreten.

Wir betreten ein geräumiges Empfangszimmer und setzen uns an einen langen Tisch. An den unverputzten grauen Betonwänden hängen Farbfotos auf buntem Karton. Sie zeigen internationale Delegationen, die zu Besuch gewesen sind. In der Mitte hängt ein Foto von Lanlan mit Peng Liyuan, der bildschönen Ehefrau des chinesischen Staatspräsidenten Xi Jinping. Die frühere Opernsängerin, mit Perlenkette und hochgestecktem Haar, hat einen Arm um Lanlan gelegt.

»Erstaunlich«, sage ich, »dass eine Präsidentengattin eine ehemalige Prostituierte umarmt.«

Lanlans lebhaftes, offenes Gesicht glüht vor Stolz.

»Dieses Foto wurde auf einem Symposium zur Aidsbekämpfung gemacht. Dass ich eine Prostituierte war, habe ich natürlich nicht erzählt.«

Ich sehe mich um: Links in der Ecke steht ein mit einer verschlissenen Decke bedecktes Sofa. Daneben gibt eine offene Tür den Blick in ein chaotisches kleines Büro frei. Als wir sitzen und der Tee bereitsteht, beginnt Lanlan zu erzählen.

»Vor vierzehn Jahren wohnte ich noch bei meinen Eltern in der Provinz Liaoning, im Norden. Ich hatte noch nicht lange einen Freund, als ich merkte, dass ich schwanger war. Mein Freund und ich freuten uns und machten Hochzeitspläne. Doch aus der Hochzeit wurde nichts. Als ich im fünften Monat schwanger war, zog er in eine andere Stadt. Die Verantwortung war ihm zu viel. Ich habe nie mehr etwas von ihm gehört.«

Nachdem ihre Tochter geboren worden war, begann Lanlan so schnell wie möglich wieder zu arbeiten. Doch sie schaffte es nicht, über die Runden zu kommen. Und in China einen Mann zu finden, wenn man schon ein Kind von einem anderen hat, ist so gut wie unmöglich. Eine Nachbarin verkuppelte sie mit Lu, einem *kahlen Zweig*. Sie war damals Anfang zwanzig, und er zehn Jahre älter und nicht gerade der Schönste. Lus Äußeres war für sie jedoch kein Problem. Hauptsache, sie hatte jemanden, der für sie und ihr Baby sorgte. Leider sah Lu die Sache anders. Die Beziehung hielt nicht lange und schon nach kurzer Zeit war sie wieder allein.

Lanlan hat ein fast mongolisch aussehendes Gesicht: hohe Wangenknochen und Augenbrauen, die sich wie eine geschwungene Brücke über ihren Augen wölben. Sie ist vielleicht keine klassische Schönheit, aber gewiss attraktiv. Der hässliche *kahle Zweig*, von dem sie erzählte, kann von ihrem Aussehen sicher nicht enttäuscht gewesen sein. Von ihrem starken Charakter vielleicht? Oder ist er auch vor der Verantwortung für eine Familie davongelaufen?

»Als mich Lu verließ, sagten einige Freunde, meine Tochter sei eine zu schwere Last und ich solle sie verkaufen oder in ein Waisenhaus geben. Doch schließlich konnte ich sie bei meiner Mutter unterbringen, die sie auch aufgezogen hat. Mir blieb keine Wahl. Ich arbeitete für hundert Euro im Monat sechzig bis siebzig Stunden pro Woche in einer Fabrik in Liaoning, davon konnten mein Töchterchen und ich nicht leben.«

Lanlan erzählt, wie sie in einer zwei Mal drei Meter großen Baracke wohnte. Eine kleine Küche und eine Toilette teilte sie sich mit acht anderen jungen Frauen. Alles, was sie hatte, war ihr heiteres Wesen und ihre kleine Tochter, für die sie schuften musste. Sie beschloss, nach Tianjin zu gehen und dort ihr Glück zu versuchen. Damals begegnete ihr auf der Bahnfahrt in das sechshundert Kilometer entfernte Tianjin eine ›Madame‹. Diese gab ihr ihre Karte und sagte: »Wenn du je im Sexbusiness arbeiten willst, weißt du, wo du mich findest.« Die Vorstellung hat Lanlan nicht gereizt, die Verdienstaussichten dagegen schon.

»In Tianjin versuchte ich es zunächst als Animierdame in einem ›KTV‹, einer Karaokebar. Es war so etwas wie ein Schickimickilokal. Wenn sich ein Mann während einer Karaoke-Sitzung mit mir amüsierte, bekam der Boss 30 Euro, wovon ich 5 Euro erhielt. Es gab auch Räume, in denen das Licht hin und wieder ausging, damit man Sex haben konnte; dann musste ein Kunde mehr bezahlen. Um es auszuhalten, trank ich viel, zu viel. In einem Anfall von Verzweiflung dachte ich an die Madame im Zug und rief sie an. Sie hatte Arbeit in einem Friseursalon für mich, in dem ich mit noch zwanzig anderen Mädchen Massagen mit einem ›Happy End‹ gab.«

»Welche Art Männer kamen dorthin?«, frage ich sie.

»Alle möglichen. Gewöhnlich waren sie nicht reich, aber doch wohlhabend, meistens verheiratet, und auf der Suche nach einem

Kick oder einer kurzzeitigen Entspannung. Als Masseuse verdiente ich fünfzehn bis dreißig Euro am Tag. Der Kunde bezahlte acht Euro, von denen ich zwei Euro behalten durfte. Damit war ich an sich zufrieden, aber ich musste dort zu hart dafür arbeiten. Dann hörte ich von einer entfernten Bekannten, dass ich als Prostituierte in einem Bordell in Peking arbeiten könnte. Dort waren die Tarife ganz anders: Für einen Besuch mussten die Kunden dreißig Euro berappen. Die Madame dieses Bordells verlangte einen Tagesumsatz von dreihundert Euro; zehn Kunden also.«

Damit verdiente Lanlan an die hundert Euro pro Tag. Die Arbeit war extrem hart, sie kam kaum zum Schlafen. Die Kunden, viele Beamte und hohe Funktionäre, behandelten sie nicht gerade respektvoll. Sie verwendete zwar meistens Kondome, doch manchmal auch nicht, wenn der Kunde es ausdrücklich verlangte und extra dafür bezahlte.

Als ich frage, ob sie beschreiben könne, wie der Besuch eines Kunden normalerweise ablief und ob sie dabei die Regie immer selbst in der Hand hatte, schaut mich Lanlan misstrauisch an, als wollte sie sagen: ›Du bist sicher an schlüpfrigen Details interessiert.‹ Sie erwidert nichts auf meine Frage, schaut aber auf die Uhr und sagt zu Hu Ye, sie habe nur noch eine halbe Stunde Zeit.

»Hattest du keine Angst, schwanger zu werden oder Aids zu bekommen?«, nehme ich nach dieser spannungsgeladenen kurzen Pause das Interview wieder auf.

»Ich trug eine Spirale«, antwortet Lanlan ernst. »Über HIV machte ich mir keine Sorgen. Das war naiv, aber das habe ich erst später begriffen, als ich an einem Workshop teilnahm, in dem Huren über sexuelle Belange aufgeklärt wurden. Erst dort erfuhr ich etwas über HIV und andere sexuell übertragbare Infektionen. Da wurde mir klar, womit ich es die ganze Zeit über zu tun hatte. Früher dachte ich wirklich, man könne es jemandem am Gesicht ansehen, ob er mit HIV-infiziert wäre.«

Sie ließ sich sofort im Krankenhaus testen. Auf das Ergebnis zu warten, war die Hölle. Alle Tests waren negativ, was sich für sie wie eine Befreiung anfühlte, als dürfe sie ihr Leben noch einmal von vorne beginnen. Sie beschloss, sich für ihre Kolleginnen in Tianjin einzusetzen; sie hatte viele Freundinnen, die als Prostituierte arbeiteten, und wollte sie warnen und ihnen helfen. Aus Erfahrung wusste sie, dass in allen Karaokebars und Massagesalons Mädchen ungeschützten Sex hatten. Und auch in den Hotels arbeiteten viele *Dingdong*-Mädchen ohne Kondom.

2010, ein Jahr nach ihrem Aidstest, gründete sie ihre eigene NGO, unter dem Namen *Xinai* (*Neue Liebe*). Von ihrem Büro aus informiert und unterstützt sie ihre früheren Kolleginnen. Dafür hat sie all ihre Ersparnisse aufgebraucht. Inzwischen erhält sie auch private Spenden und Subventionen von Stiftungen. Ihre NGO verteilt Flyer und teilt Kondome an Migrantinnen aus, die in der Prostitution gelandet sind. Außerdem steht Lanlan im Gespräch mit den Gemeinden und hält Vorträge auf Symposien. Im Übrigen entdeckte sie erst jetzt, dass die meisten Prostituierten unter viel schlechteren Bedingungen arbeiten müssen als ihre ›Schwestern‹ in den Massagesalons, den Karaokebars und den Bordellen. Bei ihrer Arbeit begegnet sie vierzig- oder fünfzigjährigen Prostituierten, die ihre Dienste älteren Männern, Behinderten, Bauarbeitern und anderen Wanderarbeitern für drei Euro anbieten. Diese nehmen sie dann mit zu einem Friseursalon oder einem leerstehenden Haus, das sie für ein geringes Entgelt mieten. Einen festen Arbeitsplatz haben die meisten nicht. Sie werden regelmäßig misshandelt, erpresst, beraubt oder von der Polizei festgenommen und in eine Zelle gesteckt. Mit den finanziellen Mitteln ihrer NGO versucht Lanlan sie freizukaufen. Wie viele Migranteninnen in die Prostitution verstrickt sind, weiß sie nicht. Offizielle Statistiken gibt es nicht, aber *Xinai* führt gemeinsam mit der Pekinger Frauenuniversität Untersuchungen dazu durch und versucht Strukturen aufzudecken.

Lanlan beugt sich über den Tisch zu uns hin und sagt in eindringlichem Ton: »Wisst ihr, Migrantinnen haben die Illusion, sie könnten in der Stadt anständige Arbeit finden und irgendwann dem Mittelstand angehören. Sie glauben sogar, sie könnten mit etwas Glück reich werden. Die raue Wirklichkeit der Stadt ist für sie eine herbe Enttäuschung. Dass sie schließlich in der Prostitution landen, ist für sie eine Frage des Überlebens. Es ist keine moralische Niederlage.«

Lanlan holt tief Luft, als ob sie uns nun noch etwas sehr Entscheidenes mitteilen will.

»Eine Frau in China erhält in ihrem Leben drei entscheidende Chancen: Ausbildung, Ehe und einen Job. Die meisten meiner
Schwestern aus der Prostitution haben nicht einmal die Grundschule
abgeschlossen, haben von ihrer Familie keine Unterstützung erhalten,
um zu heiraten, und hatten demzufolge auch keine Verbindungen,
die es ihnen ermöglicht hätten, in ihrem eigenen Umfeld einen Job
zu finden. Die Entscheidungen, die sie dann trafen, um Arbeit zu
finden, trafen sie nicht freiwillig. Wenn man mit einer guten Ausbildung und den entsprechenden Verbindungen in die Stadt zieht,
kann man leichter einen Job und einen Mann finden. Junge Frauen,
die von ihrer Familie aus der Ferne unterstützt werden oder zu Hause einen guten und verlässlichen Ehemann haben, haben die größte
Chance auf Erfolg. Doch wenn eine Frau auf sich alleine gestellt ist,
ist das Risiko unterzugehen groß.«

»Aber etwas verstehe ich nicht«, sage ich. »Hier in Tianjin gibt es
sehr viele Arbeitsmigranten, sowohl Männer als auch Frauen. Wenn
sie untereinander heiraten würden, könnten sie sich zumindest gegenseitig unterstützen. Ist es nicht so, dass Arbeitsmigrantinnen sich
vergeblich mit der Suche nach einem bessergestellten Mann abmü-
hen? Und landen sie vielleicht vor allem deshalb in der Prostitution,
weil sie bei dieser Suche scheitern?

Lanlan und Hu Ye wechseln einen Blick gegenseitigen Einverneh-
mens. Ich spüre, dass ich diese Frage wohl besser nicht gestellt hätte.

»Es ist keineswegs so, dass sie per se auf der Suche nach einem viel
besser gestellten Mann sind. Außerdem sind manche Prostituierte
schon verheiratet«, sagt Hu Ye in leicht verärgertem Ton, noch bevor
Lanlan mir antworten kann.

»Oft kommen sie sogar mit der ganzen Familie in die Stadt«, fährt
nun Lanlan in sanfterem Ton fort. »Wenn sie dann nicht über die
Runden kommen, muss die Ehefrau auf die Straße gehen, um Geld
zu verdienen, damit die Kinder zur Schule gehen können. Diese älteren Frauen versuchen es zuerst auf dem normalen Arbeitsmarkt. Dort
merken sie schnell, dass die Konkurrenz hier sehr hart ist. Da sie dennoch irgendwie an Geld kommen müssen, verkaufen sie ihren Körper an *Canfei*, Behinderte, *Hualao*, alte Männer, Arbeitsmigranten
und andere Chancenlose. Jüngere Migrantinnen haben eine bessere
Chance auf Arbeit in den teureren Bordellen. Und ja, die hübscheren

unverheirateten Frauen sind clever genug sich einzugestehen, dass die Ehe mit einem Wanderarbeiter nur doppeltes Elend und doppelte Armut bedeuten würde. Ich kann da ein Wörtchen mitreden. Ich habe die Grundschule nicht abgeschlossen und ich habe keinen Mann, dafür aber eine Mutter und ein Kind, die ich beide versorgen muss. Meine Möglichkeiten waren begrenzt. Ich hätte entweder für einen Hungerlohn in einem Restaurant Teller abwaschen, in einer Fabrik am Fließband stehen oder Prostituierte werden können. Meine NGO erhält für die Aidsprävention staatliche Subventionen, doch wenn wir um Gelder für die Emanzipation von Migrantinnen bitten, hält der Staat sich zurück. Die Medien verurteilen diese Frauen nur. Sie haben nicht das geringste Verständnis für die soziale Problematik der Prostituierten. Deshalb bleibt die breite Öffentlichkeit auch uninformiert; sie zeigt nur mit dem Finger auf sie. So kann sich nie etwas verändern. Dank der Prostitution konnte ich meiner Tochter ein besseres Leben ermöglichen. Sie ist heute ein Teenager und geht auf eine gute weiterführende Schule. Und nein, über die Vergangenheit ihrer Mutter weiß sie nichts. Dass sie bei ihrer Oma wohnt, ist in China normal, das finden die anderen Kinder nicht merkwürdig.«

Es ist brütend heiß in dem Raum und wir möchten das Interview allmählich abschließen. Ich glaube zu spüren, dass es auch für Lanlan jetzt genug gewesen ist. Darum frage ich sie abschließend, wie ihre NGO die Prostituierten konkret unterstützt. Sie räuspert sich und setzt sich aufrecht hin. Erneut fällt mir auf, das von ihr eine starke Ausstrahlung ausgeht, die sowohl körperlich als auch Ausdruck ihres Charakters ist.

»Wir gehen auf die Straße, überall dorthin, wo wir Prostituierte finden können. Wir klären sie darüber auf, wie sie sich selbst schützen können, und geben ihnen Tipps, wie sie sich einer Festnahme entziehen können. Bei uns im Büro besteht die Möglichkeit, gratis einen Aidstest zumachen; zu diesem Zweck kommen Ärzte aus dem Krankenhaus zu uns. Einmal im Monat geben wir Workshops, in denen viele Themen besprochen werden, wie die Verwendung von Kondomen, Hygiene, Selbstbehauptung und noch vieles andere mehr. Mit den Mitarbeitern und den Mitteln, die wir heute haben, erreicht *Xinai* jährlich in Tianjin ungefähr tausend Sexarbeiterinnen. Darauf bin ich stolz, denn in ganz China gibt es nur wenige NGOs, die sich dem Schicksal Prostituierter widmen. Wir forschen und arbeiten an der Bekämpfung der Diskriminierung und falscher Vorstellungen. Ich selbst empfinde es als eine Mission: Wenn ich es nicht mache, macht's niemand.«

Lanlan zeigt auf ein weißes Blatt Papier an der Wand, auf dem die Namen von Spendern samt dem Betrag stehen, den sie gegeben haben, meistens sind es nur einige Dutzend Yuan. Dann geht sie zu einer Zimmerecke. In einer Nische auf einem Regal steht ein Glas mit Geld. Sie reicht mir einen Filzstift.

»Dieses Geld verwenden wir dazu, Prostituierte freizukaufen, die von der Polizei inhaftiert wurden. Xi Jinpings neue Politik macht Prostituierten das Leben schwer: Prostitution steht in direktem Zusammenhang mit der Korruption, die Xi Jinping bekämpfen will, daher werden in Bars und Karaokebars nun viel öfter Razzien durchgeführt. Die Legalisierung des Berufsstandes ist in weitere Ferne gerückt als je zuvor. Und glaub bloß nicht, dass die Polizei nun weniger korrupt wäre«, höhnt Lanlan. »Mit ein wenig taktischem Geschick kriegt man eine Prostituierte zwar frei, aber man muss dafür zahlen. Es kommt auch immer noch vor, dass die Polizei eine Prostituierte für eine Gratisnummer frei lässt. Zurzeit sitzen zehn Prostituierte aus unserem Netzwerk im Gefängnis. Die Beträge, die die Polizei fordert, liegen zwischen hundert und zweihundert Euro, manchmal etwas darunter. Sobald sie frei sind, beginnt eine Woche darauf das ganze Spiel wieder von vorne.«

Hu Ye und ich treten zu dem weißen Blatt an der Wand, schreiben unsere Namen darauf und stecken zweihundert Yuan in das Glas. Dann schießt mir doch noch eine Frage durch den Kopf, die ich eigentlich schon eher hatte stellen wollen. Ich vermisse ihr Gefühl, ihre Emotionen. Daher gehe ich noch einmal das Risiko ein, eine dumme Frage zu stellen.

»Was für ein Gefühl ist es, eine Prostituierte zu sein, einfach weil man keine andere Option hatte? Warst du ängstlich oder wütend, oder überwog die Scham?«

Dieses Mal zögert Lanlan nicht und gibt uns ein Zeichen, uns noch einmal kurz hinzusetzen.

»Am schlimmsten fand ich«, sagt sie erstaunlich selbstsicher, »dass ich meine Mutter und meine Tochter über meinen Beruf belügen musste. Meine Mutter weiß heute zwar, dass ich für eine NGO arbeite, doch womit ich in den letzten zehn Jahren mein Brot verdient habe, weiß sie immer noch nicht. Jedes Mal, wenn ich nach Hause kam, musste ich mir wieder eine neue Ausrede ausdenken. Manchmal sagte ich, ich würde in der Verwaltung eines Container-Unternehmens arbeiten, dann wieder, dass ich in einem Restaurant bediene. Nicht meine Arbeit als Prostituierte, sondern der ständige Zwang, darüber zu lügen, schmerzte mich am meisten und kostete mich meine Selbstachtung.«

Ich blicke Lanlan an und schweige einen Moment lang, voller Unglaube, aber auch voller Respekt und Empathie.

Zuletzt will Lanlan noch mit mir auf ein Foto.

»Für das Archiv von *Xinai*«, sagt sie stolz.

Wir posieren für Hu Ye. Ich sehe, dass Lanlan ihre Bluse mit Zebradruck wieder zurechtzieht, wie sie es tat, als sie uns bei unserer Ankunft begrüßte. Als sie mit dem Bild auf ihrem Handy zufrieden ist, geht sie uns voran zu dem schäbigen Eingang des Hauses. Sie habe noch eine Menge Arbeit zu erledigen, sagt sie. Heute Abend würde es wohl wieder spät werden. Da ihr die Ausbildung dazu fehlt, kostet sie die Büroarbeit viel Zeit und Mühe.

Hu Ye und ich laufen auf der Suche nach einem Taxi, das uns zum Bahnhof von Tianjin bringen kann, durch das Wohnviertel. Es ist fast sieben Uhr abends und es beginnt zu dämmern. Lanlans Büro hatte keine Klimaanlage, der Schweiß läuft mir den Rücken hinunter. Ob wir dort drinnen oder hier draußen sind, macht keinen Unterschied. Erst als wir eine Stunde später im hypermodernen Zug aus der Stadt herausfahren, haben wir wieder Aircondition. Der Zug fährt an Hochhäusern vorbei, die wie dunkle Säulen in den Abendhimmel ragen. Die obersten Stockwerke und die Dächer werden von hellen Scheinwerfern beleuchtet.

»Sie wirken wie Grabmäler, findest du nicht auch?«, sagt Hu Ye, als sie sieht, wie meine Augen den vorbeifliegenden Hochhäusern folgen. »Wie es wohl ist, dort zu wohnen, im fünfzigsten Stock? Bist du mal auf dem *Babaoshan* gewesen? Das ist der öffentliche Friedhof von Peking. Dort gibt es Miniatur-Hochhäuser aus Stein. Weil es zu wenige

Grabplätze gibt, wird die Asche der Verstorbenen in ihre Wände ein-gemauert. Aufbewahrt für alle Ewigkeit.«

Wir gleiten mit dreihundert Stundenkilometern über die Schienen Richtung Peking. Ich lausche dem leisen Geräusch des Zuges und las-se Hu Yes Worte auf mich einwirken. Wir blicken durch das Fenster in die tiefe abendliche Dunkelheit, ohne etwas zu sehen. Als wir in den Südbahnhof einfahren, schaue ich Hu Ye an. Ich bin müde und fühle mich auf unbestimmte Weise traurig.

KAPITEL 11

Die Kinder der
Tiananmen-Generation

Vom weitläufigen Campus der *School of Economics* kommt ein unauf-
fälliges Mädchen auf uns zu. Es ist Xia Yewei, sie ist dreiundzwanzig
und eine Bekannte von Hu Ye. Sie trägt ein blaugestreiftes, kurzes
Kleid. Sie hat sanfte Augen hinter einer schwarzen Brille und kleine
Pickel auf ihren Wangen. Sie wirkt nicht sexy, hat aber bemerkenswert sinnliche Lippen. Die Mädchen umarmen sich. Mir gibt Xia Yewei die Hand. Zu unserem Gespräch heute Nachmittag hat sie ihren
Freund mitgebracht, Typ Nerd. Untersetzte Figur, breiter Kopf, einfache Brille und ein rotblau gestreiftes T-Shirt. Auch er reicht mir die
Hand zur Begrüßung. Sein Name ist Hai Tou, 25 Jahre alt. Was für
ein nettes Paar, denke ich bei mir, während ich ihnen zu einem Café
gegenüber der Universität folge. Wir setzen uns ganz hinten an ein
Tischchen, denn die erste Regel für ein persönliches Interview lautet:
Privatsphäre.

   Xia repräsentiert die Ein Kind Politik; ihre Eltern gehören der
Tiananmen-Generation an. Der Studentenaufstand auf dem Tiananmen-Platz im Jahr 1989 stellte eine Reaktion auf die wachsende Kluft
zwischen Bürgern und Staat dar. Die Studenten gingen auf die Straße,
um gegen Korruption und für mehr Transparenz, Dialog und Presse-
freiheit zu demonstrieren. Es war die Zeit von Gorbatschows Glas-
nost, die auch das Ende der DDR einleitete. Auf dem Campus hatten
die Studenten freien Sex, und in den Studentencafés wurde heftig
über die Lage in China und der Welt debattiert. 2011 führte ich per
Skype ein Interview mit Chai Ling, der Anführerin des Studentenauf-
stands auf dem Platz des Himmlischen Friedens. Das weltberühmte
Foto eines wütenden Mädchens mit einem Megafon vor dem Mund:
das zeigt sie. Diese wilde Zeit hat tiefe Spuren bei ihr hinterlassen,

unter anderem mehrere Schwangerschaftsabbrüche. Nach ihrer Flucht aus China lebt sie heute in den USA, sie ist zum Christentum konvertiert und kämpft mit ihrer NGO *All Girls Allowed* gegen die negativen Folgen der Ein-Kind-Politik in China.[1] Die Eltern von Xia Yewei und Hai Tou sind so alt wie Chai Ling. Vielleicht haben auch sie damals auf dem Tiananmen-Platz gestanden?

Ich stelle mich Xia und Hai vor und erzähle ihnen, dass ich ein Buch über junge chinesische Frauen in der Stadt schreibe, darüber, wie sie ihr Leben gestalten und wie sie mit Liebe und Sex umgehen. Hai Tou reagiert sofort.

»Ich schreibe auch ein Buch über junge Chinesen in Städten. Wie sie die Politik sehen und wie sie die ganzen Veränderungen der letzten Zeit erleben.«

›Interessant‹, denke ich kurz bei mir, doch Xia Yewei ignoriert den Einwurf ihres Freundes und beginnt über ihr Leben zu erzählen: »Wir leben wie alle anderen Studenten auch, denn der Verlauf unseres Studiums ist vom Staat vorgegeben. Über mein Studium selbst gibt es auch nicht viel zu sagen, es ist einfach nicht interessant genug. Das Bild ist doch bekannt; chinesische Eltern puschen ihre Kinder zu sehr in eine bestimmte Richtung. Sie machen es genauso wie der Staat, sie hören nie darauf, was wir interessant oder wichtig finden. Ich liebe Kunst, Musik und Literatur. Doch zur Kunstakademie durfte ich nicht, denn meine Eltern hatten Ökonomie studiert und wollten, dass auch ich mich bei der ökonomischen Fakultät einschreibe. Sie legen Wert darauf, dass ich später eine gute Stelle bekomme, aber ich hasse Ökonomie aus tiefstem Herzen. Und glaub mir, ich bin nicht die einzige, der es so geht. Dass junge Leute nicht tun dürfen, was sie wollen, ist hier normal. Mein Freund und ich sind beide an Politik interessiert und wollen etwas in dieser Richtung machen. Es gibt attraktive Austauschprogramme mit Amerika, vielleicht kann ich dort herausfinden, was ich wirklich will. Schon jetzt würde ich gern Internationale Beziehungen studieren, aber nach Ansicht meiner Eltern bietet auch dieses Studienfach zu wenig berufliche Möglichkeiten.

---

1 Die Ein-Kind-Politik wurde zum Ende 2015 von der chin. Regierung aufgegeben. Die NGO von Chai Ling begrüßt zwar diese Maßnahme, engagiert sich aber auch gegen die neu propagierte Zwei-Kind-Politik in China.

Sie sorgen sich, sie denken, dass es zu gefährlich ist, sich auf Politik einzulassen.«

»Frauen haben in der Politik also nichts zu sagen und keine beruflich Perspektive?«, frage ich.

»Genau, Frauen haben in der Politik keine Zukunft«, antwortet Xia Yewei.

Das lässt mich an meine Abschlussvorlesung in Tilburg denken. Mein Resümee war, dass die Frauen in China, was Ausbildung und Status angeht, noch einiges aufzuholen haben. Eine politische Karriere in China verläuft von der Lokal- über die Bezirks- zur Nationalebene mittels Wahlen, die von den Netzwerken der Männer dominiert werden: das *old boys network*. Es ist wohl nirgendwo so mächtig wie in China. Und die Frauen, die sich dennoch für die Politik entscheiden, bleiben meistens kinderlos. Eine solche Frau, die weder Kindern noch einer angeheirateten Familie Aufmerksamkeit widmen musste, war Wu Yi, Chinas Eiserne Lady. Sie wurde 2003 zur Vize-Ministerpräsidentin ernannt und, abgesehen von Mao Zedongs Frauen, die erste Frau, die einen Sitz im Politbüro, dem höchsten politischen Organ, einnahm. Auf einem Bild sieht man Wu Yi als einziges Mitglied des Politbüros mit grauen Haaren umgeben von ihren siebenundzwanzig männlichen Kollegen, die allesamt ihre Haare schwarz gefärbt hatten.

Anfang der sechziger Jahre hatte Wu Yi in Peking Petrochemie studiert und war einen großen Teil ihrer beruflichen Laufbahn in der Erdölindustrie tätig. Sie machte innerhalb der Verwaltung Karriere und ihr erster Schritt auf die politische Bühne erfolgte 1988, als sie zur stellvertretenden Bürgermeisterin von Peking gewählt wurde.

Ich weiß nicht genau, ob chinesische Politiker nun wirklich so viel Geld verdienen, wie man sich von Ex-Premier Wen Jiabao erzählt, Wu Yi enthüllte jedenfalls in einem Gespräch mit Geschäftsleuten, dass ihr Jahresgehalt etwa fünfzehntausend Euro betrage. Vielleicht ist dieses geringe Gehalt für Frauen nicht attraktiv genug, um in die Politik zu gehen. Wie dem auch sei, als sich der geschäftsführende Vorstand des Politbüros, der sogenannte Ständige Ausschuss, im Oktober 2012 auf dem 18. Parteikongress der Presse präsentierte, sah man in der Riege, die sich vor dem Gemälde der Chinesischen Mauer in

Abb. 15: Wu Yi (geb. 1938) war Anfang des 20. Jahrhunderts eine der politisch bemerkenswertesten Persönlichkeiten Chinas, auch in ihrer Außenwirkung. Sie war an den Verhandlungen über den WTO-Beitritt der Volksrepublik China beteiligt und reorganisierte den chinesischen Zoll nach US-amerikanischen Klagen über Patentverletzungen. Während der SARS-Krise übernahm sie die Stelle des entlassenen Gesundheitsministers und trug maßgeblich zur Bewältigung der Krise bei. Wu wurde vom Forbes Magazine in den Jahren 2004, 2005 und 2007 zur zweitmächtigsten und 2006 zur drittmächtigsten Frau der Welt gewählt. Von 2003 bis 2007 war Wu Yi Vize-Ministerpräsidentin des Staatsrats und wurde 2007 bei der Sitzung des NVK als einzige Frau in das Politbüro aufgenommen. Kurz danach zog sie sich ganz ins Privatleben zurück. Sie war nie verheiratet, und ihren eigenen Angaben zufolge hat sich in ihrem Leben leider nie die Gelegenheit ergeben, eine liebevolle Partnerschaft einzugehen.

der Großen Halle des Volkes postierte, keine Frau, sondern ein reines Männerbollwerk: eine Reihe von neun schwarzgefärbten Köpfen.

Trotz alledem kursierten 2013 Gerüchte, Vize-Ministerpräsidentin Liu Yandong solle als erste Frau in der Geschichte Chinas in den Ständigen Ausschuss aufgenommen werden. Ihre Namensvetterin Liu Yang war einige Monate zuvor, im Oktober 2012, als erste chinesische Frau ins All geflogen. Warum also nicht? Für die Frauen in China bedeutet es auf jeden Fall einen Fortschritt, dass nun zwei Frauen Teil des erweiterten fünfundzwanzigköpfigen Politbüros sind: Liu Yandong und Sun Chunlan.

»Wenn man als Frau nur ein einziges Mal etwas Falsches sagt oder tut, sind die Folgen schwerwiegend; schwerwiegender als bei dem Fehlverhalten eines Mannes in der Politik«, fährt Xia fort. »Meine Eltern haben genug politische Erfahrung, um zu wissen, dass in diesem Bereich jede Menge Fallstricke auf mich lauern. Das Schlüsselwort in China heißt Kontrolle, musst du wissen.«

Xia spricht leise und bedacht.

»Man kann beispielsweise zum Sex oder zur Heirat mit dem Sohn eines hochgestellten Staatsfunktionärs gezwungen werden. Wenn man sich weigert, sind die Konsequenzen für einen selbst und die eigene Familie beträchtlich.«

Xia Yewei wirkt freundlich, sie ist ganz und gar nicht der Typ ungehorsames, rebellisches Mädchen. Doch in den Augen ihrer Eltern ist sie genau das. Ihr Freund Hai Tou hört zu und nickt gelegentlich. Hai ist in Taiwan geboren und aufgewachsen. Er studierte dort Physik und arbeitet nun an seiner Promotion. Er hat einen jüngeren Bruder und eine ältere Schwester; Taiwan verfolgt keine Ein-Kind-Politik. Seine Eltern gehen einer anstrengenden Arbeit außer Haus nach, sie sind beide Ärzte. Neben ihrer Arbeit auch noch drei Kinder großzuziehen war nicht einfach.

»Anfang der Achtzigerjahre war die Situation in Taiwan mit der heutigen Situation auf dem Festland vergleichbar: Es gab wenig öffentlich geführte politische Debatten, wenig Demokratie und nur eine politische Farbe, die der *Guomindang*. Taiwan hat einen Demokratisierungsprozess durchlaufen. In China spielen heute ähnliche Themen eine Rolle, doch wegen des Internets verläuft der Prozess in China anders. Die Jugend in Taiwan beschäftigt sich nicht so sehr mit der Situation auf dem chinesischen Festland; wir sind nun einmal Inselbewohner. Die chinesischen Studenten, mit denen ich hier in Peking spreche, haben ein viel stärkeres Interesse am Rest der Welt. Allerdings bekommen sie viel weniger Möglichkeiten, sich eine Meinung zu bilden und diese zu äußern. Taiwanesen sind in dieser Hinsicht viel freier, doch sie sind seltsamerweise viel mehr mit sich selbst beschäftigt.«

Xia pflichtet ihrem Freund bei: »Im Vergleich zu China gibt es in Taiwan eine offene Gesellschaft, eine Informationsgesellschaft. Ich denke, dass die sozialen Medien jeden dazu gebracht haben, sich vor allem mit sich selbst zu beschäftigen.«

Dann erzählen Hai und Xia, dass sie sich über das Internet kennengelernt haben, sie waren Chat-Freunde bei *Baidu*, der chinesischen

Version von Facebook, dabei zeigte es sich, dass sie über viele Dinge ähnlich dachten. Eines Tages fragte Hai Tou, ob Xia nicht Lust hätte, einmal nach Taiwan zu kommen. Seit ein paar Jahren kann man in manchen Städten ein Visum für Taiwan erhalten, also kaufte Xia von ihren Ersparnissen ein Ticket. Es funkte gleich zwischen Xia und Hai. Sie liegen auf der gleichen Wellenlänge, teilen dieselben Werte und sind beide ziemlich genervt von der Neigung ihrer Eltern, sich in alles einzumischen.

»Junge Chinesen lassen sich in zwei Gruppen einteilen«, erklärt Xia, »eine Gruppe, die genau das tut, was ihre Eltern sagen, die braven Kinder, und die Gruppe, die sich gegen ihre Eltern auflehnt, die Rebellen. Wir sind Rebellen. Sehr kritisch, nicht nur in Bezug auf das Verhalten unserer Eltern, sondern auch dem gegenüber, was in unseren Lehrbüchern steht. In den Lehrbüchern in China und Taiwan wird viel Unsinn erzählt. Mich hat die Kommunistische Partei einer Gehirnwäsche unterzogen und Hai Tou wurde von der *Guomindang* zum Narren gehalten. Das alles dient doch nur dazu, uns den Mund zu verbieten, es sei denn, wir verkünden die Standpunkte der Partei. Die meisten meiner Kommilitonen glauben, was in den Lehrbüchern steht. Sie stellen zu wenig Fragen. Bei Hai Tou hatte ich gleich ein gutes Gefühl. Wir teilen nicht nur die Ärgernisse des Studiums miteinander, sondern haben auch die gleichen Leidenschaften: Wir mögen politische Diskussionen, lesen gern und gehen in klassische Konzerte.«

»Ihr hört euch an wie ideale Kinder«, denke ich laut. »Dass eure Eltern solche Interessen ablehnen, kann ich mir nicht vorstellen.«

»Darin unterscheiden sich chinesische von westlichen Eltern«, antwortet Xia. »Chinesische Eltern wollen das Leben ihrer Kinder von A bis Z durchplanen. Kinder sind eigentlich nur dazu da, um mit ihnen Staat zu machen. Aber dazu müssen sie eine gute Stelle bekommen, viel Geld verdienen und Klavier spielen. Sie wollen darüber entscheiden, wen man heiratet und wo man arbeitet. Die meisten westlichen Eltern wissen, wann sie ihre Kinder loslassen müssen, aber chinesische Eltern kennen ihre Grenzen nicht. Weil der Konfuzianismus in unserem Land so wichtig ist, denken Eltern, es sei erlaubt, Druck auf ihre Kinder auszuüben.«

Ich erzähle Xia und Hai, dass ich an der Emanzipation junger Frauen in China und ihrer Sexualität interessiert bin. Ich würde gern erfahren, ob sie schon Sex hatten, bevor sie sich kennenlernten.

Xia schmunzelt: »Nein, Hai ist mein erster Freund, wir kennen uns nun ein Jahr. Ich habe meinen Eltern nicht erzählt, warum ich nach Taiwan gegangen bin; dazu kenne ich sie zu gut. Ich habe übrigens gerade zum ersten Mal jemandem erzählt, dass ich einen Freund habe, meiner Schwester Lin. Die hat es meiner Mutter weitererzählt. Das hätte ich echt nicht von ihr erwartet, und dann war sie auch noch stolz darauf. Meine Mutter schäumte natürlich vor Wut, dass ich meiner Schwester erzählt habe, ich sei verliebt. Sie ist auch sauer, dass sie keinen Einfluss auf meine Partnerwahl hat. Mit meinem Vater war es nicht anders; meine Eltern waren geschockt, dass ihre kleine, brave Tochter etwas getan hat, wovon sie nichts wussten, etwas, was sie nicht unter Kontrolle hatten. Und dann kommt Hai auch noch aus Taiwan, wo meine Eltern noch nie waren. Hier hört und liest man nur negative Dinge über Taiwan, auch das verunsichert sie. Meine Eltern haben, glaube ich, die Vorstellung, dass sich China und Taiwan noch im Krieg miteinander befinden.«

Hu Ye versucht das Gespräch wieder auf unser Thema zu lenken und fragt: »Wann werden chinesische Jugendliche sexuell aufgeklärt?«

»Alles, was wir über Sex wissen, haben wir aus Büchern und Filmen«, sagt Xia, »sexuelle Aufklärung findet in der Schule nicht statt. Weder in der Grundschule noch in den höheren Klassen, wenn die Schüler und Schülerinnen ihre Sexualität entdecken und Fragen dazu haben. In den Biologiebüchern werden Fortpflanzung und Sex behandelt, aber mein Biologielehrer sagte zur Klasse: ›Diese Kapitel müsst ihr euch Zuhause ansehen‹. Ich kann es ihm nicht verdenken, denn Lehrer in China sind nicht darin ausgebildet, Aufklärungsunterricht zu geben. Sex ist im Unterricht Tabu. Vielleicht hängt das mit der Tatsache zusammen, dass die Schüler der höheren Klassen untereinander keine Beziehungen haben dürfen, das ist offiziell verboten.«

»Wie war das bei dir?«, wende ich mich an Hai Tou. Er zuckt mit den Schultern. »Da meine Eltern Ärzte sind, hatten wir viele medizinische Bücher zu Hause. Zum Glück sind meine Eltern nicht prüde, sie haben mir alle meine Fragen ehrlich beantwortet. Hier in China können Jugendliche fast nichts über Politik oder Sex lesen.«

Dann erzählt Hai, dass er mit achtzehn zum ersten Mal eine Beziehung mit einem Mädchen hatte; Xia ist seine vierte Freundin. Über Sex wusste er damals schon viel, denn junge Leute, sowohl auf dem Festland als auch auf Taiwan, schauen oft japanische Pornofilme im Internet. Es gibt einen japanischen Pornostar, der in Asien sehr populär ist. Sie heißt Sora Aoia, auf Chinesisch Cang Jinkong. Man nennt sie auch ›die Lehrerin‹ weil Jugendliche so viel von ihr gelernt haben.

»Redet ihr auf dem Campus nicht über Sex?«, frage ich Xia und Hou.

»Nein«, sagen beide gleichzeitig. Hu Ye hat bisher noch geschwiegen, doch jetzt reagiert sie überrascht.

»Wie kann das sein! Mein Studium ist doch erst wenige Jahre her, meine Freundinnen und ich haben über nichts anderes geredet. Wir waren sehr eng miteinander befreundet und haben uns sogar über die Details unseres Liebeslebens ausgetauscht. Es gab ein Mädchen in unserer Gruppe, das nicht gerne über Sex redete, aber sie war ohnehin ein wenig außen vor, weil sie am Wochenende nach Hause fuhr und immer das brave Mädchen spielte. Meine Freundinnen und ich haben uns immer mit Jungs im Internet getroffen oder uns einfach mit ihnen auf dem Campus verabredet. Ein Mädchen aus unserer Clique arbeitete in einem Nachtklub und traf sich dort mit Jungs. Eine andere hatte heimlich eine Beziehung mit einem ausländischen Dozenten.«

Xia schaut ein wenig verlegen auf ihre leere Tasse und sagt, sie rede mit ihren Zimmergenossen nie über Sex, und noch nie habe jemand einen Freund mit aufs Zimmer genommen.

»Weißt du, jede Universität ist anders. Unsere Universität ist klein, hier geht es gesittet zu. Meinen Eltern war das klar, deshalb haben sie mich hierhergeschickt. An den großen Universitäten ist die Sexualmoral vielleicht nicht ganz so locker wie 1989, aber dort geht es immer noch ziemlich freizügig zu. Studierende nehmen ihren Freund oder ihre Freundin mit aufs Zimmer und haben Sex in den Etagenbetten, während ihre Zimmergenossen dabei sind. Manchmal heften sie auch Kinokarten an die Tür, damit ihre Mitbewohner wissen, dass sie sich besser einen Film ansehen sollten. Andere Studenten mieten sich ein Zimmer in einem Hotel, manchmal, wenn sie reiche Eltern haben, sogar in einem Fünfsternehotel.«

»Und verhütet ihr?«, frage ich, ganz die besorgte Mutter.

»Ich verhüte nicht, ich habe mich auch nicht damit beschäftigt«, sagt Xia. »Hai Tou benutzt ein Kondom, wenn wir miteinander schlafen. Jungs sind oft Machos oder dumm. Du nicht«, fügt sie nach kurzem Zögern mit einem Blick auf Hai Tou hinzu. »Diese Typen übernehmen keine Verantwortung. Sehr viele Mädchen nehmen nicht die Pille und haben oft ungeschützten Sex. Ich kenne viele Mädchen, die, schon bevor sie zwanzig wurden, mehr als eine Abtreibung hinter sich hatten, und die sich nichts daraus machen. Mir ist das erspart geblieben, ich bin sehr behütet aufgewachsen.«

»Ist es für euch, als Kinder der Ein-Kind-Generation, schwierig herauszufinden, was echte Liebe ist? Von euren Eltern konnte sich kaum jemand nach seinem Herzen entscheiden. Vielleicht erklärt das auch, warum sie so überbesorgt sind.«

»Das hat sehr viel damit zu tun«, reagiert Xia heftig. »Meine Mutter kann sich einfach nicht vorstellen, dass ich selbst die richtige Wahl treffen könnte. Ich glaube, sie hält Liebe für eine erfolgreiche Ehe einfach nicht für so wichtig. Status, eine gute Herkunft und Ausbildung und einen gut bezahlten Job findet sie viel wichtiger. ›Liebe muss wachsen, die kommt von selbst, Mädchen‹, sagt sie dann. Zum Glück sehe ich meine Familie aber selten. Lin wohnt in Hong Kong und mein Vater arbeitet in der Provinz. Wir vermissen uns nicht. Mein Vater kommt zweimal im Jahr nach Hause, dann sehe ich ihn eine halbe Stunde auf dem Flughafen, wenn er auf der Durchreise ist.«

Das verschlägt mir kurz die Sprache.

»Ich dachte immer, Familie sei in China so wichtig«, sage ich leise. »Wenn ich dir so zuhöre, ist es mit deinem Familienleben wohl nicht weit her. Fehlt dir das nicht? Oder hast du stattdessen etwas anderes?«

Xia schaut ein wenig traurig in die Ferne und schiebt ihre Brille den Nasenrücken hoch.

»Ach, in China gibt es wegen der Migrationswelle so viele zerbrochene Familien. Ich hänge sehr an meinen Freunden. Vielleicht, weil meine Eltern mich nicht lieben. Weißt du, meinen Eltern ist es egal, ob Hai und ich glücklich sind. Sie vertrauen mir nicht. Sie haben einfach zu viel Angst.«

Das ist ein passender Moment, um das Gespräch auf den Tiananmen und die damaligen Studenten zu bringen. Darauf, wie engagiert und ungehorsam die Generation der Achtzigerjahre war, als Hai und Xia geboren wurden, die vielleicht auch in einem stickigen kleinen Schlafsaal, ähnlich dem, den Xia gerade erwähnt hat, gezeugt wurden. Ich frage Xia, ob sie den Film *Summerpalace* gesehen hat, aber dann wird mir bewusst, dass er nur im Westen lief. Also erzähle ich den beiden die Story des Films.

Es handelt sich um eine Liebesgeschichte vor dem Hintergrund der Studentenrevolte und der Besetzung des Tiananmen-Platzes 1989 in Peking. Zunächst herrscht eine ausgelassene Atmosphäre von Freiheit und Hoffnung, bevor sich eine Decke aus Angst und Depression auf die Studenten und auf alle jungen Leute von damals, die Generation von Hais und Xias Eltern, herabsenkt. Vielleicht haben die damaligen Erlebnisse ihre Hoffnungen zerschlagen, und vielleicht wollen sie deshalb ihre Kinder kontrollieren. Sie wollen nicht, dass ihre Kinder über die Strenge schlagen und ihnen das widerfährt, was sie selbst 1989 erlebt haben. Hai Tou nickt.

»Von dem Film haben wir im Internet gelesen. Es ist ein interessantes Thema. Bei der Demonstration auf dem Tiananmen ging es um Freiheit. Individualismus hatte immer einen negativen Klang, er galt als antikommunistisch. Das Interesse des Volkes, der Nation, des Kollektivs stand immer im Vordergrund. Das erste, was man in der Grundschule lernte, war, dass man sich um die Interessen der Allgemeinheit bemühen musste. Erst in den letzten Jahren kommen in der öffentlichen Debatte auch individuelle Interessen zum Zuge. Dabei geht es um persönliche Entscheidungen und den Schutz des Privateigentums. In China verlaufen oft mehrere Entwicklungen parallel. Individualismus ist ein Trend, der eingesetzt hat, als der chinesische Konsument in den Läden und Supermärkten zwischen verschiedenen Möglichkeiten wählen konnte. Die Marktwirtschaft und die Ein-Kind-Politik haben dazu geführt, dass Eltern ihr einziges Kind fragen können: ›Möchtest du ein iPhone haben oder ein Telefon einer anderen Marke?‹ Von klein auf bekommen Kinder alles, was sie wollen, das hat sie geprägt. Und wenn sich ihre Sexualität entfaltet, wollen sie auch in diesem Bereich ihre eigene Wahl treffen. Auch das ist ein Ausdruck von Individualismus. Wenn ihre Eltern dann plötzlich querschießen, verstehen sie das nicht. Warum kann ich entscheiden, ob ich ein iPhone oder ein Samsung haben will, aber nicht darüber, mit wem ich ins Bett gehe? Die Konsumgesellschaft und die korrupte Verwaltung sorgen dafür, dass junge Leute zynisch werden und immer individueller eingestellt sind. Auch beim Sex wollen sie selbst entscheiden. Bin ich homosexuell? Will ich einen One-Night-Stand, einen Dreier oder an einer Orgie teilnehmen? Oder ist eine SM-Beziehung etwas für mich?«

»Das klingt alles nach einer Identitätskrise«, merke ich trocken an.

Hai Tou ignoriert meine Bemerkung.

»Unsere Generation wird echt nicht mehr nach der Pfeife unserer Eltern tanzen. In den nächsten Jahren werden noch viel mehr junge Leute von den Autoritäten, den Eltern, den Lehrern und dem Staat, enttäuscht sein. Sie denken darüber nach, was sich ändern muss, und sie tauschen sich über ihre Frustration und ihre Vorstellungen im Internet aus. In Taiwan haben wir das schon hinter uns, viele Diskussionen sind dort schon gelaufen. Dort ist auch die Kluft zwischen den Generationen nicht mehr so groß, die Jugend hat ihre eigenen Bereiche und ihre eigene Kultur.«

»Ich verstehe, dass Studenten ihre Individualität beanspruchen. Spielen Mädchen dabei eine Führungsrolle? Ich habe den Eindruck, dass Jungs eher dazu neigen, ihren Eltern zu gehorchen.«

»Das sehe ich auch so«, sagt Xia. »Jungs sind folgsamer, weil sie von ihren Eltern finanziell abhängiger sind. Wenn sie heiraten, schenken Eltern ihrem Sohn oft ein Haus. Das verlangt meistens auch die Familie der zukünftigen Ehefrau. Unter diesen Bedingungen die Autorität seiner Eltern in Frage zu stellen, ist nicht einfach. Mädchen müssen bei der Hochzeit kein Haus in die Ehe einbringen und können deshalb zu Hause leichter rebellieren. Wenn sie erst einmal verheiratet sind, sieht das anders aus. Bei einer Scheidung wird das Haus fast immer dem Mann zugesprochen. Ein einigermaßen kluges Mädchen überlegt sich es daher zweimal, zu heiraten.«

Hu Ye reagiert heftig: »Jetzt aber mal langsam, diese Schlussfolgerungen sind mir zu einfach. Meines Erachtens kann man nur sagen, dass sich die Welt für Frauen entscheidender verändert hat als für Männer. Schau dir doch nur einmal an, wie ihre Ausgangslage war. Noch vor nicht allzu langer Zeit hatten sie gebundene Füße, wurden im Haus eingesperrt, mussten dem Herrn des Hauses gehorchen und durften außerhalb des Hauses keine eigenen Entscheidungen treffen.

Das hat sich alles schnell und tiefgreifend verändert. Gerade weil ihre Ausgangslage so ungünstig war, scheint es, als ob Frauen heute emanzipierter als Männer sind.«

»Und wie steht es mit der wahren Liebe?«, frage ich.

»Meine Eltern«, setzt Xia Yewei an, »waren so alt wie ich, als die Studentenunruhen ausbrachen. Freiheit hat für sie heute einen bitteren Beigeschmack. Ihre Eltern wollten nur ein besseres Leben und fragten sich überhaupt nicht, was Liebe ist. Liebe war entweder vorhanden oder nicht. Geld war zu ihrer Zeit nicht so wichtig. Die Einkommensunterschiede waren geringer. Heute sind die Menschen hin und her gerissen. Sie fragen sich, was wichtiger ist: Geld, Status oder Liebe?«

Zu guter Letzt frage ich nach ihren Zukunftsplänen.

»Ich möchte mich sehr gerne mit diesem Mädchen verloben«, sagt Hai Tou, während er einen Arm um Xias Schulter legt. Als sie die Augenbrauen hochzieht und sagt, dass sie noch unsicher sei, sehe ich Enttäuschung in seinem Gesicht.

»Ich will einen Seelenverwandten«, sagt Xia hastig, um ihrem Freund die Enttäuschung zu nehmen. »Jemanden, der nachdenkt, dem ich mein Herz ausschütten kann und mit dem ich mich sicher fühle. Ich möchte erleben, wie es ist, sich immer näher zu kommen und eine tiefe Verbundenheit zu fühlen. Wenn ich heute schon sage, dass ich heiraten möchte, belaste ich unsere Beziehung mit einer Hypothek. Das will ich nicht. Wir haben übrigens durchaus schon übers Kinderkriegen gesprochen«, schiebt sie hastig hinterher. »Wir möchten beide zwei Töchter. Was das angeht, sind wir uns also einig. Nach unserem Studium wollen wir in die USA gehen, um weiter zu studieren. Dort möchten wir gerne bleiben, möglichst weit weg von unseren Eltern.

»Oder wir gehen nach Taiwan«, sagt Hai Tou.

Wir verabschieden uns. Xia und Hai verlassen Hand in Hand das Café. Auf der Straße verschwinden sie in der Menschenmenge.

KAPITEL 12

Xu Tu und ihr Salon

Meine Begegnung mit der erfolgreichen Geschäftsfrau Jiujiu, einem sogenannten *Essensrestchen* (siehe Kapitel 7), geht mir noch immer nicht aus dem Sinn. Siebenundzwanzig Jahre alt ist sie jetzt. Sie stammt aus einer Familie von Bildschnitzern, war bisher gerade mal mit zwei Männern intim und fühlt sich angesichts der vergeblichen Partnersuche als Versagerin. Ich denke über mein eigenes Leben nach. War ich in meiner aktiven Zeit als Tischtennismeisterin nicht auch nur auf den sportlichen Erfolg fixiert gewesen und schob andere Bedürfnisse einfach rücksichtslos beiseite? Bis zu meinem achtundzwanzigsten Lebensjahr habe ich meiner Weiblichkeit keine Beachtung geschenkt und meine Sexualität nicht ausgelebt. Um in meinem Sport die Beste zu werden, stand das harte Training immer an erster Stelle. Mein Selbstvertrauen wuchs nicht wegen meines Aussehens oder dadurch, dass mich Männer attraktiv fanden, sondern aufgrund meiner Siege im Tischtennis gegen chinesische Topspielerinnen. Entscheidungsfreiheit war mir in dieser Zeit ebenso fremd wie den chinesischen Mädchen von heute, die aufs Internet oder traditionelle Kuppelei angewiesen sind, um sich einen Mann zu angeln. Mädchen, die in die Disco gehen, werden in China als ausschweifend angesehen, und nicht als selbstbewusste junge Frauen, die auf der Suche nach sich selbst und nach ihrer besseren Hälfte sind. Ich habe nicht mit Sex experimentieren können, etwas, das für ein junges Mädchen eigentlich normal und auch notwendig ist, um herauszufinden, wer sie als Frau eigentlich ist und was sie vom Sex und vom Leben will.

In China muss die Tochter einer Durchschnittsfamilie es häufig noch ihren Eltern überlassen, einen Bräutigam für sie auszuwählen. Und falls sie nicht verkuppelt wird und sich selbst einen Mann wählen kann, ist dessen Antrittsbesuch bei seinen Schwiegereltern in spe nicht nur eine höfliche Sitte; die Eltern haben oft noch das letzte Wort. Sind sie erst einmal verheiratet, beginnen für die meisten Paare erst die Probleme, sowohl praktisch wie auch sexuell, denn keiner von beiden ist mental und körperlich vorbereitet. Sie haben wenig Erfahrung mit Sex und wissen nicht oder kaum, wer sie sind und was sie voneinander und vom Leben erwarten.

Hu Ye hat für mich ein Treffen mit Xu Tu arrangiert, einer jungen Frau, die für ein Internetunternehmen arbeitet, das Sexspielzeug verkauft. Der Handel damit boomt in China; Xu Tu wird mir hoffentlich erklären können, warum. Wir nehmen ein Taxi zum CBD, dem Central Business District von Peking im Stadtteil Guomao, der an New York erinnert: turmhohe, schicke Appartementhäuser, sündhaft teure Hotels, breite Straßen und elegante Läden.

Es regnet an diesem Tag wie aus Kübeln. Wir fahren am CCTV Gebäude, dem von Rem Koolhaas entworfenen Hauptquartier des chinesischen Staatsfernsehens, entlang. Vor dem Eingang stehen Reihen sommerlich gekleideter Chinesen unter ihren Schirmen und warten auf ein Taxi. Wenn es regnet, sind die Taxis rar und die Mofa-Rikschas tun gute Dienste. Ein Stück weiter steigen Hu Ye und ich vor einem gigantischen Wolkenkratzer aus; es ist der Hauptsitz von Trends, einem Konzern, der weltweit aktuelle Trends aufspürt.

Vor dem Eingang liegt ein großer, abgesenkter Platz, auf dem sich abends tausende Bewohner des Viertels, vor allem Opas und Omas in ihren Schlafanzügen, einfinden. Sie sitzen auf Bänken, wiegen die Buggys, in denen ihre schlafenden Enkel liegen und schauen hoch auf den größten LED-Bildschirm der Welt. Jeden Abend zeigt das Einkaufszentrum eine Art Diashow aus bewegten Bildern von tropischen Fischen, Sternenhimmel, Aquarien oder daoistischen Landschaften.

Hu Ye und ich gehen durch eine der Drehtüren des Bürogebäudes an der Ecke des Platzes. Im Inneren sehe ich viel Marmor und Glas, Töpfe mit künstlichen Pflanzen und die typisch chinesischen rechteckigen Abfalleimer aus braunem Messing mit Goldrand. Wir nehmen den Aufzug in den zweiten Stock, betreten die Trends-Lounge, einen Coffeeshop, in dem es auch Designobjekte, Bücher über Architektur und Kunst und, für den schmaleren Geldbeutel, Ansichtskarten zu kaufen gibt. Die Trends-Lounge ist groß und hell, überall stehen weiße, runde Bücherregale, durch die unterschiedliche, ineinander übergehende Räume entstehen. Auch die weißen Tischchen und Schalensitze haben runde Formen und schaffen eine Star-Trek Atmosphäre.

»Dort sitzt Xu Tu«, sagt Hu Ye.

In einer Ecke vor einem riesigen Fenster sehe ich eine junge Frau in einem kurzen, knallroten Kleid mit Schmetterlingsärmeln. Sie hat langes, glattes Haar und ein offenes, fröhliches Gesicht mit einer prägnanten Nase. Keine klassische chinesische Schönheit, aber eine junge Frau, die Lebensfreude ausstrahlt. Sie winkt, um zu signalisieren, dass sie uns erkannt hat. Ein Regenschauer prasselt gegen das Fenster des Wolkenkratzers. Wir haben uns kaum gesetzt, da greift Xu Tu in ihre Louis-Vuitton-Tasche und legt etwas auf den Tisch. Es sind blaue, ovale Kügelchen an einer dünnen Schnur. Sie erinnern mich an die Klick-Klack-Kugeln, das Spielzeug, mit dem ich als Kind meine Handgelenke malträtierte.

»Die sind für dich«, sagt Xu Tu mit einer etwas schleppenden, heiseren Stimme und schiebt die ovalen Kugeln zu mir hin. »Du musst versuchen, sie in dir zu behalten, indem du sie mit deiner Vagina ansaugst, so wie du es mit dem Mund machst, wenn du an einem Strohhalm saugst. Denk einfach daran, wie Fische atmen. So trainierst du deine Beckenbodenmuskeln. Ideal für Frauen deines Alters«, flüstert sie.

Ich erröte, zögere aber nicht, die Kugeln an mich zu nehmen. Eine solche Geste zurückzuweisen, ist das allerletzte, was man in China tut. Ich betaste die Ovale mit meinen Fingerspitzen.

»Alle Energie einer Frau ist sexuell aufgeladen«, sagt Xu Tu. »Durch Qigong lernen Frauen, ihre Tore, ihre Vagina und ihren Anus, zu schließen. Das funktioniert durch das Anspannen des Perineums. Meine Qigong-Lehrerin erzählte mir einmal, dass sie Geisha-Kugeln trug, wenn sie in die Stadt ging. Sobald sie sich in einem mit schönen Dingen angefüllten Geschäft zu sehr ablenken ließ, konnte sie ihre sexuelle Energie nicht halten und spürte, wie die Geisha-Kugeln in ihrem Slip landeten.«

Als die *Fuwuyuan*, die Kellnerin, kommt, um die Bestellungen aufzunehmen, stecke ich die Geisha-Kugeln schnell weg. Ich merke, dass Xu Tu gleich unumwunden ihre Geschichte erzählen will. Ich schalte das Diktafon meines Handys an und mache konzentriert Notizen. Xu Tu schildert kurz ihren Hintergrund.

Nach der Gymnasialzeit studierte Xu Tu Betriebswirtschaft an der Universität im südchinesischen Guangdong. Danach landete sie in der Werbebranche; sie machte Marketing für die vier größten Marken der Welt, unter anderem für BMW China. Die Industrie besitzt ebenso viel Glamour wie die Modewelt, aber dort ist es völlig normal, sechzehn Stunden pro Tag zu arbeiten; sie saß oft bis Mitternacht im Büro. Der Druck, die Umsatzziele zu erreichen, war hoch. Sie koordinierte die Account-Manager und fühlte sich wie eine Schachfigur, die jederzeit von einem anderen Bauern auf dem Brett ersetzt werden könnte. Ihr Leben war vollkommen von ihrer Arbeit bestimmt, sie hatte für nichts anderes mehr Zeit. Zudem erlaubten sich die Herren Manager bei den ihnen unterstellten weiblichen Angestellten alle möglichen Formen sexueller Belästigung.

»In dieser Zeit hatte ich ein sehr gutes Gehalt: etwa fünfzehnhundert Euro im Monat. Hart zu arbeiten und gut zu verdienen, ist in China wichtig. Arbeitslose Chinesen erhalten keine staatliche Unterstützung und ältere Menschen können heute oft nicht mehr auf ihre Kinder zurückgreifen, schlicht und einfach, weil keine da sind. Man ist auf sich selbst und seine Ersparnisse angewiesen.

Schon damals, als ich in Guangdong wohnte und so hart arbeitete, stand ich auf Sexspielzeug. Ich konnte mich damit besser entspannen und verschenkte es auch gerne an Freunde. Durch mein Interesse an Sexspielzeug kannte ich natürlich auch meinen heutigen Arbeitgeber. Ich war ihm bereits eine ganze Weile auf *Sina-Weibo,* dem chinesischen Twitter*,* gefolgt, als ich eines Tages las, dass er einen PR-Mitarbeiter suchte. Ich schrieb ihm, dass ich interessiert sei, da ich für die Zukunft einen großen Bedarf an Artikeln der Erotikbranche sähe. Er lud mich zu einem Gespräch ein und bald darauf wurde ich als Marketingdirektorin engagiert. Wir verstanden uns gleich gut, er hat Visionen und weiß, was er tut. Aufgrund seiner jahrelangen Erfahrung hat er außerdem einen großen Vorsprung vor der Konkurrenz. 2003 profitierte er von der SARS-Krise. Als der Virus ausbrach, blieben viele Menschen daheim und der Verkauf von Sexspielzeug stieg spektakulär an. Als ich für BMW arbeitete, war meine Mutter sehr um meine Gesundheit besorgt; sie sah, dass ich viel zu hart arbeitete und nicht glücklich war. Du musst wissen, jede chinesische Mutter wünscht sich ein Enkelkind, und als sie mich so sah, machte sie sich

Sorgen, ob ich wohl noch Zeit und Energie hätte, zu heiraten und ein Kind zu bekommen. Vor ein paar Monaten übernachtete meine Mutter bei mir in Peking. Wir haben viel Zeit miteinander verbracht und viel miteinander geredet. Sie hat gesehen, wie hart ich arbeite und wieviel Freude mir das macht. Ich glaube, dadurch hat sie mehr Verständnis für mich und meine Arbeit in der Erotikbranche gewonnen. Anfangs war sie sehr skeptisch, vor allem was die Leute anging, mit denen ich arbeitete. ›Nimm dich vor deinem Chef in Acht‹, sagte sie, ›der ist bestimmt hinter dir her.‹ Meine Mutter und ich gehen jetzt besser miteinander um; wir sind so etwas wie Freundinnen geworden und telefonieren jede Woche miteinander.«

Xu Tus Vater weiß immer noch nichts von ihrem Job. Sie möchte ihm gerne davon erzählen, aber ihre Mutter hält es für besser, ihm nichts zu sagen. Auf jeden Fall solle sie damit noch warten.

»Deine Mutter hat nun mehr Verständnis für dich, aber hast du nun auch mehr Verständnis für deine Mutter?«, frage ich.

»Ja, das ergab sich auch aus meiner neuen Arbeit. Durch das Sexspielzeug begann ich mich für das Sexualleben älterer Frauen zu interessieren. Ältere Frauen sind schließlich eine wichtige Kundengruppe; sie finden nicht so leicht einen jungen Liebhaber oder sie müssen eine Menge Geld dafür bezahlen. Da ist es günstiger, sich einen aus Gummi zu kaufen. Außerdem denken alle älteren Männer, dass sie nicht so viel Sex haben sollten, um ihre Energie nicht zu verlieren. Das ist ein alter daoistischer Gedanke.«

Xu erzählt, dass sie irgendwann zu dem Vortrag eines Sexologen über Gender, Sex, Liebe und Ehe gegangen sei. Frauen über sechzig erzählten von ihren sexuellen Bedürfnissen, die sie nicht befriedigen konnten. Eine Frau erzählte, dass sie noch Jungfrau sei, eine andere war geschieden, weil ihr Mann keinen Sex mehr mit ihr haben wollte. Eine fünfundsechzigjährige Frau wünschte sich einen neuen Mann, wusste aber nicht, wie sie das angehen sollte, und sie schämte sich für ihre Lustgefühle. Das war kein Thema, das man so einfach mal unter Freundinnen ansprechen konnte. Die Offenherzigkeit dieser Frauen öffnete Xu Tu die Augen.

Auch die heutige Frauengeneration sei noch nicht so selbstbestimmt. Aber ihr Bedürfnis nach einem besseren und sichereren Sexleben sei enorm. Auch die jungen Männer von heute hätten noch wenig Ahnung; sie stammten aus der Generation der verwöhnten kleinen Kaiser, die sich nie um die Bedürfnisse anderer kümmern mussten. Sie hatten ihr ganzes Leben lang Eltern und Großeltern, die ihnen jeden Wunsch von den Augen ablasen.

»Siebzig Prozent unserer Kunden sind Männer, die Sexspielzeug für ihre Frau oder Freundin kaufen. Das ist ermutigend, denn auf diese Weise beschäftigten sie sich zumindest mit den sexuellen Gefühlen ihrer Frau. Sie kaufen unser Spielzeug, um ihre Frau zu erregen und so auch selbst mehr Spaß am Liebesspiel zu erleben. Viele Paare haben in erster Linie ein Kommunikationsproblem: Sie haben nie gelernt miteinander zu reden und sich ihre Wünsche deutlich mitzuteilen. Das ist für die Beziehung nicht gerade zuträglich. Die Folge ist, dass viele Paare fremdgehen und sich schließlich scheiden lassen.«

»Das hat auch damit zu tun, dass die Ehemoral in China anders ist«, fährt Xu fort. »In unserer Kultur wird stillschweigend akzeptiert, dass Männer mehr als *eine* Beziehung haben. Wenn chinesische Männer erst einmal verheiratet sind, werden sie oft zu einem *Rouqiu*, einem Fleischklops. Sie essen und trinken viel und oft; das gehört zu unserer Kultur. Okay, ich verallgemeinere, aber du weißt, was ich meine«, sagt sie, während sie Hu Ye einen schiefen Blick zuwirft. »Kurzum, chinesischen Männern fällt es schwer, sich Grenzen zu setzen, sie leben oft nicht besonders bewusst. Kein Wunder, dass sich chinesische Frauen von westlichen Männern schnell beeindrucken lassen. Eine chinesische Frau findet es auf jeden Fall angenehm, dass sich viele westliche Männer gut pflegen und sich über ihre Absichten klar sind und diese auch äußern: sie wollen einfach Sex und stehen auch dazu. Chinesische Männer sind nicht so emanzipiert.

Xu Tu und Hu Ye vertiefen sich in ein Gespräch, während meine Gedanken abschweifen. Ich muss an einen Vorfall aus dem Jahr 2006 zurückdenken, über den ich in der chinesischen Presse gelesen habe. Ein Englischlehrer hatte einen Blog gestartet, in dem er offenherzig über Sexabenteuer mit seinen Studentinnen in Shanghai berichtete. Später wurde bekannt, dass es sich dabei um den Briten David Marriot handelte. Sein Pseudonym war China Bounder und er schrieb seinen Blog unter dem Titel ›Sex in Shanghai‹. Er beschrieb ausführlich, wie er Studentinnen und andere junge Mädchen verführte, wie er an ihren Slips roch und sich mit zu kleinen Kondomen abmühte, weil er in China, wie er schrieb, keine größeren finden konnte. Sein Blog war sehr frauenfeindlich und er redete geringschätzig über seine chinesischen Eroberungen. Manche Expats in Shanghai hielten ihn für mutig, andere bezeichneten ihn als einen Psychopaten. Chinesische Leser des Blogs reagierten ganz anders. Sie fühlten sich, als hätte er ihnen ›ins Gesicht gespuckt‹, sie waren als Chinesen tief in ihrem Nationalstolz gekränkt. Das hat viel mit einem alten nationalen Trauma zu tun, das von der Zeit Ende des neunzehnten bis in die vierziger Jahre des zwanzigsten Jahrhunderts herrührt.

Damals wurden die Chinesen Opfer militärischer Gewalt und Erniedrigungen durch die westlichen Mächte und Japan. Ich denke insbesondere an das Massaker in Nanjing, auch als die ›Vergewaltigung von Nanjing‹ bekannt, das sich während des zweiten Japanisch-Chinesischen-Krieges im Dezember 1937 ereignete. Das Blutbad von Nanjing gilt als Symbol der Erniedrigung chinesischer Frauen. Die Erinnerung daran lebt bis heute im chinesischen Volk fort. Der bloggende David Marriot, der seinen Frauenhass so schamlos demonstrierte, traf damit einen empfindlichen Nerv. Daher kehrte sich die chinesische öffentliche Meinung gegen ihn. Zhang Jiehai, ein Soziologieprofessor in Shanghai, startete eine Kampagne, um Marriott, ›ein ausländisches Stück Dreck‹, des Landes zu verweisen. Marriot war in seinen Augen ein anmaßender und verachtungswürdiger Feigling, der China lächerlich machte.

Um auf positivere Gedanken zu kommen, rufe ich mir die Namen meiner Freunde und Bekannten ins Gedächtnis, Männer aus dem Westen, die respektvoll mit ihren chinesischen Frauen umgehen, dauerhafte Beziehungen haben und voll und ganz von den Familien ihrer Frauen akzeptiert werden.

Ich reibe mir die Augen und unterbreche das private Gespräch von Xu Tu und Hu Ye.

»Ich habe wirklich eine Mission«, sagt Xu Tu fast entschuldigend. »Ich will Mädchen selbstsicherer und selbstbewusster machen. Manchmal komme ich mir wie eine Sexologin vor. Wir organisieren Salons und manche Klienten kommen auch persönlich auf mich zu. In China wird noch immer selten ernsthaft und erwachsen über Sex gesprochen, und die Offenheit im Internet ist vulgär und pornografisch. Man sollte jedoch nicht vergessen, dass eine schlechte sexuelle Beziehung zum Partner oder dem eigenen Körper beträchtliche Auswirkungen hat. Sexuelle Frustration beeinflusst nicht nur die Beziehung zum Partner, sondern bestimmt auch, wie man im Leben steht, wie man am Arbeitsplatz ist und wie man sich als Bürger in der Gesellschaft verhält. Die Medien vermitteln nur wenig oder gar keine Information und Aufklärung über Sex und Gesundheit. Immerhin kommt nun die öffentliche Debatte über Abtreibung und Verhütung zwar langsam, aber doch in Gang. Außerdem nehmen Schulen sexuelle Aufklärung in ihren Unterrichtsplan auf, auch NGOs sind auf diesem Gebiet aktiv, und es gibt Blogs über Sexualität und Gesundheit. In den Foren und Symposien von NGOs kommen ausländische Experten zu Wort, die die öffentliche Debatte anregen sollen. Das ist alles sehr positiv. Dabei sollte man aber nicht vergessen, dass Frauen in China eine ganz andere Entwicklung durchgemacht haben als die Frauen im Westen. Von so manchem hört man: ›Oh ja, China befindet sich nun in der gleichen Lage wie England in den Fünfzigerjahren, deshalb können wir von der Art und Weise, wie englische Frauen die Probleme angegangen haben, lernen.‹ Aber dem ist nicht so. Es ist nicht einfach und vielleicht auch nicht wünschenswert, die sexuelle Emanzipation auf westliche Art und Weise, mit westlichen Werten und westlichem Wissen anzugehen.«

Ich bin von Xu Tu beeindruckt, einer Frau aus der Provinz, die eine Wirtschaftskarriere geplant hatte, dann aber doch lieber Frauen helfen wollte, und sich nun die Entwicklung des sexuellen Bewusstseins zur Mission gemacht hat. Sie fühlt sich schon halbwegs wie ein Arzt, der sich ständig mehr Wissen aneignet und Frauen bei etwas Wesentlichem hilft: in Kontakt zu ihrem eigenen Körper, ihren Wünschen, Vorlieben und Aversionen, ihrem Selbstvertrauen und ihrer Identität zu kommen. Xu Tu warnt vor hemmungslosem Sexkonsum und ist auf der Suche nach einem neuen gesunden Gleichgewicht.

»Du musst wissen, ich sehe mich nicht als Feministin«, sagt sie ruhig, »aber ich weiß doch die Rechte, die ich als Frau beanspruchen kann, und die Entscheidungen, die ich als Frau treffen kann, sehr zu schätzen. Mir ist bewusst, dass meine Mutter nie Rechte besaß und keine Entscheidungen treffen konnte. Das Wort Feministin hat in China einen negativen Klang. Feministen werden als Mannweiber betrachtet; sie kleiden sich wie Männer und haben eine Abneigung gegen elegante Frauenkleidung. Wenn ich mich dann doch Feministin nennen sollte, dann bin ich eine von der Art, die sich schön macht. Was sollte denn dagegen einzuwenden sein, sich als Frau schön anzuziehen? Wir müssen in China eine Situation anstreben, in der jede Person selbst ihre sexuelle Wahl treffen kann und in der diese persönliche Wahl respektiert wird, ganz gleich, wie sie ausfällt.«

»Nun ja«, werfe ich ein »du glaubst doch wohl nicht, dass wir im Westen so weit sind?«

»Natürlich nicht«, sagt Xu Tu, »aber trotzdem seid ihr viel weiter. Als ich jünger war, habe ich mir gern die Fernsehserie *Sex and the City* angeschaut. Genauso wie meine Freundinnen war ich ein großer Fan von Samantha. Sie wusste genau, was sie wollte, und trat energisch dafür ein. Ich erinnere mich noch an eine Szene, in der Samantha zu einem Sexshop zurückging, weil ihr Vibrator nicht gut funktionierte. Sie forderte am Verkaufstresen einen neuen, während alle möglichen Leute um sie herumstanden. Sie ist so natürlich und ungeniert. Das bewundere ich.«

»Weißt du«, fährt sie fort, während sie um sich schaut und leiser redet, »meine Mutter hat mir nie beigebracht, wie ich mich verhalten, kleiden oder zurechtmachen soll. Und später auch nicht, wie ich mich als Frau fühlen soll. Daher habe ich das Leben als Frau mit einem gewissen Defizit begonnen. Ich habe mich immer wie ein hässliches Entlein gefühlt, als eine Frau ohne Gesicht, ohne Identität. Ich sah nicht gut aus und dachte, dass ich nie einen Freund abbekommen würde. ›Wer würde mich schon attraktiv finden?‹, dachte ich. Heute habe ich den Mut, mich schön anzuziehen, fühle mich attraktiv und habe das Gefühl, dass ich tue, was ich will. Das gibt mir so viel Kraft. Auf diese Kraft will ich nie wieder verzichten und die gönne ich jeder chinesischen Frau. Wir Frauen in China haben zu oft und zu lange unsere Wünsche und Begierden unterdrückt. Ich habe es mir zur Aufgabe gemacht, Frauen zu lehren, wo ihre Kraft sitzt: in ihrem Unterleib.«

Dann erzählt Xu enthusiastisch von ihren wöchentlichen Salons, in denen sie sexuelle Aufklärung betreibt und ihre Sexspielzeuge demonstriert. Sie organisiert diese Salons in Nanluguoxiang, dem populärsten *Hutong* in Peking. Sie lädt mich ein, noch am gleichen

Abend vorbeizukommen und zuzuhören. Ich schaue Hu Ye fragend an. Sie nickt begeistert und ich sage zu.

An diesem Abend gehen wir durch die märchenhaft beleuchteten Straßen von Nanluguoxiang. Die Türen der Souvenirshops sind weit geöffnet. Die Straße wird beiderseits von den Buden eines Abendmarktes gesäumt, auf dem alles Mögliche verkauft wird; geschmackvolle Souvenirs, aber auch der übliche Ramsch der chinesischen Nachahmungsindustrie: T-Shirts, Sonnenbrillen und Stoffschuhe. Es ist ein buntes Treiben. Stadtbewohner und Touristen schlendern auf der Suche nach Schnäppchen an den Ständen entlang. Manche essen ein Lammspießchen oder einen mit Gemüse gefüllten Pfannkuchen bei einem Straßenverkäufer. Der fettige Geruch von Bratfett vermischt sich mit dem Gestank von Urin aus dem offenen Abwasserkanal hinter den Häusern und steigt an den Mauern entlang in die Nacht auf. An den Giebeln der Häuser wiegen sich die bekannten roten Lampions. Aus den Bars, die zu dieser Zeit brechend voll sind, erklingt Musik.

»Hier ist es«, sagt Hu Ye plötzlich und öffnet eine niedrige Glastür. Ich muss meinen Kopf einziehen um einzutreten. Wir steigen ein paar Stufen hinab zu einem tiefer gelegenen Raum. Vor uns liegt ein prächtiger Boden aus altem Naturstein, die Decke ist unverputzt und wird von Holzbalken gestützt. Eine Bar nimmt fast den ganzen Raum ein. In unmittelbarer Nähe zur Bar steht an der Wand ein langer Holztisch. Zu meiner Überraschung taucht plötzlich ein kleiner, fülliger Mann hinter der Bar auf und postiert sich mit einem ukuleleartigen Saiteninstrument, das er, wie seinerzeit Jimi Hendrix, fast über seinem Kopf spielt, neben mich. Er hat gebräunte Haut, ein rundes, bebrilltes Gesicht, ein zynisches Lächeln und einen Bartansatz. Er stellt sich als Wang Baopi vor.

Während er spielt, fragt er: »Are you married?«

Hu Ye setzt sich zu mir und wir bestellen Minzlimonade. Unsere Tischgenossen wundern sich etwas über eine weiße Ausländerin. Als sich vor der Bar und dem Bildschirm etwa 20 Leute versammelt haben, startet Xu Tu einen Videofilm und erzählt etwas über die Geschichte der Sexualität in China. Auf dem Bildschirm erscheint ein alter erotischer Druck aus der Ming-Dynastie. In einer luxuriösen

Gartenlaube sitzt eine Frau auf einem elegant gearbeiteten Holzstuhl. Ihr seidener Hausmantel hängt über ihre Brüste und ihr Kopf ist leicht nach hinten in den Nacken gelegt. Ein nackter Mann hockt vor ihrem Stuhl. Ihre gebundenen, in Seidenschühchen gehüllten Füße umschlingen seinen Nacken. Mit seinen Händen packt er ihr Hinterteil und küsst ihre Schamlippen. Nach einigen weiteren Pornos aus der Ming-Dynastie kommt eine Frau mit zerzausten Haaren ins Bild, die einen für mich unverständlichen Text hinausschreit. Hier hält Xu Tu das Bild an.

»Wut und Depressionen sind bei Frauen in den meisten Fällen auf ihr Sexleben zurückzuführen«, sagt sie ein wenig belehrend. »Ein befriedigendes Sexleben ist lebenswichtig, um Probleme am Arbeitsplatz, zu Hause und im öffentlichen Raum zu verhindern.«.

Anschließend gibt sie einen Abriss über die Geschichte des Sexspielzeugs. In den Sechzigerjahren waren spezielle Duschköpfe sehr beliebt, später kamen Silikonprodukte in Mode. Das moderne Sortiment besteht aus Vibratoren, Dildos, Kugeln und Bällen sowie aus Gels, die Männern eine langanhaltende und kräftige Erektion verschaffen sollen. Damit kann man sein Sexleben abwechslungsreicher und spannender gestalten.

»Ein Spielzeug kann zur Verbesserung Ihrer Beziehung beitragen, weil Sie dadurch die tiefsten Sehnsüchte Ihres Partners besser kennenlernen«, sagt Xu Tu.

Xus Lektionen sind deutlich und sie geht auch ziemlich genau auf die technische Seite von Sex ein. Anschließend zeigt sie einen kleinen Film einer japanischen TV-Show über Sex. Darin fragt der Showmaster die anwesenden Männer: »Wie lange hielt eure längste Erektion an?« Der Pornostar unter den Gästen hebt seine Hand: »Ich denke, dass niemand eine Erektion von mehr als sieben Stunden gehabt hat. Wahrscheinlich halte ich daher den Weltrekord.« Nach seinem Statement hält Xu Tu den Film an und wendet sich an die Zuhörer.

»Es hängt alles davon ab, wie gut man seinen Körper kennt und wie gut man damit umgeht. Guter Sex erfordert Training und Erfahrung, Übung macht den Meister«, sagt sie lachend.

Xu Tu lässt es damit genug sein und kündigt eine Pause an, in der sie für Fragen und Produktinformationen zur Verfügung stehe.

»Unsere Artikel sind garantiert sicher, es sind keine Sexspielzeuge chinesischer Machart, über die es in der Vergangenheit viele Beschwerden gab. Wir importieren sie direkt aus Japan.«

Dann geht Wang Baopi nach vorne. Er ist für den unterhaltsamen Teil zuständig und erzählt, er habe seiner Mutter einen Vibrator gekauft, sie dachte jedoch, es sei ein Massagegerät gegen Rückenschmerzen. Da es geholfen hat, habe er ihr nicht widersprochen. Viele ältere Menschen haben noch nie etwas von Sexartikeln gehört oder gesehen, will er damit sagen.

»Natürlich muss ich dazu anmerken, meine Damen, dass man diese Artikel sparsam einsetzen muss, um sich nicht zu überreizen«, warnt Wang Baopi. »Es sind Hilfsmittel, kein Ersatz für echten Sex.«

Dann erzählt Xu Tu noch, dass man die Artikel aus ihrem Webshop im Flugzeug nicht mit ins Handgepäck nehmen dürfe. Sie vergisst allerdings zu erwähnen, dass man auch besser nicht mit den Stahlkugeln in der Vagina durch die Sicherheitsschleusen gehen sollte. Die Zuhörer applaudieren verhalten.

Wir erheben uns und gehen zur Bar, um uns noch einen Drink zu gönnen. Mir gegenüber sitzt ein junger Mann mit kurzen Haaren und einer Ray Ban-Brille. Er ist der Freund eines Freundes von Xu Tu und stellt sich als Winger Dean vor und fragt mich, was ich als Frau aus dem Westen an diesem Salon so interessant finde. Ich erkläre ihm, dass ich über die Emanzipation junger Chinesinnen forsche. Als ich ihm von Jiujiu und den anderen erzähle, ist er sichtlich interessiert.

»Das ist ein kompliziertes Thema. Ich möchte dich warnen: Fast alle Frauen belügen dich. Sie machen sich zurecht und kleiden sich sexy, um Männer zu verführen, doch was Liebe ist, wissen sie nicht, sie sind nur auf Geld aus.«

»Oh«, sage ich, «hast du mit Frauen so schlechte Erfahrungen gemacht? Wissen Männer denn, was Liebe ist?«

»Die meisten Jungs und Mädchen wissen es nicht. Sie denken nur an Geld, aber Liebe hat nichts mit Geld oder einem Haus oder so etwas zu tun. Was verstehst denn du unter Liebe?«, fragt Winger nun mich. Ich denke kurz nach.

»Dass man einen Partner liebt wie sich selbst. Dass man mit und füreinander lebt. Zur Liebe gehört es auch zu akzeptieren, wenn der Partner mit jemand anderem glücklicher ist.«

Winger Dean nickt zustimmend.

»Ich beneide dich. So weit sind wir hier in China noch lange nicht. Aber der Jugend fehlt es hier auch an einem guten Vorbild. Unsere Eltern haben ihren Kindern nie echte Liebe vorgelebt. Ich glaube, ehrlich gesagt, dass Homosexuelle besser wissen, was Liebe ist. Bei denen gibt es nämlich keinen Unterschied zwischen Liebe und Sex.«

Ein Mädchen mit einem runden, ungeschminkten Gesicht, das ein kurzes schwarzes Kleid trägt, klinkt sich in das Gespräch ein. Sie nennt sich Apple.

»Du darfst nicht glauben, was er sagt. Dieser Kerl weiß nicht, wovon er redet. Natürlich gibt es junge Frauen, die auf Geld aus sind, aber es gibt auch junge Männer, die sich strategisch entscheiden. Die jungen Männer sind viel zu verwöhnt. Sie überlassen es ihrer Mutter, ihnen eine Frau auszuwählen, vorzugsweise eine, die alles für sie tut und ihnen nie widerspricht. Sie sind nicht einmal wählerisch. Sind sie erst einmal verheiratet, sind sie nicht weiter interessiert und lassen sich gehen. Dann gehen sie fremd und innerhalb von kürzester Zeit legen sie ganz schön zu und hängen nach der Arbeit abgeschlafft in einer Karaokebar herum. Viele von meinen Altersgenossinnen werden mehr oder weniger von ihren Eltern und ihrer Umgebung gezwungen zu heiraten und Kinder zu kriegen. Aber wenn es nach uns ginge …«

Apple und Winger Dean schließen mich aus und beginnen sich miteinander zu kabbeln. Dann steht Winger auf und sagt: »Wir sollten aufhören zu verallgemeinern und das grundlegende Problem unter die Lupe nehmen. Weißt du, worin es liegt? Wir haben kein Vertrauen mehr zueinander in China. Wir misstrauen unserer Nahrung, wir misstrauen der Regierung, wir misstrauen einander. Unser Land steckt in einer Vertrauenskrise. Der Mangel an Vertrauen beeinflusst auch unsere Liebesbeziehungen. Alles ist so kompliziert geworden; wir werden von der Schule in die Mangel genommen, von unseren Eltern gedrillt und kontrolliert, vom Staat eingeschüchtert und vom Markt manipuliert. Ist es da verwunderlich, dass wir in der Liebe scheitern?«

Er wartet unsere Reaktion nicht ab, sondern wendet uns brüsk den Rücken zu und geht davon. Er hat gesagt, was er sagen wollte. Ich komme mit Apple ins Gespräch. Sie vertraut mir an, dass sie in diesen Salon gekommen ist, weil sie noch nie einen Orgasmus hatte.

»Ich bin nie sexuell aufgeklärt worden, also hatte ich von nichts eine Ahnung. Meine Eltern übten extremen Druck auf mich aus. Ich durfte zum Beispiel keinen Freund haben. Das ist in der höheren Schule ohnehin offiziell verboten, aber auch andere Dinge durfte ich nicht. Ich sollte nur meine Hausaufgaben machen und Klavier spielen. Chinesische Eltern wissen wirklich nicht was es bedeutet, ihre Kinder zu erziehen. Kinder dienen ihnen nur dazu Prestige zu erlangen. Ich denke, dass viele Chinesinnen eine Therapie bräuchten. Aber ohne eine gute Stelle kann man sich das nicht leisten. Eine Therapie ist ziemlich teuer. Es gibt viel zu wenige Therapeuten und die Versicherung übernimmt die Kosten nicht.«

Apple sitzt ein wenig verzagt da.

»Ich hoffe, Xu Tu kann mir beibringen, wie ich einen Orgasmus bekommen kann. Xu hat mir erklärt, ich müsse erst eine Beziehung zu mir selbst aufbauen. Erst dann könne ich eine Beziehung zu einem anderen haben.«

Uns gegenüber sitzt eine junge Frau mit langem, schwarzem Haar, knallroten Lippen und einem schwarzen Kleid. Sie schaut schüchtern vor sich hin. Sie ist allein und hat den ganzen Abend noch kein Wort gesagt. Mit leiser Stimme stellt sie sich als Mei vor, doch dann wird sie überraschend freimütig.

»Ich bin mit einer Freundin hier. Mir erscheint Sexspielzeug interessant, weil ich keinen festen Partner habe. Ich bin vierundzwanzig und habe ein Verhältnis mit einem verheirateten sechzigjährigen Mann. Früher hatte ich wechselnde Kontakte, aber bei ihm fühle ich mich sehr entspannt. Keine Verpflichtungen, kein Getue. Er kommt zweimal die Woche vorbei, und ich möchte auch nicht, dass er sich scheiden lässt. Dann bekomme ich nur Probleme. Ob ich irgendwann einmal Kinder will, weiß ich nicht. In den nächsten zehn Jahren nicht, denke ich. Bis dahin ist mein Liebhaber noch etwas älter, und vielleicht bin ich dann zu einer festen Beziehung bereit. Und nein, ich bin nicht wegen des Geldes mit ihm zusammen. Ich verdiene genug, um meinen Lebensunterhalt zu bestreiten; ich verkaufe Schuhe und Kleidung über eine Webseite. Mit meinem Liebhaber kann ich den Sex genießen, zu jungen Männern habe ich kein Vertrauen.«

Mei schaut mich geistesabwesend an. Ihre Einsamkeit berührt mich.

»Ich will meinen eigenen Körper besser kennenlernen«, fährt sie fort. »Mein Liebhaber mag Sexspielzeug. Seine Frau ist dafür nicht offen, ich aber umso mehr. Ich gehöre einer anderen Generation an. Darum gehen viele ältere Männer fremd. Sie wollen sich mit einer jungen Frau selbst entdecken.«

KAPITEL 13

Ai Ke und ihre Mission

Hu Ye und ich sitzen im Garten des Double Happiness Hotels, als ihr Handy klingelt. Hu Ye spricht schnell, nickt heftig und begeistert und beendet fast jeden Satz mit »*Shide*, ja«. Sie klappt die Hülle ihres Handys zu und ballt ihre Fäuste zu einer triumphierenden Geste.

»Gute Neuigkeiten, Ai Ke hat einem Interview zugestimmt.«

Über Ai Ke hatte ich etwas im Internet gelesen und Hu Ye hat sie gefunden. Sie ist eine junge Frau, die in China einige von Eve Enslers *Vagina Monologen* inspirierte Theateraufführungen inszeniert hat. Sie kam damit in die nationale und internationale Presse. In den Medien vermittelt sie den Eindruck einer jungen Frau mit einem frischen, mutigen Blick auf das Frausein in China.

Am nächsten Tag treffen wir sie in einem Café in der Nähe von Hu Yes früherem Gymnasium. Hu Ye und ich gehen am Eisenzaun der Schule entlang und betreten das nahegelegene Café. Es verwendet einen Pandabären, das chinesische Nationalsymbol, als ständig wiederkehrendes Markenzeichen. In der Vitrine über der Bar steht eine lange Reihe Plastikbecher mit Getränken in allen möglichen Farben. Dort findet sich auch eine große Auswahl an Kuchen. Beim Näherkommen erkenne ich, dass alles, sowohl die Getränke als auch die Kuchen aus Plastik sind. Sehr japanisch, denke ich. Als wir in der Reihe zum Bestellen anstehen, taucht plötzlich Ai Ke neben uns auf. Sie trägt eine Brille und ihr glattes, schwarzes Haar fällt ihr offen über die Schultern.

Ai Ke macht einen verlegenen Eindruck und entschuldigt sich für ihr Englisch, das jedoch ausgezeichnet ist. Hu Ye bestellt für uns drei und bekommt eine Art Walkman, der piepst und vibriert, sobald unsere Getränke bereitstehen. Wir suchen uns eine ruhige Ecke. Als der Walkman rot aufleuchtet und vibriert, beschleicht mich allmählich das Gefühl, nicht in Peking, sondern im Gadget-verrückten Tokio gelandet zu sein. Ai Ke trägt ein mädchenhaftes weißes T-Shirt, auf dem eine Halb-Liter-Milchpackung abgebildet ist. Auf der Packung steht in Englisch einfach ›Milk‹, und es steckt ein Strohhalm darin. Die witzige Packung kehrt kleinformatig im Muster ihres knielangen Rocks wieder. Ai Ke wirkt wie ein modeverrückter japanischer Teenager.

Hu Ye ist eindeutig von Ai Ke angetan. Als ich mit den Getränken in unsere Ecke zurückkehre, höre ich, dass Ai Ke ebenso wie sie hier nebenan zur Schule gegangen ist. Ai Ke ist ein paar Jahre jünger, aber zwei Jahre sind die beiden auf demselben Schulhof herumgelaufen. Nach ihrer Schulzeit studierte Ai Ke Genderstudies an der Pekinger Sozialakademie. Danach arbeitete sie einige Jahre als Redakteurin für Frauenzeitschriften. Das war eine Zeit, in der sie eine enorme Entwicklung durchmachte; sie beschäftigte sich mit Genderthemen und lernte B-com kennen, eine feministische Organisation, die sich für Frauenrechte einsetzt.

»Weißt du«, beginnt Ai Ke zu erzählen, »wir jungen Chinesen haben in unserer Jugend alle hart gearbeitet. Es machte mir nichts aus, neben meinem Job noch zehn bis zwanzig Stunden ehrenamtlich für B-com zu arbeiten. Mit B-com reagieren wir auf Frauenthemen, die in den Medien auftauchen: Auf alles, was mit Frauenrechten und Sexualität zu tun hat. Unsere Version der *Vagina Monologe* heißt *Yindaozhidao*, ›Meine Vagina weiß alles‹, es bedeutet aber auch ›Meine innere Welt‹. Das Wort *Zhidao* enthält das Schriftzeichen *Dao*, der Weg. In den Aufführungen geht es also um das *Dao der Vagina*, den natürlichen Weg, den eine Frau zurücklegen muss, um sich selbst zu entdecken.

So haben wir Shows im LGBT (Lesbian, Gay, Bisexual, Transgender-Zentrum) von Peking veranstaltet, in Kulturcafés und Künstlerzentren. Außerdem haben wir ein spezielles *Daozhidao* für Arbeitsmigranten aufgeführt und an ähnlichen Produktionen von Studenten auf dem Campus, zum Beispiel an der Pekinger Universität für Auslandsstudien, mitgewirkt. Diese Aufführung stieß auf großes Medieninteresse, als Studenten auf *Renren* (*MenschMensch*), dem chinesischen Facebook, Fotos von sich selbst posteten, auf denen sie Pappschilder mit Texten wie ›Meine Vagina sagt: ich will

Respekt‹ oder ›Du musst eingeladen werden um hineinzukommen‹ vor dem Bauch trugen. Die Fotos wurden hunderttausendfach geteilt, und ein Video der Aufführung auf *Sina-Weibo* hatte Millionen von Zuschauern. Die Reaktionen waren überwiegend negativ und abschätzig und bezogen sich auf das Aussehen der an der Aufführung beteiligten Frauen: ›Wenn ich mir ihr Gesicht anschaue, verliere ich mein Interesse an ihrer Vagina‹, schrieb jemand. Oder: ›Wenn meine Tochter das tun würde, würde ich ihr ins Gesicht schlagen.‹ Solche Reaktionen haben mich und meine Kollegen von B-com gerade dazu motiviert, mit den chinesischen *Vagina Monologen* weiterzumachen.«

Ai Kes Version des Stücks versucht an die Erlebniswelt einer normalen chinesischen Frau anzuknüpfen, um somit ein breiteres Publikum zu erreichen. Zum Beispiel wird auf die Angst vieler junger Frauen eingegangen, weil sie keine Jungfrau mehr sind. Der chinesische Sittenkodex schreibt Frauen vor, rein und unterwürfig zu sein; in der Öffentlichkeit über Sex zu reden, ist für Frauen absolut tabu. Die Reaktionen des Publikums nach den Vorstellungen waren sehr positiv, ganz anders als im Internet. Das war nur logisch, denn zu den Aufführungen kamen Frauen, die über ihre Sexualität sprechen wollten. Die Dreckschleudern im Internet waren Männer.

Ai Ke saugt etwas unbeholfen an dem Strohhalm, der in ihrem Café Latte steckt. Ich blicke wieder auf die Abbildung der Milchpackung auf ihrem T-Shirt. Eigenschaften wie zurückhaltend, aber gleichzeitig mutig, sehr engagiert, witzig, verwegen und sympathisch kommen mir in den Sinn. Unwillkürlich beginne ich sie einzuordnen und mit Etiketten zu versehen, als wäre sie ein Produkt, das man an der Kasse bezahlt. Doch mein Urteil fällt nicht negativ aus. Ich halte Ai Ke für ein tapferes Mädchen und frage sie, woher sie den Mut nimmt, so widerborstig zu sein. Mit einem charmanten Blick antwortet sie: »Natürlich braucht man dazu Mut. Als ich zum ersten Mal von den *Vagina Monologen* hörte, war ich auch geschockt. Wie kann ein Theaterstück, um Himmels Willen, einen solchen Namen tragen, dachte ich bei mir. In aller Öffentlichkeit über die Vagina zu reden, fand ich nicht gerade passend. Heute weiß ich, dass es essenziell ist, gerade das zu tun.«

Die chinesischen *Vagina Monologe* wurden 2003 an der Sun Yat-sen-Universität von Guangzhou zum ersten Mal aufgeführt. Ein

Jahr später folgten Aufführungen in Shanghai, für die Hunderte von Karten verkauft wurden. 2009 durfte das Stück nur unter dem Titel *V-Monologe* weiter aufgeführt werden. Die *Yindaozhidao*, die B-com inszeniert, sind keine Monologe, sondern Dialoge. Sie präsentieren alle sexuellen Themen in der traditionellen Form eines komischen Dialogs, eines *Xiangsheng*, dem rhythmischen Zwiegespräch zweier Komiker, wie es früher in den Teehäusern aufgeführt wurde und heute noch in Unterhaltungssendungen im Fernsehen vorkommt.

»Was hat man in China an dem Wort Vagina auszusetzen?«

»Tja, man darf dieses Wort einfach nicht laut aussprechen. Tut man es dennoch, wird sofort eingegriffen. Die chinesischen Ausgaben der Zeitschriften *Elle* oder *Cosmopolitan* dürfen beispielsweise keine Artikel über Themen wie den perfekten Orgasmus enthalten. China wird von der Sexualmoral der Männer dominiert, ob diese nun beim Staat arbeiten oder in der Redaktion einer Zeitschrift sitzen. Wir Frauen dürfen am Sex keinen Spaß haben und erst recht nicht öffentlich darüber reden. B-com ermutigt Frauen dazu, trotzdem über Sex zu reden. Außerdem machen wir den Frauen deutlich, dass sie das Recht haben, sich gegen sexuelle Übergriffe zu schützen. Letztes Jahr stellte die U-Bahn von Shanghai das Foto eines spärlich bekleideten Mädchens auf ihre *Weibo*-Seite. Darunter stand: ›Wenn du dich so kleidest, ist es kein Wunder, dass man sich an dir vergreift. Es gibt so viele perverse Männer in der U-Bahn, wir können sie nicht alle kontrollieren. Mädchen, hab' etwas Selbstachtung!‹ Daraufhin kam es zu einer Flut wütender Reaktion von Frauen. Wir haben mit B-com in der gleichen U-Bahn einen Gegenclip gedreht. Er ist auf Youtube unter dem Titel ›Mein kurzer Rock in der U-Bahn‹ zu sehen.«

Ai Ke zeigt uns das Filmchen auf ihrem Handy. Vier geschmackvoll gekleidete Mädchen, unter anderem sie selbst, erzählen einander in der U-Bahn, wie wohl sie sich in ihrem kurzen Rock fühlen und dass sie ihn nicht tragen, um Männer zu verführen.

Ai Ke spricht begeistert von ihrer Arbeit bei B-com.

»Ich wollte schon immer etwas zu einer besseren Gesellschaft beitragen. Nur wissenschaftlich zu forschen, finde ich langweilig. Ich setze mich dafür ein, dass chinesische Frauen bewusster werden. Bevor ich bei B-com anfing, wurde ich von *Young Womens Right Act* (YWRA) inspiriert, einer Gruppe junger Feministinnen, mit Sektionen in vielen chinesischen Großstädten. B-com arbeitet häufig mit YWRA zusammen. So gingen wir letztes Jahr beispielsweise mit weißen Brautkleidern, die mit Blut beschmiert waren, auf die Straße, um auf häusliche Gewalt in der Ehe aufmerksam zu machen. Unsere Aktion erregte großes Aufsehen in den sozialen Medien. Die Reaktionen waren nicht negativ, das ist schon was.«

Ai Ke erzählt mir von einer gemeinsam organisierten Aktion von YWRA und B-com gegen die Diskriminierung von Frauen an den Universitäten. An welcher Universität man studieren kann, bestimmen die Noten des *Gaokao*, des Abiturs. Sie fanden jedoch heraus, dass Frauen auch mit guten Noten an bestimmten Universitäten nicht zugelassen wurden. Es gab sogar Universitäten, die im ersten Studienjahr nur einen Frauenanteil von dreißig Prozent aufwiesen. YWRA und B-com schrieben daraufhin Briefe an das Kultusministerium. Sie erhielten viel Unterstützung von Rechtsanwälten, Intellektuellen und anderen einflussreichen chinesischen Bürgern. Die Behörden sagten, die Universitäten wählten die Studenten auf der Grundlage nationalen Interesses aus. Daraufhin gingen die Frauen auf die Barrikaden. Viele haben sich den Kopf kahlgeschoren und Selfies davon online gestellt. Sich das Haar zu scheren, ist in China Ausdruck eines starken Protestes.

Das Resultat blieb nicht aus. Einige Monate später, Ende 2013, erließ die Behörde Antidiskriminierungsregeln für Universitäten, die besagten, dass von Frauen keine besseren Noten erwartet werden dürfen als von Männern.

»Erstaunlich«, sage ich. »Vor ein paar Jahren hätte ein solcher Medienprotest wohl noch nichts bewirkt. Und auch heute, unter Xi Jinping, wird die Presse kräftig zensiert. Wenn es jedoch um soziale Ungleichheit geht, scheint man bei der neuen Regierung doch Gehör zu finden.«

»Wir hatten das auch nicht erwartet. Vor einiger Zeit haben wir Pissoirs besetzt, um dagegen zu protestieren, dass es auf der Straße fast keine WCs für Frauen gibt. Damals ist die Polizei gegen die Frauen, die sich daran beteiligten, hart vorgegangen. Ein öffentlicher Protest ist für die Regierung offenbar immer noch etwas anderes als ein Protest im Internet. B-com ist ständig darum bemüht, die Grenzen dessen auszuloten, was möglich ist. Das ist ziemlich anstrengend, denn die Haltung der Behörden ändert sich ständig. Einmal sind sie tolerant, dann wieder streng. Dahinter steht nicht immer eine Strategie oder ein bestimmtes Kalkül. War es anfangs sicher, *WeChat* zu nutzen, ließ der Staat bald Nachrichten mit automatischen Suchmaschinen unangekündigt auf Stichwörter wie ›Protest‹ oder ›Zusammenkunft‹ durchforsten. Also wechselten wir zu *Telegram* über, bis der Staat seine Suchmaschine auch darauf ansetzte. Heute verwenden wir Nummern, um politisch sensible Begriffe zu kodieren. Wenn wir eine spezielle Zeit und einen speziellen Ort vereinbaren wollen, verwenden wir immer Sprachnachrichten. Wir müssen immer vorsichtiger werden, denn die Kontrolle in den sozialen Medien nimmt zu. Dennoch halten wir weiter daran fest, die Grenzen auszuloten. In dieser Hinsicht sind B-com und YWRA einzigartig. Wir sind Aktivistinnen. In China gibt es etwa tausend aktive Organisationen, die sich mit Frauenthemen befassen, aber offene Plattformen, denen sich Frauen anschließen können, sind selten. Wenn man alleine etwas unternimmt, ist die Wirkung gleich Null, mit einer Gruppe kann man mehr auf die Beine stellen. In China haben wir keine Erfahrung mit Demokratie, doch bei B-com haben wir demokratische Entscheidungsprozesse eingeführt, und auch das macht unsere Gruppe zu etwas Besonderem. Den Mädchen und Frauen wird immer bewusster, dass sie füreinander, wie Schwestern, aktiv werden müssen. Emanzipation und Frauenfragen haben sicher nicht nur, ja vielleicht sogar sehr wenig, mit dem Staat zu tun. Es geht vielmehr um uns selbst. Wir müssen und können uns gegenseitig helfen, uns der Situation bewusst zu werden. Nur wenn wir in der Lage sind, uns selbst zu verändern, können wir auch die Gesellschaft verändern. Es muss furchtbar viel geschehen, aber das meiste davon liegt in unseren eigenen Händen. Veränderungen finden in China von oben nach unten statt, doch nun wird es Zeit für Veränderungen von unten nach oben. Ob sich die ganze Gesellschaft dadurch verändern wird, weiß ich nicht, aber mehr Verständnis und Toleranz zwischen den Geschlechtern ist auf jeden Fall eine Voraussetzung für soziale Veränderungen.«

Aus Ai Kes Sicht sind Frauen darin viel weiter als Männer, trotzdem denkt sie, dass es wohl noch mindestens fünfzig Jahre dauern wird, bis sich China von den traditionellen Rollenmustern gelöst hat und Männer und Frauen gleichbehandelt werden. Zum Glück besetzen in der Wirtschaft und in der akademischen Welt immer mehr Frauen Spitzenpositionen. Das ist wichtig, sagt sie, denn Frauen seien nicht Teil der korrupten Machtstrukturen, Männer sehr wohl.

Das Thema Feminismus haben wir nun eingehend beleuchtet. Dass es in Peking Frauen wie sie gibt, die nicht nur den Mut haben, ihren eigenen Weg zu gehen, sondern damit auch eine gesellschaftliche Mission verbinden, ist hoffnungsvoll.

Wir plaudern noch eine Weile. Ai Ke erzählt mir offenherzig von ihrem persönlichen Leben: Sie ist eine *Daur*, Angehörige einer Minderheit aus der Inneren Mongolei. Ihre Großmutter arbeitete als Staatssekretärin im *Zhongnanhai*, dem Regierungszentrum hinter der Verbotenen Stadt. Sie war eine echte Feministin. Ai Kes Mutter besuchte die Kunstakademie und arbeitete später als Bühnenbildnerin für die Peking-Oper. Ai Ke war ein braves Mädchen, bis sie sich bei B-com in ein Mädchen verliebte. Bevor sie eine lesbische Beziehung einging, hatte sie sechs Heterobeziehungen gehabt. Was ein Orgasmus ist, wusste sie trotzdem nicht. Sie stellte ihren Körper ganz in den Dienst ihrer jeweiligen Partner. Wer sie war, wussten sie nicht, und sie selbst wusste es auch nicht. Erst bei ihrer lesbischen Freundin hat sie sich selbst kennengelernt. Die Beziehung hielt achtzehn Monate. Ihre Freundin war um einiges jünger, noch nicht bereit für eine dauerhafte Beziehung und begegnete schließlich einer anderen. Zurzeit gibt Ai Ke doch wieder Männern den Vorzug. Im Moment hat sie drei Beziehungen gleichzeitig. Ein Freund, mit dem sie schläft, ist verheiratet. Ai Ke findet, die Verantwortung es seiner Frau zu erzählen, liege bei ihm. Er ist völlig verschossen in Ai Ke, doch das beruht nicht auf Gegenseitigkeit. Sie hofft nur, dass es glimpflich zu Ende geht.

»Ich suche mich selbst in einem anderen«, sagt sie, »tun wir das nicht alle?«

Ai Ke steht abrupt auf, gibt jeder von uns die Hand und kann im Weggehen gerade noch sagen, dass sie dringend zu einem anderen Termin muss. Als sie aus der Tür geht, winkt sie uns zu. Hu Ye und ich bleiben zurück und schauen ihr leicht verdutzt hinterher. Wir bezahlen und gehen nach draußen, um uns ein Taxi zu rufen.

KAPITEL 14

Kräuter oder Therapie?

Das GlobalCare Women and Children's Hospital ist ein modernes Krankenhaus für gut situierte Chinesen mit einer Zusatzversicherung. Das Krankenhaus ist auf alles, was mit Gynäkologie zu tun hat, spezialisiert, inklusive Psychotherapie bei sexuellen Problemen. Die Gänge und Zimmer sind in leuchtenden Blautönen gehalten, es ist ruhig, kühl und sauber. Auf dem Flur der Poliklinik warten schwangere Frauen, bis sie an die Reihe kommen. Sie sind allein oder in Begleitung ihres Ehemannes oder ihrer Mutter. Hier steht offenbar ein Glück ins Haus, sie sind in froher Erwartung. Zukunftssorgen scheinen sie nicht zu haben.

Hu Ye und ich haben eine Verabredung mit Doktor Zhen Hongli, einer Spezialistin auf dem Gebiet sexueller Störungen. Ich möchte Doktor Zhen fragen, was sie in ihrer Praxis von der sexuellen Emanzipation wahrnimmt. Wie es wohl kommt, dass viele Chinesinnen in ihren sexuellen Beziehungen so wenig selbstsicher sind und die sexuelle Revolution, die in China schon seit zwei Jahrzehnten im Gange ist, an den Frauen immer noch vorbeizugehen scheint. Haben die chinesischen Behörden das im Blick und kümmern sie sich darum? Bemühen sie sich beispielsweise um strukturelle sexuelle Aufklärung?

Doktor Zhen holt uns mit einem freundlichen Lächeln ab und geht mit uns zu ihrem Behandlungszimmer, einem schlicht eingerichteten Raum. Als ich mich vorstelle, begrüßt sie mich auf Niederländisch: »Hallo, hoe gaat het?« Dann schaltet sie auf Englisch um und erzählt, dass sie unsere Sprache in den Niederlanden gelernt hat. Sie studierte in Utrecht und ging nach ihrem Bachelor nach Peking, wo sie ihren Master in Psychologie mit einer Spezialisierung auf Sexualforschung machte. 2011 hat sie promoviert. Sie arbeitete damals auch für die Gesellschaft für Sexualforschung und war an Behandlungsprojekten für junge Erwachsene beteiligt. Auch heute leitet sie noch solche Projekte, hat aber auch eine eigene psychotherapeutische Praxis im GlobalCare Women and Children's Hospital, dem einzigen Krankenhaus in Peking mit einer solchen Abteilung. Psychotherapie wird in China noch selten angeboten. Sie wird von den Versicherungen nicht erstattet und es gibt wenige fachkundige Therapeuten.

Doktor Zhen geht zu einem kleinen Waschbecken in der Ecke und füllt drei Becher mit Wasser. Ich nehme mir die Zeit, den Raum in mich aufzunehmen. Zu meiner Überraschung sehe ich in einem Vitrinenschrank drei knallbunte Dildos, die mich an Xu Tus Sexspielzeuge erinnern.

»Die hätte ich in einem Krankenhaus nicht erwartet«, sage ich auf die Spielzeuge hinter Glas deutend. »Kürzlich haben wir Xu Tu interviewt, die genau diese Geräte verkauft.«

Zhen Hongli lacht. Sie kennt Xu Tu. Vor einigen Jahren hatte diese einen ihrer Workshops besucht und war von der Präsentation so begeistert gewesen, dass sie damals spontan beschloss, in die Erotikindustrie zu gehen – mit Erfolg, wie wir wissen. Peking hat etwa 21 Millionen Einwohner, aber diese beiden Gleichgesinnten haben sich trotz allem gefunden, denke ich bei mir. Doktor Zhen dreht sich zu den Dildos um.

»Ich bin da ganz offen und mein Anliegen ist es, Patienten bei der Bewältigung ihrer sexuellen Probleme zu helfen. Indem ich diese Spielzeuge unverhüllt präsentiere, locke ich sie aus ihrer Tabuzone. Mit Sexualität haben nämlich viele ganz schön zu kämpfen.«

Doktor Zhen spricht recht gut Englisch und sieht mich mit ihren schelmischen, sanften Augen verschmitzt an. Sie sitzt Hu Ye und mir an ihrem Schreibtisch gegenüber, als ob wir ihre Patienten wären. Ihr weißer Arztkittel sticht gegen die blaugestrichene Wand des Behandlungszimmers ab. Als echte Niederländerin frage ich sie geradeheraus, mit welchen Problemen ihre Patienten zu ihr kommen. Sie ignoriert jedoch meine Frage und setzt zu einem Vortrag über Vorurteile an.

»Ihr Ausländer sucht immer nach schlüssigen Antworten, ich rate Ihnen, diesen Denkfehler nicht zu begehen. Chinas Bevölkerung lässt sich nicht in ein paar Schubladen stecken. Die chinesische Gesellschaft ist so komplex und vielschichtig, dass sich keine allgemeinen Schlüsse ziehen lassen. Was man allerdings sagen kann, ist, dass die Ansichten zu Frauenfragen generationsabhängig sind; die Unterschiede zwischen Stadt und Land spielen hier weniger eine Rolle. Frauen vom Land sind auch nicht per se konservativer als Frauen, die in der Stadt leben. Viele Frauen vom Land lassen mehrfach Abtreibungen vornehmen, ohne damit das geringste Problem zu haben, ganz im Gegensatz zu besser ausgebildeten Frauen. Meine Forschungen haben ergeben, dass Liebe in der Ehe für besser qualifizierte Frauen nicht immer das Allerwichtigste ist. Für Frauen vom Land verhält sich das wohl nicht anders, zumal bei ihnen die Familienverhältnisse oft so sind, dass sie sich sowieso nicht für die Liebe entscheiden können.«

Doktor Zhens Meinung nach liegt in der mangelnden sexuellen Aufklärung die Ursache für alle Beziehungsprobleme in China.

»Bei den Lehrkräften herrscht ein unglaublicher Wissensmangel. Nicht, dass sie die falsche Einstellung hätten, nein, sie wissen einfach nicht, dass junge Menschen ein Recht auf ihre eigene Sexualität haben.«

Zhen arbeitet hart daran, für dieses Problem Abhilfe zu schaffen. Unterstützt wird sie dabei von Sanderijn van der Doef, einer niederländischen Sexologin. Van der Doef wirkt bei der Konzeption von Lehrgängen für Lehrer und Erzieher mit. Eine inspirierende Arbeit, denn die Lehrer sind begeistert und lernbegierig, ihnen ist bewusst, wie wichtig das ist. Xu Tus Sexsalon ist ebenfalls von den Therapien inspiriert, die Sanderijn van der Doerf in den Niederlanden eingeführt hat. Das Wort Therapie klingt in China zu abschreckend, daher hat Xu Tu den Begriff Salon gewählt.

»Es ist sehr wichtig, dass Jugendliche lernen, über ihre eigene sexuelle Entwicklung und Entfaltung zu sprechen. Bevor sie ihre erste sexuelle Erfahrung machen, wissen sie meistens nicht, wie ihr Körper funktioniert. Wir bringen Erziehern und Lehrern bei, wie sie Jugendliche aufklären sollen. Ich bin überrascht, wie nicht nur junge, sondern auch ältere Lehrkräfte auf unsere Lehrgänge reagieren. Sie sind längst nicht so konservativ wie ich gedacht hatte. Viele Chinesen denken, dass Frauen, wenn sie zum ersten Mal Sex haben, zwangsläufig bluten. Mädchen gehen deshalb manchmal in einen Sexshop, um sich ein künstliches Jungfernhäutchen zu besorgen. Wenn Jungs merken, dass ein Mädchen nicht blutet, wird es als Schlampe abgestempelt. Auch Erektionsprobleme sind häufig. Männer glauben noch immer, sie mit speziellen chinesischen Kräutern und guter Ernährung beheben zu können. Oder mit Hilfe von Viagra, das in China mit dem chinesischen Schriftzeichen für älterer Bruder als *Weige* bezeichnet wird. Ein Extrakt aus Elefantenpenis ist auch sehr populär«, sagt Doktor Zhen kichernd, »aber guten Sex bekommt man nicht aus einem Medizinfläschchen, und auch nicht, indem man Elefantenpenis isst«, fährt sie fort.

»Sex hat eine biologische Funktion, aber man muss sich darüber auch Gedanken machen. Das tun die Leute zwar, aber das geht oft in eine falsche Richtung. Junge Menschen sollten sich zum Beispiel fragen: Warum ist Sex eigentlich schön? Sex ist zunächst etwas rein Biologisches und Funktionelles. Wir wollen uns fortpflanzen und uns von unserer Einsamkeit befreien. Sex macht heil und ganz. Die Daoisten haben das richtig erkannt. Die Balance zwischen Yin und Yang bringt das sehr gut zum Ausdruck. Wir Menschen sind, im Westen wie in China, von Natur aus sehr einsam. Es ist schon schwer, sich selbst zu akzeptieren, noch schwieriger ist es jedoch, einen anderen zu akzeptieren. Für die Chinesen, die tausende von Jahren in hierarchischen Verhältnissen gelebt haben, gilt das erst recht. Hinzu kommt, dass die heutige Generation ohne Geschwister aufgewachsen ist, auf die sie hätte Rücksicht nehmen und mit denen sie die Aufmerksamkeit ihrer Eltern hätte teilen müssen. Das ist natürlich nicht gerade hilfreich, wenn es darum geht, in seinem Leben eine andere Person zu akzeptieren oder sich gar in einer Beziehung geborgen zu fühlen. Viele junge Leute fühlen sich daher auch einsam und isoliert, was durch das Bildungssystem, das wenig Raum für soziale und kreative Entwicklung lässt, verstärkt wird. Man muss sich nur einmal eine Jugend vorstellen, die nicht unbedingt ohne Liebe, aber doch knallhart auf Funktionieren ausgerichtet ist, um zu begreifen, welch heftigen Emotionen diese jungen Menschen ausgesetzt sind, wenn sie in eine Verliebtheit hineintaumeln, in die unbekannte Freiheit ihres Herzens. Jegliche von ihrem Umfeld auferlegte Selbstkritik löst sich auf, wenn die jungen Geliebten ineinander aufgehen. Verliebtheit ist eine Ekstase. Jenseits der biologischen Funktion kann Sex als eine religiöse Erfahrung erlebt werden: Man fühlt sich erhaben, selbstvergessen und ergibt sich in etwas, das außerhalb seiner selbst zu liegen scheint, das man aber in sich selbst entdeckt hat und das sich nun Bahn bricht.

Vielleicht erklärt das auch, warum manche SM-Sex miteinander haben: Sie denken, dass sie körperlichen Schmerz spüren müssen, um sich über sich selbst zu erheben.«

Zhen Hongli wendet sich auf ihrem Stuhl um und schaut auf eine Abbildung an der Wand: Sie zeigt einen Querschnitt durch den weiblichen Unterleib.

»Ich sehe viele Frauen, die Schwierigkeiten haben, sich dem Liebesspiel hinzugeben. Dennoch hat der durchschnittliche Chinese gar kein so tristes Eheleben. Aus eine Studie der Volksuniversität aus dem Jahr 2007 geht hervor, dass die Hälfte der befragten Männer und Frauen mit ihrem Ehepartner glücklich sind. Ein Viertel der dreitausend Befragten hatte nur einmal im Monat Sex, und sechs Prozent hatte im vergangenen Jahr überhaupt keinen Sex. Wenig oder keinen Sex zu haben, hat meistens eine mentale Ursache: zu hohe Erwartungen, eine zu hohe Arbeitsbelastung, familiäre oder partnerschaftliche Probleme. Bei Menschen jenseits der Vierzig spielt auch die Vorstellung eine Rolle, viel Sex schade der Gesundheit. Diese Vorstellung entstammt dem traditionellen Gesundheitsverständnis des Daoismus.«

Nach Zhens Einschätzung ist in den letzten beiden Jahrzehnten eine sexuelle Revolution in Gang gekommen: Außereheliche Beziehungen, Prostitution, One-Night-Stands, voreheliches Zusammenleben und Abtreibungen scheinen im Leben von jungen Leuten ganz normal zu sein. 1989 hatten gerade einmal 15 Prozent der Jugendlichen Sex vor der Ehe, 2004 war der Anteil bereits auf 70 Prozent angestiegen. Doch diese Zahlen sagen nichts über die Zahl der Sexualkontakte vor der Ehe aus und auch nichts über die Anzahl der Partner, mit denen sie vor der Ehe geschlafen haben. Man weiß jedoch, dass immer mehr Jungvermählte außerehelichen Sex haben, und auch, dass die häusliche Gewalt enorm zunimmt. Aus jüngsten Untersuchungen geht hervor, dass 30 Prozent der befragten Frauen innerhalb ihrer Ehe mit häuslicher Gewalt konfrontiert sind. Sex ist eine wichtige Ursache dafür. Hochqualifizierte junge Frauen mit einem eigenen Einkommen werden sich dessen bewusst. Sie sind womöglich heiratswillig, haben aber keine Lust auf eine schlechte Ehe.

»Ich lehne Fremdgehen ab, doch wenn beide Partner mit außerehelichen Sex einverstanden sind, muss das möglich sein. Der Punkt ist, dass die meisten Chinesen an eine solche demokratische Entscheidungsfindung innerhalb ihrer Beziehung nicht gewöhnt sind«, fährt Zhen fort.

»Trotzdem verstehe ich das nicht ganz«, unterbreche ich sie, »wenn fast alle jungen Leute Sex vor der Ehe hatten, haben sie doch Erfahrung mit Partnern gemacht? Diese Erfahrung bringen sie doch ein, wenn sie sich ihren Ehepartner wählen?«

»Das Fremdgehen ist kulturell bestimmt«, sagt Zhen, »vor allem bei Männern. Junge Chinesen haben vor allem One-Night-Stands, sie gehen selten Beziehungen ein, auch keine kurzfristigen. Sie fürchten den sozialen Druck, der von einer festen Beziehung ausgeht. An sich habe ich nichts gegen One-Night-Stands, doch sie sind mit einem beträchtlichen Risiko verbunden. Unsere Sexualaufklärung lässt noch sehr zu wünschen übrig, daher verbreiten sich übertragbare Geschlechtskrankheiten und unerwünschte Schwangerschaften fast epidemisch.«

Zhen hält es für wichtig, dass sich Mädchen in der Pubertätszeit selbst kennenlernen. Frauen, die sich vor Sex fürchten, fühlen sich oft nicht wohl in ihrem Körper. Zhens Therapie bringt sie wieder in Kontakt zu ihrem eigenen Körper. Erst wenn sie ihren eigenen Körper kennengelernt hat, kann eine Frau den sexuellen Kontakt zu ihrem Partner genießen. Zhen spürt in ihrer Praxis bei jungen chinesischen Frauen immer noch die Angst, sich ihrem Ehemann hinzugeben. Es handelt sich dabei oft um hochqualifizierte Frauen, die eine gleichwertige oder gar bessere Stelle als ihr Partner haben, sich sexuell aber als unterwürfig empfinden und es nicht gewöhnt sind, ihre Wünsche deutlich zu machen. Sie haben das Gefühl, dass sie unterwürfig sein müssen. Dass Frauen erst etwas geben müssen, bevor sie etwas vom Mann empfangen dürfen. Dieses Gefühl ist kulturell geprägt.

Ich erzähle von Xu Tus Salon, den Hu Ye und ich besucht haben, und in dem uns der Mangel an Vertrauen zwischen den Geschlechtern aufgefallen ist. Es gab Männer, die Frauen nicht vertrauten, weil diese angeblich nur auf ihr Geld aus seien, und Frauen, die dachten, dass Männer keine Verantwortung übernähmen und sich nur für ein Mädchen entschieden, um sich dem Drängen ihrer Eltern zu entziehen. Doktor Zhen nickt.

»Das kenne ich gut. Jungs und Mädchen werden nach gewissen traditionellen Geschlechterrollen erzogen, doch eine hochqualifizierte Frau, die eine gute Stelle bekommt, wird auf dieser Stelle oft eine männliche, selbstständige Rolle einnehmen müssen. Zuhause erfüllt sie dann die Rolle der klassischen Ehefrau, während sie auf ihrer Arbeit Betriebsleiterin eines Supermarktes ist. Das ist verwirrend und verunsichernd. Männern fällt es schwer zu akzeptieren, dass ihre Frauen eine höhere soziale Position bekleiden als sie selbst«, fährt Zhen fort. »Und die meisten Frauen möchten auch gerne einen Mann haben, zu dem sie aufschauen können. Zu einer meiner hochqualifizierten Patientinnen mit Eheproblemen habe ich einmal gesagt: ›Sie sollten sich glücklich schätzen, dass Sie eine gute Ausbildung und eine Stelle haben, die dem Niveau Ihrer Qualifikation entspricht. Akzeptieren Sie aber auch, dass sich Ihre Position Ihrem Mann gegenüber verändert hat.‹ Es spielt keine Rolle, in welche Genderbox, in welche Schublade man eingeordnet wird. Das Problem in China besteht darin, dass die Schubladen so deutlich voneinander getrennt sind. Die Rollen von Männern und Frauen sind starr und nicht untereinander austauschbar. Deshalb gibt es Männer, die denken, dass sie nur eine Frau finden, wenn sie genug Geld haben, und Frauen, die denken, dass sie nur dann einen Mann bekommen und halten können, wenn sie sich unterordnen. Aber die Gegenbewegung hat eingesetzt. In Großstädten wie Wuhan, Chengdu, Peking, Shanghai und Guangzhou sind die jungen Leute bereits viel freier, wie unsere Studie belegt. Dort experimentiert die Jugend schon mehr. Die jungen Leute in der Stadt richten sich weniger danach, was ihre Eltern und die konservativen staatlichen Medien sagen. Was übrigens noch nicht dazu geführt hat, dass sie bessere Beziehungen haben und ihre Ehen länger halten. Dass die Medien sehr zurückhaltend und konservativ sind, ist auch nicht gerade hilfreich«, findet Zhen.

Wenn sie im Radio als Expertin ihre Ansichten darlegt, wird sie von der Redaktion oft verschämt darum gebeten, nicht das Wort homosexuell zu verwenden. Die Medien erlegen sich eine Selbstzensur auf und sind übertrieben vorsichtig. Doch junge Leute, die in den sozialen Medien aktiv sind, lassen sich das nicht mehr bieten. Sie haben im Internet Pornos gesehen, haben aber überhaupt keine Vorstellung von Sexualität und wollen nun wissen, wie das wirklich funktioniert.

Dazu bedarf es einer realistischen Sexualaufklärung; auf diesem Gebiet hat China noch einen langen Weg vor sich.

Ich muss an Xia Yewei und Hai Tou denken, die Studenten, die ich in einem Café in der Nähe der *School of Economics* interviewt habe. Sie klagten über den Kontrollwahn ihrer Eltern.

»Es fällt mir auf, dass sich in China alles um Kontrolle dreht. Kontrolle durch die Eltern, die Schule, das Umfeld und den Staat. Wie kann man da sexuell bewusst und frei werden?«

»Das sehen Sie ganz richtig. Kontrolle geht auf die Furcht vor und den Mangel an Hingabe und Spontanität zurück. Daraus wiederum erwachsen viele Probleme im Bereich von Intimität und Sex. Junge Leute unterdrücken ihre sexuelle Identität und erschaffen ein narzisstisch übersteigertes Ego. Dieses übersteigerte Ego lässt sich nie befriedigen und so entstehen Leere, Angst und Einsamkeit. Was man dagegen tun kann? Rechtzeitig sexuell aufklären, und, falls das Unheil bereits angerichtet ist, eine Therapie machen. Im Grunde zielt jede Therapie darauf ab, sich selbst wiederzufinden, bei meiner Sexualtherapie verhält sich das nicht anders. Ich sehe in meiner Sprechstunde und in meiner Praxis zunächst vor allem Männer. Ihre Frauen treffe ich erst später, wenn die Therapie begonnen hat. Zunächst muss ich das Vertrauen des Mannes gewinnen, danach kann ich mit ihm auf die Suche nach seinem wahren Ego hinter seinem chinesischen ›Gesicht‹ gehen. Sein wahres Selbst erkennen und es liebevoll akzeptieren, darum geht es. Selbstakzeptanz ist für junge Chinesen sehr schwierig, denn zu Hause und in der Schule bekommen sie zu hören, dass sie die Normen und Werte anderer zu erfüllen haben. Es wird noch Jahrzehnte dauern, bevor das Problem der sexuellen Identität der heutigen Generation gelöst ist.«

»Sieht der Staat das auch ein?«, frage ich. »Stellt es für die Kommunistische Partei nicht eine Bedrohung dar, auf diesem Gebiet die Kontrolle abzugeben?«

Zhen zieht die Augenbrauen hoch und denkt eine Weile nach, dann sagt sie:

»Xi Jinping, der neue Präsident, geht hart gegen Korruption vor, warnt vor verderblichen westlichen Einflüssen und betont die chinesischen kulturellen Werte. Er will eine Art neue moralische Ordnung schaffen. Er will, dass das chinesische Volk wieder zu sich zurück-

178

findet, weiß aber nicht richtig, wie er es angehen soll. Sobald ein Freiraum gewährt wird, wird dieser auch wieder strenger kontrolliert. Ein Großteil der chinesischen Bevölkerung kann mit großen Freiheiten nicht umgehen. Ich habe da vielleicht eine gewisse déformation professionelle, aber ich denke, Eigenverantwortung für sich zu übernehmen, beginnt mit einer gesunden sexuellen Entwicklung. Die Bevölkerung und der Staat befinden sich in einem Teufelskreis, der nur nach und nach durchbrochen werden kann. Aber ganz so schlecht steht es auch wieder nicht damit. Die moderne Sexualaufklärung in China ist auf Verhütung, das Vermeiden von Abtreibungen und übertragbaren Geschlechtskrankheiten, aber auch auf das Überbrücken der Kluft zwischen den Geschlechtern und das Stimulieren von Selbstsicherheit in sexuellen Beziehungen ausgerichtet. Mein Ideal ist es, dass jeder chinesische Heranwachsende seine oder ihre Sexualität entdeckt, erfährt, was seine oder ihre Wünsche und Sehnsüchte sind, dafür Verantwortung übernimmt und diese Vorlieben in seinen oder ihren sexuellen Beziehungen auslebt. Wenn das gelingt, sind wir auf dem Weg zu einer erwachsenen Gesellschaft.«

Mehr will Zhen über die Rolle des Staates nicht sagen, spüre ich. Ich bringe das Gespräch auf ein anderes Thema und erzähle von den Siebzigerjahren, als im Westen ein größerer Gemeinschaftsgeist herrschte und ehrenamtliche Arbeit üblich war. Ich erzähle von der Individualisierung in den Neunzigerjahren und dem Aufkommen der Generation Z. Läuft es in China auch in diese Richtung? Zhen nickt.

»China individualisiert sich, der Gemeinschaftssinn geht zurück und der Markt regiert.«

Zhen glaubt, dass der Mensch von Natur aus gut ist, wie Menzius und Konfuzius lehrten, und dass sich immer wieder alles zum Guten wendet. Wenn die Individualisierung außerdem dazu führt, dass sich junge Menschen selbst entdecken, ist das, Zhens Meinung nach, eine positive Entwicklung. Unbewusste Menschen können nicht bewusst teilen; bleibt ein Großteil der Bevölkerung unbewusst, verfängt sie sich in Habgier. Und dann ist die Gefahr groß, dass alles aus dem Ruder läuft.

»Ein wohlmeinender Mensch kann inspirieren und zu einer bewussten Haltung anregen, aber als einzelner kann er niemals eine

Wende bewirken. Das geht nur gemeinsam. Letztendlich ist die Kommunistische Partei selbstbewussten Bürgern mit einer eigenen Meinung nicht gewachsen. In China ist niemals nur ein einziger Trend zu beobachten. Eine große Gruppe junger Leute, die nach Freiheit und Selbstentfaltung sucht, orientiert sich am Westen. Eine andere große Gruppe sucht Freiheit und Selbstentfaltung im Buddhismus, im Christentum oder sogar in den traditionellen konfuzianischen Werten: Respektiere Autoritäten wie deine Eltern, deine Lehrer und deinen Chef. Das ist verständlich: Die jungen Leute sind unsicher und haben kein Vertrauen in die Zukunft. Sie spüren, dass sich China für einen Weg in die Zukunft entscheiden muss, doch es gibt niemanden, der diesen Weg weisen kann, der weiß, wo es langgehen soll.«

Doktor Zhen schaut auf ihre Uhr. Wir haben den ganzen Morgen in ihrem Arbeitszimmer gesessen. Ich bedanke mich höflich, dass sie sich für uns so viel Zeit genommen hat und frage sie, ob ich ihr zum Abschluss noch eine persönliche Frage stellen darf:

»Sind Sie verheiratet und haben Sie Kinder?«

»Nein, Kinder habe ich nicht. Ich bin geschieden«, antwortet sie ernst. »Meinem chinesischen Mann bin ich während meines Studiums in Deutschland begegnet. Zu einem gewissen Zeitpunkt entschieden wir uns die Beziehung zu beenden. Er wohnt noch immer in Köln. Als ich mich verliebte, habe ich nicht im Entferntesten geahnt, dass man so viele Beziehungsprobleme kriegen kann. Ich fühlte mich von seinem Äußeren angezogen, seinem weltläufigen Auftreten, aber nun ja, das reicht noch nicht für eine Lebenspartnerschaft. Ich bin nie sexuell aufgeklärt worden und er war mein erster Freund. Darum arbeite ich jetzt intensiv daran, die Chancen der nächsten Generation zu verbessern. Ob ich selbst in einer Therapie war? Nein, ich habe mich in meine Arbeit gestürzt.«

KAPITEL 15

Li Yinhe
und Schopenhauers Pendel

Anfang August 2013, ich ziehe Bilanz. Mehr als zwanzig Frauen habe ich mittlerweile in China zum Thema Sexualität und Emanzipation interviewt. Meine Feldforschung ist damit nahezu abgeschlossen. Ich habe jedoch das Gefühl, dass ich mich noch mit jemandem mit einem themenübergreifenden Einblick unterhalten sollte, mit einer Person, die einen fundierten Gesamtüberblick hat, vorzugsweise mit einer Frau.

Als ich in Tilburg mit acht Masterstudenten die Stellung der Frau in China untersuchte, bin ich immer wieder auf einen Namen gestoßen: Li Yinhe. Li ist eine der ersten Soziologinnen in China, die öffentlich über Sex schrieb, sie gilt innerhalb wie außerhalb Chinas als eine Pionierin auf dem Gebiet der Genderstudies. Sie machte sich einen Namen mit Publikationen wie *Their World* über die marginalisierte Subkultur Homosexueller in China und *Love and Sexuality of Chinese Women*. Li Yinhe war mit dem berühmten Schriftsteller Wang Xiaobo verheiratet, der 1997 starb. Sie wird auch als die Simone de Beauvoir Chinas betrachtet. Es ist mir gelungen, mich mit ihr zu einem Interview zu verabreden.

Wir nehmen die U-Bahn zu dem südlich vom Stadtkern gelegenen Bezirk Fengtai. Hu Ye fiebert schon die ganze Woche dem Treffen mit der berühmten Soziologin entgegen und kann gar nicht aufhören über sie zu reden. Voller Begeisterung hat sie sich eingehend mit Li Yinhe und ihrem Mann befasst.

»Ich bin ja so neugierig, wie sie in Wirklichkeit ist«, sagt Hu Ye aufgeregt. »In meiner Studienzeit haben wir oft über Lis Werk diskutiert. Aber ehrlich gesagt bin ich von ihrem verstorbenen Mann noch stärker beeindruckt. Wang Xiaobo war so ein brillanter Schriftsteller. Was Wang schrieb, war gewagt und wegweisend. Seine Bücher sind gesellschaftskritisch und sehr erotisch. Er hat meine Generation nachhaltig beeinflusst.«

Hu Ye erzählt, Li Yinhe schreibe seit Kurzem auch belletristische Texte, darunter Kurzgeschichten, die im Ton stärker an das Werk ihres Mannes erinnerten. Zudem veröffentliche sie auch Blogs, die viel gelesen und kommentiert würden. Li steht stark in der Kritik und erhält sogar Drohungen, weil der Durchschnittschinese ihrer Akzeptanz gegenüber sexuell abweichendem Verhalten nicht beipflichten kann.

Li Yinhe beschreibt ihr Werk als ›thoreauartig‹ und verbreitet ihre Ideen oft über Mikroblogs. Henri David Thoreau war Transzendentalist und gehörte zu den Begründern dieser philosophischen Bewegung, die in der westlichen Welt um 1830 neue Ideen zur Entwicklung des Menschen und zu seiner Rolle in der Gesellschaft propagierte. Transzendentalisten vertreten die Ansicht, dass jedes Individuum eine ›ursprüngliche Beziehung‹ zum Universum eingehen solle. Ein Transzendentalist glaubt, dass die Gesellschaft und ihre Institutionen die Unschuld des Individuums korrumpieren. Der Mensch ist, Li Yinhes Auffassung nach, in seiner besten Verfassung, wenn er selbstständig und unabhängig lebt. Aus solchen Individuen setze sich eine ideale Gesellschaft zusammen.

Li Yinhe ist auch eine Anhängerin des französischen Philosophen Michel Foucault. 2001 veröffentlichte sie *Foucault and Sex*, eine Studie über die Institutionalisierung von Sexualität, die auf Foucaults Studie über die Geschichte der Sexualität in der westlichen Welt basiert. In seiner Doktorarbeit *Wahnsinn und Gesellschaft* untersucht Foucault, wie der Begriff Wahnsinn im Laufe der Jahrhunderte immer wieder neu interpretiert wurde. Was wir im Lauf der Geschichte als normal oder unnormal erachten, sagt mehr über den jeweiligen Zeitgeist aus als über den Erkenntnisfortschritt auf dem Gebiet der Geisteskrankheiten. Und genau diese Denkweise spricht Li Yinhe an. Ihrer Ansicht nach ist die chinesische Sicht auf Sexualität nur ein Spiegel des Zeitgeistes. In zehn Jahren wird sie sich völlig gewandelt haben. Li Yinhe ist inspiriert von Foucaults Auffassung, dass man den bestehenden, starren Denkmustern Widerstand entgegensetzen müsse, um dem eigenen Leben Form geben zu können. Das chinesische Schubladendenken ist ihr ein Gräuel. Foucault deckte die Techniken zur Reflexion, zur Stilisierung von Gedanken und zum Umgang mit Emotionen auf. Er war ein wahrer Lebenskünstler. Aber waren oder sind die chinesischen Daoisten nicht auch Lebenskünstler? Oder haben die Konfuzianer dem ein Ende bereitet? Vielleicht muss ich Li Yinhe diese Frage stellen. Aber nun gut, fürs Erste will ich mit ihr über Sexualität sprechen. Li hat immer eine Lanze für abweichendes sexuelles Verhalten wie SM oder Gruppensex gebrochen und schreibt auch über die positiven Seiten der Pornografie. Wenn es nach ihr ginge, sollten alle Bürger in sexuellen Belangen über ein Selbstbestimmungsrecht verfügen, das auch als ein Grundrecht gesetzlich verankert sein müsste. Als Beraterin der Regierung hat sie wiederholt vorgeschlagen, die Homoehe zu legalisieren, was ihr einige Schwierigkeiten eingebracht hat. 2007 hat sie ihr Arbeitgeber, der Thinktank CASS (Chinese Academy for Social Sciences) gebeten, sich zu mäßigen. CASS hatte Besuch von ›seltsamen Leuten‹ – ein Codename für die Sicherheitspolizei – bekommen. Li Yinhe hat danach eine Zeitlang keine Blog-Beiträge mehr veröffentlicht.

Dem *Wall Street Journal* gab Li ein Interview zu ihrer Lebenssicht: »Ich bin zu dem Schluss gekommen, dass das Leben überhaupt keinen Sinn hat. Das Leben ist wie ein summendes Insekt – geboren am Morgen, gestorben am Abend. Als ich das erkannt hatte, wusste ich, dass das Leben ein Abenteuer ist. Ruhm und Reichtum haben keinerlei Bedeutung oder Wert. Warum wir leben? Um das zu tun, was wir angenehm finden. Das ist die Bedeutung, der Wert unseres Lebens: der tägliche Kampf ums Dasein. Gewinnen wir ihn, wird unser Leben langweilig. Unser Dasein ist wie Schopenhauers Pendel, das zwischen Kampf und Langeweile hin und her schwingt. Da ich nicht zwischen dem einen und dem anderen Extrem hin und her pendeln will, habe ich einen anderen Weg gewählt. Ich versuche, eine Lebenskünstlerin zu sein. Menschen sind wie *Jiaozi*, wie gefüllte Dampfbrötchen, die eines nach dem anderen aus der Maschine rollen. Die frischen werden aufgegessen, die missglückten weggeworfen und immer wieder werden neue gebacken. Schon früh versuchte ich dieser Tretmühle zu entkommen, indem ich viel las. Jean-Paul Sartre hat mich stark inspiriert. Er sagte: ›Das Leben ist ein seltsames Etwas, eine Art Trugbild, es taucht plötzlich auf und verschwindet genauso unerwartet. Das Leben ist nicht vorprogrammiert, es ist nur etwas rein Zufälliges.‹ Das ist schon ein Gedanke, der einem Bauchschmerzen bereiten kann.«

Hu Ye und ich haben über eine Stunde in einer überfüllten U-Bahn der blauen Linie gestanden und geredet. An einer der letzten Haltestellen steigen wir aus. Als wir den dunklen U-Bahn-Schacht verlassen, blinzele ich gegen das grelle Sonnenlicht. Wir stapfen über eine Baustelle, denn die U-Bahnstation ist noch nicht fertig. Über eine unbefestigte Straße gehen wir Richtung Fengtai, einen echten Außenbezirk, weit ab vom Chaos und Gedränge des Zentrums. Der Bezirk genießt einen besonderen Ruf: Er ist als das sogenannte ›Klagedorf‹ bekannt. Es gibt hier viele Verwaltungsgebäude. Tausende von Menschen aus ganz China lassen sich hier manchmal mit ihrer gesamten Familie nieder, Bürger, die von den Lokalbehörden benachteiligt wurden und nun auf Entschädigung klagen wollen. Noch immer gibt es in Fengtai ein Gefängnis, das bei Menschenrechtsorganisationen als ›schwarzes Gefängnis‹ bekannt ist, in dem Kläger, die festgenommen wurden, ohne jeden Prozess für unbestimmte Zeit verschwinden.

Wir überqueren eine breite Straße und gehen zu einer unwirtlichen Betonburg. Durch eine Glastür betrete ich hinter Hu Ye eine große kühle Eingangshalle, die die Form eines Halbkreises hat. Sie wird gerade renoviert und stinkt nach Zement und Gips. Wir gehen zum Aufzug im hinteren Teil der Halle. Im dritten Stock steigen wir aus und betreten ein einfaches chinesisches Restaurant. Wie in einem typischen amerikanischen Diner stehen sich hier Bänke mit hohen Rückenlehnen paarweise gegenüber. Li Yinhe ist eine imposante Erscheinung: kräftige Statur, freundliche, aber entschlossen blickende Augen und frei von jedem äußerlichen Gepränge. Sie steht auf und reicht mir etwas distanziert die Hand. Wir setzen uns.

Mit einer Mischung aus Geduld und Unruhe hört sie Hu Ye zu, die begeistert auf Chinesisch auf sie einzureden beginnt, um mich vorzustellen. »In der U-Bahn auf dem Weg hierher haben wir uns über Thoreau und Foucault unterhalten. Ich halte sie für interessante Denker, denn sie sind authentisch, unabhängig in ihrem Denken und lassen sich von Macht nicht korrumpieren«, sagt Hu Ye in unsicherem Ton. »Daran fehlt es in der chinesischen Gesellschaft, an authentischen Denkern, die sich von der Masse abheben und den Unterschied machen.«

Während Hu Ye redet, betrachte ich die Frau mir gegenüber. Li Yinhe liegt jedes Zieren und Getue fern, stelle ich fest, aber sind ihre Vorstellungen überhaupt noch aktuell? Ist sie die richtige Person, um dem Mosaik meines Buches *Mulans Töchter* die letzten Steinchen hinzuzufügen?

Abb. 16: Li Yinhe

Ich beschließe, das Gespräch nun selbst in die Hand zu nehmen und beginne über die drei feministischen Wellen, die wir im Westen zu verzeichnen hatten, zu sprechen. Über die Zeit um 1870 und danach, in der Frauen für das Frauenwahlrecht und das Recht auf universitäre Bildung stritten. Über die zweite feministische Welle in den Sechzigerjahren des vergangenen Jahrhunderts, in der die französische Feministin Simone de Beauvoir Frauen ermutigte, sich von autoritären Instanzen und sexistischen Vorstellungen zu befreien. Der Zeit, in der sich feministische Gruppierungen für die Durchsetzung des Rechts auf Abtreibung (›Mein-Bauch-gehört-mir-Kampagne‹) und der sexuellen Selbstbestimmung einsetzten. Und über die dritte Welle Ende der Neunzigerjahre, in der es um Selbstverwirklichung und damit Wahlmöglichkeit zwischen Familie und Beruf ging sowie um die Thematisierung und Bekämpfung von Diskriminierung und Missbrauch von Frauen in anderen Kulturen. Schritt für Schritt haben sich Frauen im Westen ein gewisses Maß an Freiheit und Gleichheit erkämpft. Ist in China ein vergleichbarer Prozess im Gange? Li nickt, um mir anzudeuten, dass sie die Frage verstanden hat.

»Anfang des 20. Jahrhunderts, in der Zeit von Qiu Jin, haben wir sehr Richtung Westen geschaut. Das chinesische Kaiserreich war kurz zuvor zerfallen, Peking und Shanghai waren die beiden wichtigsten intellektuellen Zentren. In dieser Zeit machten Frauen zum ersten Mal die Erfahrung, wie es ist, für sich selbst einzutreten. Der Staat sorgte dafür, dass Frauen auch Zugang zu höherer Bildung erhielten, ging aber gewaltsam gegen jede Form von Aktivismus vor. Mündige Frauen, die für ihre Rechte eintraten, wurden inhaftiert und der Aufwiegelei und der Anstiftung zum Luan, zum Chaos, bezichtigt.

Das Ehegesetz aus dem Jahr 1949 ermöglichte es Frauen zum ersten Mal, ihren Partner selbst zu wählen, eine Scheidung zu beantragen und Besitz zu erben. Trotzdem war China von 1949 bis in die Mitte der Achtzigerjahre, von der Gründung der Volksrepublik bis zu Dengs Politik der offenen Tür, eine in sich selbst gekehrte, geschlossene Gesellschaft. Ein vom internationalen Handel und von ausländischen kulturellen Einflüssen abgeschottetes Land. Als die Kommunistische Partei Anfang der Fünfzigerjahre an die Macht kam und das gesellschaftliche Leben zu dominieren begann, hat sich das Leben der Frauen von einem zum anderen Augenblick einschneidend verändert.

Im Westen mussten sich in den Sechziger- und Siebzigerjahren Frauen ihre Rechte erkämpfen. Sie gingen auf die Straße, um für ihr Recht auf Selbstbestimmung, Gleichheit und sexuelle Freiheit zu demonstrieren. In China bekamen die Frauen Rechte, weil dies ein Teil des politischen Programms der KPCh ausmachte. Frauen wurden im Bildungssystem und am Arbeitsplatz gleichbehandelt und erhielten den gleichen Lohn wie Männer. Für diese Gleichheit mussten sie auf ihre weibliche Identität größtenteils verzichten, gleichwohl war zu dieser Zeit weltweit nirgendwo die Gleichberechtigung zwischen Mann und Frau soweit fortgeschritten wie in China. Auch Männer mussten sich in dieser Zeit in die Rolle fügen, die die Partei und das Bürgerkomitee für sie vorgesehen hatten. Jeder büßte seine Identität ein. Männer und Frauen sollten Genossen sein und hatten daher nicht mehr die Energie, die Zeit und das Geld, sich einander als sexuelle Wesen zu zeigen. Was ohnehin verboten war, da es als bourgeois galt. Frauen arbeiteten zum ersten Mal außer Haus. Innerhalb der eigenen vier Wände blieb jedoch alles beim Alten. Wenn eine Frau von der Arbeit nach Hause kam, warteten dort dieselben Haushaltspflichten auf sie wie eh und je. Sexuell fand bei den Frauen keinerlei Entwicklung statt. Sie machten sich nicht klar, dass sich ihre aushäusige Arbeit mitunter auch auf ihre Rolle im Bett auswirken konnte.

In den Achtzigerjahren öffnete sich China dem Westen, es ergab sich eine neue Situation. Frauen standen nun noch stärker unter Druck als in der Zeit der Kulturrevolution. Sie arbeiteten jetzt für den Lebensunterhalt ihrer Familie und die Ausbildung ihrer Kinder, hatten daneben aber auch noch ihre traditionellen Pflichten als Hausfrau und Mutter zu erfüllen und mussten zudem dafür Sorge tragen, dass ihr Aussehen den neuen westlichen Modevorstellungen entsprach. In den Fünfzigerjahren führte Mao den Slogan ein ›Frauen tragen die Hälfte des Himmels‹, heute jedoch leben Frauen, wie man oft sagt, in ›zwei Himmeln‹, einem innerhalb und einem außerhalb des Hauses, also in zwei ›höllischen Himmeln‹ gleichzeitig. Doch es gibt viele Frauen, die davon träumen, nicht arbeiten zu müssen, sondern zu Hause bei ihren Kindern sein zu können. Meiner Meinung nach ist das keine schlechte Entwicklung. Frauen haben heute eine Wahl, vor allem Frauen in Mittelklassefamilien.

Die Ein-Kind-Politik hat dazu geführt, dass Eltern ihrer einzigen Tochter eine bessere Ausbildung finanzieren konnten. Die Zahl hochqualifizierter Frauen steigt spektakulär, was aber nicht dazu führt, dass sich Männer und Frauen besser verstehen. Die Scheidungsrate nimmt ebenfalls zu. Männer, die auf dem Land leben, haben den Emanzipationsprozess höher qualifizierter Frauen nicht mitgemacht, sie behandeln Frauen nach wie vor so, wie es die Tradition verlangt. Männer, die in den Städten leben, haben sich zwar entwickelt, doch stellt sich für sie die Lage sehr verwirrend dar, da sie mit denselben Frauen auch noch auf dem Arbeitsmarkt konkurrieren müssen. Jüngste Studien belegen übrigens, dass sich Männer und Frauen die Haushaltspflichten teilen. Ich habe untersucht, wer in der Ehe der Boss ist; für 20 Prozent war es der Mann, 60 Prozent fanden, dass sich Ehepartner eher auf Augenhöhe begegnen und gleichberechtigt in einer Partnerschaft sind.«

»Auf dem Gebiet der sexuellen Aufklärung hat China noch einen Weg vor sich. Warum tut man sich damit so schwer?«, frage ich.

»Während der zweiten feministischen Welle haben die Frauen im Westen für ihre sexuelle Freiheit gekämpft; sie bildeten Interessengruppen, die sich dafür einsetzten, Mädchen ihre eigene Sexualität, die Bedeutung von Verhütung und das Recht auf Abtreibung bewusst zu machen. In China haben diese Entwicklungen eine andere Dynamik. Sie werden von oben, vom Staat, und von unten, von den NGOs, stimuliert. 1958 war Zhou Enlai der erste Premierminister, der die Bedeutung sexueller Aufklärung hervorhob, doch seine Ideen fanden in der Kommunistischen Partei keinen Rückhalt. Es hat lange gedauert, bis man auch in der KPCh erkannte, dass eine gute sexuelle Aufklärung im öffentlichen Interesse liegt. Deshalb liegt in diesem Gebiet noch so viel im Argen.«

»Und wie steht es auf dem Arbeitsmarkt? Bekommen Frauen gleichen Lohn für gleiche Arbeit?«

»Die Lage der Frau auf dem chinesischen Arbeitsmarkt hat sich gewaltig verbessert. 1949 waren nur 7 Prozent aller Arbeitnehmer Frauen, 2007 hatten schon 65 Prozent aller Frauen eine Arbeit. Seit Mao werden Frauen auch besser bezahlt, wenngleich sie immer noch weniger als Männer verdienen. Vor zehn Jahren verdienten Frauen ungefähr 70 Prozent dessen, was ein Mann verdiente; bis heute hat sich der Unterschied nicht etwa verringert, sondern wieder vergrößert.

Festzuhalten ist, dass Frauen auf dem Arbeitsmarkt noch immer in großem Stil diskriminiert werden und sich am Arbeitsplatz mit sexueller Belästigung konfrontiert sehen. Nur wenige Frauen trauen sich, ihre Arbeitgeber wegen ungleicher Arbeitsbedingungen, einer Entlassung bei Schwangerschaft oder sexueller Gewalt zu belangen. Auch höherqualifizierte Frauen sind vor sexueller Belästigung am Arbeitsplatz nicht gefeit. Aus einer jüngeren Studie der *Chinese Academy for Social Sciences* geht hervor, dass 40 Prozent der Frauen, die in einem ausländischen Unternehmen oder einem Joint Venture arbeiten, schon einmal sexuell belästigt wurden; im Dienstleistungssektor waren es sogar 70 Prozent. Wahrscheinlich liegt der Prozentsatz sogar noch über den Angaben in dieser Studie, da anzunehmen ist, dass viele sexuell belästigte Frauen darüber lieber schweigen.

Was die Emanzipation der Frau anbelangt, sind die nordeuropäischen Länder in ihrer Entwicklung am weitesten fortgeschritten, China steht auf dem 28. Platz, gar nicht so schlecht, wenn Sie mich fragen. Sieht man sich zum Beispiel die Zahl der weiblichen Studierenden, die Partizipation auf dem Arbeitsmarkt und die Lohnangleichung an, stellt sich die Lage in China sehr gut dar. Nur im politischen Bereich liegen chinesische Frauen hinter westlichen Frauen weit zurück. Für den Nationalen Volkskongress, das chinesische Parlament, gilt eine gesetzlich festgelegte Frauenquote von 23 Prozent. Zuletzt lagen wir ein Prozent darüber. In anderen politischen Organen, in denen es eine solche Quote nicht gibt, ist der Frauenanteil sehr gering: 4 Prozent. In osteuropäischen Ländern gab es vor dem Fall des Eisernen Vorhangs auch eine gesetzlich festgelegte Frauenquote für die Beteiligung von Frauen in Führungsgremien und in der Politik. Nach dem Fall der Mauer 1989 war zu sehen, dass die Partizipation der Frauen in diesen Ländern dramatisch sank. In Rumänien liegt sie zum Beispiel unter 5 Prozent.«

»Sind Frauen auf sexuellem Gebiet selbstständig geworden?«

»Hierin liegen chinesische Frauen noch weit zurück. Einem Mann, der Beziehungen mit mehreren Frauen oder häufig wechselnde sexuelle Kontakte hat, wird das nicht angekreidet. Aber einer Frau, die öffentlich promiskuitiv lebt, zeigt man in ihrem Umfeld die kalte Schulter.«

Wenn es einem Mann zugestanden wird herumzuvögeln, warum dann nicht auch einer Frau, so verstehe ich Lis Gedankengang. Ist Promiskuität denn die ultimative Form der weiblichen Emanzipation? Sex um des Sexes willen, ›getting your kicks‹, Schopenhauers Pendel. Mir erschließt sich das nicht ganz. Meines Erachtens geht es bei der Emanzipation von Frauen und Männern um mehr als absolute sexuelle Freiheit. Dann stelle ich eine der Fragen, die mir am meisten auf den Nägeln brennt.

»Während der Kulturrevolution mussten Frauen sich wie Männer verhalten. War das für die Identität der Frau nun gut oder schlecht?«

»Es war sowohl gut als auch schlecht, dass Frauen und Männer damals in ihrem Tun und Lassen und in ihrem Aussehen gleichgeschaltet waren. Darüber ist später, vor allem in den Achtzigerjahren, viel diskutiert worden, denn zu dieser Zeit führte der Staat die Parole ein:

›Konzentrier dich auf deine Ehe, für Frauen ist Arbeit nebensächlich‹. Danach blieben die Frauen lieber zu Hause. Sie hatten es während der Kulturrevolution viel zu schwer gehabt und fanden es nun herrlich, ihre Kinder zu hüten und für das Essen zu sorgen. Ich sah darin einen Rückschritt, weil dieser Trend vom Staat ausging. Ich weiß, dass es bei euch im Westen in den Neunzigerjahren auch eine heftige Diskussion darüber gab, ob Frauen die Wahl haben sollten, zu Hause zu bleiben oder arbeiten zu gehen. Ihr habt in dieser Entscheidungsfreiheit zweifellos einen Fortschritt gesehen. Vor zehn Jahren unterbreiteten männliche Mitglieder des CCPC, dem wissenschaftlichen Beirat des Nationalen Volkskongresses, einen Vorschlag zur Bekämpfung der Arbeitslosigkeit. Sie schlugen vor, dass die Frauen zu Hause bleiben sollten; Hausfrau sei schließlich auch ein Beruf. Feministinnen und Wissenschaftler reagierten wütend, sie fanden das diskriminierend und verwerflich. Wenn Frauen zu Hause bleiben, werden sie wirtschaftlich noch abhängiger von ihrem Mann. Verlässt er sie dann, ist das für die Frau eine Katastrophe. Deshalb müssen Frauen noch immer dazu ermutigt werden, auch außerhalb des Hauses eine Rolle einzunehmen.«

Ich berichte von der Situation in den Niederlanden. Von den Äußerungen Jet Bussemakers, der Ministerin für Bildung, Kultur und Wissenschaft, die findet, dass zu viele Frauen den Männern auf der Tasche liegen. Die Männer machten Karriere und die Frauen blieben aus Schuldgefühl zu Hause, um für die Kinder zu sorgen.

»In China ist die Situation ähnlich«, erläutert Li. »Noch immer bleiben nur sehr wenige Männer zu Hause, um sich um die Kinder zu kümmern. Das liegt auch daran, dass die meisten Frauen ›nach oben‹ heiraten wollen, sie suchen einen besser gestellten Mann.«

Dann wandern meine Gedanken zu meinem Gespräch mit der plastischen Chirurgin Danielle Liu zurück. Und zu den Gemälden der *Vier klassischen Schönheiten* an der Wand meines Zimmers im Double Happiness Hotel. Chinesische Frauen, lege ich Li dar, können reich und erfolgreich werden und gleichzeitig attraktiv aussehen. Im Westen prangerten Feministinnen wie Noami Wolf und Germaine Greer die Werbeindustrie an, in der Männer den Ton angaben und Frauen zu Lustobjekten degradierten. Das hat unser Bewusstsein geschärft. Aber sind sich hier die jungen Mädchen, die nach Herzenslust mit sexy Kleidung experimentieren, auch bewusst, dass sie Fashion Victims sind, dass sie ihre Identität von einem überwiegend westlich geprägten Modebild abhängig machen, das von Männern bestimmt wird?

Li antwortet mit hochgezogenen Augenbrauen zustimmend: »Nach der Politik der offenen Tür wurden in China zum ersten Mal Miss-Wahlen abgehalten. Die *All China Women's Federation* (ACWF) verteilte Flugblätter, um dagegen zu protestieren, damals gab es noch kein Internet. Ein bemerkenswerter Protest; denn die ACWF hält sich in der öffentlichen Debatte meistens bedeckt. Doch ihre Ablehnung half nichts. Der Zeitgeist war zu stark. Die Leute fanden es großartig, dass sie für ihre Favoritinnen stimmen durften. Außerdem hatten sie einfach große Lust darauf, sich an der prachtvoll präsentierten Schönheit zu erfreuen. Der nächste Schritt war die Sendung *Supergirls*, die chinesische Version von Sendungen wie *Deutschland sucht den Superstar*; sie wurde 2004 zum ersten Mal ausgestrahlt. Li Yuchun, die knabenhafte Gewinnerin von *Supergirls* 2005 wurde in China zur Ikone der Gleichberechtigung. Sie hat eine ganze Generation von Mädchen, ob hetero oder lesbisch, dazu inspiriert, sie selbst zu sein und sich nicht von Jungs abhängig zu machen. Auch aus der Tatsache, dass vor zwanzig Jahren gerade mal 30 Prozent der Universitätsabsolventen Frauen waren, heute jedoch 50 Prozent, können wir Hoffnung schöpfen. Aus allen Studien geht hervor, dass sich Frauen zwar mit ihrem Aussehen beschäftigen, ihre persönliche Entwicklung und ihr Erfolg auf dem Arbeitsmarkt aber zunehmend an Bedeutung für sie gewinnt. Sie wollen Geld verdienen; sicherlich auch, um sich schöne Kleider und Taschen zu kaufen, doch diese materiellen Wünsche haben einen positiven Effekt. Natürlich gibt es auch Frauen, die sich mit ihrem Aussehen und cleveren Tricks einen reichen Mann angeln wollen; die an speziellen Schulen Kurse besuchen, um so zur Idealfrau eines reichen Mannes zu werden. Doch diese Frauen sind wirklich in der Minderheit.«

»Wie lange wird es Ihrer Ansicht nach noch dauern, bis die traditionellen Rollenmuster durchbrochen sind, bis Frauen in der Politik Furore machen, sich die Zahl der Abtreibungen und der Geschlechtskrankheiten verringert und Männer und Frauen gleichberechtigte Beziehungen eingehen?«

»Um mit Foucault zu sprechen: Es ist eine Frage der Zeit. China hat seine Bevölkerung in den vergangenen drei Jahrzehnten auf sexuellem Gebiet stark unterdrückt. Vor 1979 waren Prostitution, Gruppensex, aber auch das Küssen im Park strafbar. Aufgrund einer weiten Auslegung des Verständnisses von Prostitution konnte man sogar für außereheliche Sex belangt werden. 1979 wurde dieses Gesetz im Windschatten der neuen Gesetzgebung zur Ein-Kind-Politik aufgehoben. So konnte sich eine neue Sexualmoral entwickeln. Doch so etwas wie Prostitution, Gruppensex und die Verbreitung von Pornos im Internet ist noch immer strafbar. Vor einigen Jahren veröffentlichte *Muzimei*, eine junge Autorin, im Internet persönliche erotische Erzählungen. Bald hatte sie gut und gerne achtzigtausend Besucher auf ihrer Webseite. Sie wurde festgenommen, weil sie gegen das Gesetz verstoßen hatte, das die Verbreitung von Pornografie unter Strafe stellt, wenn eine Webseite mehr als zehntausend Besucher hat. Ich bin schon seit Jahren der Auffassung, dass das nicht zulässig ist. Menschen zu verfolgen, weil sie Sexgeschichten publizieren, ist unmenschlich.«

»Darf ich noch ein anderes Thema mit Ihnen besprechen? Sie sprechen sich in ihren Schriften gegen die Ehe aus, plädieren aber gleichzeitig für die Legalisierung der Homoehe.«

»Wenn alle das Recht haben zu heiraten, muss es auch Schwulen und Lesben erlaubt sein, eine Ehe einzugehen. Ich halte die Ehe für ein einengendes Phänomen, aber in China wollen nun mal alle heiraten. Und da so viel geheiratet wird, ist es auch kein Wunder, dass fremdgegangen wird. Irgendwann wird die Ehe als Institution ausgespielt haben; China wird allerdings bestimmt das letzte Land sein, in dem sie abgeschafft wird. Die Familie ist nun einmal der Dreh- und Angelpunkt der chinesischen Gesellschaft.«

»Der Westen hat seine feministischen Ikonen wie Simone de Beauvoir, Naomi Wolf und Germaine Greer. Sind Sie in China eine Art Simone de Beauvoir?«

»Ach ja, was ist eine Feministin? Eigentlich hat die chinesische Sprache nicht einmal ein echtes Äquivalent für das Wort. Die chinesische Übersetzung von Feminismus lautet *Nüquan Zhuyi*: Frauenrechtsgruppe mit einer Idee. Wenn sich Autorinnen in den Medien zu Frauenrechten äußern, merken sie zuerst immer an, sie seien keine Feministin. Ich bezeichne mich durchaus als Feministin, weil ich mich für die Gleichberechtigung der Frauen einsetze.«

»Sie sind zweifellos die bekannteste Vorkämpferin für die Belange der Frauen in China. Arbeiten Sie mit einer Gruppe oder einer Organisation zusammen?«

»Ich glaube, ich bin wohl die Einzige, die regelmäßig in der internationalen Presse auftaucht. Aber außer mir gibt es auch andere. Nicht jede von ihnen steht allerdings gern im Rampenlicht. Wahrscheinlich gibt es in China zehntausende Feministinnen. Man kann sich in China heute auch für Frauenstudien an der Universität einschreiben. Sehen Sie sich nur die ACWF an, die gute Arbeit leistet und dazu beiträgt, die Stellung der Frau zu verbessern. Nur ist sie nicht täglich in den Medien zu vernehmen, da sie als Föderation eine staatliche Genehmigung benötigt, um ihre Meinung öffentlich zu verbreiten. Ich bin da unabhängiger, mein Arbeitgeber legt mir nur wenige Restriktionen auf. Hinzukommt, dass ich im Umgang mit den Medien erfahren bin und es mit leicht fällt, in der Öffentlichkeit zu reden. Im Internet habe ich meinen eigenen Blog, darüber hinaus veröffentliche ich regelmäßig Artikel. Als Professorin forsche ich viel bei der CASS. Wir sammeln Daten, ziehen gegebenenfalls Schlüsse und schicken sie zur Zentralverwaltung. Auf diese Weise versuchen wir, doch einen gewissen Einfluss auf die Entscheidungsfindung der Regierung auszuüben. Wir haben zum Beispiel die Stellung der Frau auf dem Land eingehend erforscht. Wir wollten uns ein klares Bild von der Erziehung der Mädchen auf dem Land machen und in Erfahrung bringen, wo die Knackpunkte liegen. Auf dem Land dürfen zum Beispiel Frauen nicht zusammen mit den Männern am selben Tisch sitzen und essen, wenn bedeutende Gäste anwesend sind. Auch die ACWF führt Studien zu Frauenthemen durch und unterbreitet der Politik Strategievorschläge. Die Vereinigung möchte unter anderem die Frauenquote im Nationalen Volkskongress von 23 auf 30 Prozent erhöhen, und sie hat auch dafür gesorgt, dass innerhalb jeder Dorf-, Gemeinde-, Bezirks- und Provinzverwaltung mindestens eine Frau vertreten ist. Die Folge ist leider, dass es bei dieser einen Frau bleibt. Trotzdem ist das ein Fortschritt. Die Studie der ACWF zur Benachteiligung von Frauen in der Gesellschaft hat ebenfalls viel bewirkt; aufgrund der Kampagnen der Föderation haben beispielsweise alle

Mädchen Zugang zu Schulbildung bekommen. Die ACWF betreibt auch eine Kampagne gegen häusliche Gewalt.«

»Sie sind für Ihre kritische Haltung gegenüber dem Staat und ihre freimütigen Standpunkte zum Thema Sex bekannt. Trotzdem äußern Sie sich in der Presse mit einem gewissen Verständnis für die Regierungspolitik. Sind Sie dem Staat gegenüber auch so milde gestimmt, wenn es um Zwangsabtreibungen geht?«

»Im Ausland bezeichnet man das als Zwangsabtreibung, doch in China sehen wir das anders. Schwangere Frauen wissen sehr wohl, welche Rechte sie haben. Wenn eine Frau ihre Quote überschreitet, kann sie wählen: Sie kann bezahlen oder ihr Kind abtreiben lassen. So regelt es das Gesetz und daran müssen sich die Frauen halten. Natürlich darf ein sechs Monate alter Fötus nicht mehr abgetrieben werden. Lokale Funktionäre, die das erlauben, müssen verurteilt werden. Ohne die Ein-Kind-Politik würde China heute um einiges schlechter dastehen. Es ist nicht zu übersehen, dass es sich die Reichen erlauben können, mehr Kinder zu bekommen, weil sie sich die Strafzahlungen leisten können. Das ist natürlich nicht fair, aber China ist nun einmal ein großes Land. Wir können die Ein-Kind-Politik wohl noch nicht ganz abschaffen, aber wir haben schon neun Ausnahmeregelungen in das Gesetz aufgenommen. Per Saldo muss sich nur noch ein Drittel der Bevölkerung strikt an die Ein-Kind-Politik halten. China hat keine andere Wahl. Dank der Ein-Kind-Politik hat das Land einen gewissen Wohlstand erlangt, haben alle Menschen etwas zu essen und darüber hinaus hat sich auch die Stellung der Frau ökonomisch und sozial stark verbessert

Seit Kurzem ist die Ein-Kind-Politik gelockert worden. Jungverheiratete Paare, die beide Einzelkinder waren, dürfen heute zwei Kinder bekommen. Die Praxis zeigt jedoch, dass viele junge Eltern gar kein zweites Kind mehr möchten. Die hohen Immobilienpreise, die langen Arbeitszeiten und die hohen Ausbildungskosten sind dafür ausschlaggebend. Natürlich gibt es Menschen, die die Ein-Kind-Politik ablehnen, doch sehr viele Frauen sind froh, nach dem ersten Kind ihre Pflicht erfüllt zu haben. Da Mao Zedongs ›eiserne Reisschüssel‹, die kostenlose Schulbildung und die Gesundheitsversorgung für alle abgeschafft wurden, müssen Frauen sehr hart arbeiten, um neben ihrem Beruf noch ein Kind großzuziehen und den Haushalt zu stemmen. Die Forderung, dass Kinder glücklich aufwachsen sollen, ist vielen chinesischen Eltern viel zu vage. Die Kinder werden erzogen, um es in der Gesellschaft zu etwas zu bringen. Sie sollen zu erfolgreichen Bürgern heranwachsen, die für ihre Eltern in deren alten Tagen sorgen können. In die Zukunft eines Kindes zu investieren, ist schon schwer genug.«[1]

Speziell für Hu Ye stelle ich noch eine Frage zu Lis Privatleben.

»Wie ich weiß, haben Sie in den Neunzigerjahren ihren Ehemann, den Dichter und Schriftsteller Wang Xiaobo, verloren, einen ganz besonderen Mann. Wie ist Ihr Leben ohne ihn?«

»Natürlich vermisse ich meinen Mann. Wir lagen intellektuell sehr auf einer Wellenlänge. Ich bin in meinem ganzen Leben noch keinem emanzipierteren Mann begegnet. Mein Mann war ein ganz normaler Arbeiter; unter Mao arbeitete er in einer kleinen Fabrik. Aber er schrieb auch. Ich hatte sein Werk schon gelesen, bevor ich ihn traf, und war eine Verehrerin seiner Poesie. Als wir uns begegneten, war ich bereits eine bekannte Wissenschaftlerin und angehende Starjournalistin. Es war ein umgekehrtes Aschenputtel-Märchen und Liebe auf den ersten Blick.«

Ich werfe einen kurzen Seitenblick auf Hu Ye und sehe sie eifrig schreiben. Ich habe den Eindruck, dass wir es damit genug sein lassen sollten. Wir bedanken uns höflich. Li Yinhe, Chinas größte Feministin unserer Zeit, steht auf, reicht jeder von uns die Hand und verlässt bedächtigen Schrittes das Restaurant.

---

1 Zwei Jahre nach dem Interview mit Li Yinhe gab die chinesische Regierung im Oktober 2015 das Ende der Ein-Kind-Politik bekannt. Fortan durften Paare auch zwei Kinder bekommen. Lesen Sie mehr dazu im Glossar.

KAPITEL 16

Die Schwertfrau Gao Yu

Sommer 2014. Meine Interviewreihe ist noch nicht komplett. Ich blättere nachdenklich in meinen Unterlagen. Beim Studium des Daoismus bin ich den ›Unsterblichen Frauen‹ begegnet und in der Geschichte der chinesischen Literatur den Schilderungen mutiger Frauen, die in männlicher Verkleidung Heldentaten vollbringen, um ihre Tochterpflichten zu erfüllen. Doch diese *Schwertfrauen* der Literaturgeschichte, die wir heute aus prachtvollen Filmen so gut kennen, kann ich noch nicht einordnen.

In *De onthoofde feministe* (*Die enthauptete Feministin*) schreibt der emeritierte Professor für chinesische Literatur, Wilt Idema, dass das Geschlecht der Frau etwa seit der Yuan-Dynastie (1279-1368) in Romanen und im Theater als ein mordendes Schwert dargestellt wird. Damit werde, so Idema, einem bekannten chinesischen Sprichwort künstlerisch Ausdruck verliehen: »Alle Frauen bewahren zwischen ihren Schenkeln ein Schwert.« Idemas Ansicht nach entsprangen die Erzählungen über Schwertfrauen der Kastrationsangst der Männer zu dieser Zeit. Bereits während der Song-Dynastie (960-1279) rekrutierte sich der Regierungs- und Verwaltungsapparat aus der männlichen Aristokratie des Landes. Doch vorher mussten die jungen Männer das unmenschlich schwierige Staatsexamen bestehen. Sport und Spiel traten in den Hintergrund. Sie bewiesen fortan ihre Kraft und Geschicklichkeit nicht mehr bei der Jagd, beim Fechten oder Polospiel, sondern forderten sich gegenseitig nur noch zum Wettstreit mit Feder und Pinsel heraus. Die gefährlichen Schwertfrauen waren keine literarische Schöpfung von Frauen, sie wurden von Männern und für Männer ins Leben gerufen. »Die Frau als Schwertkämpferin«, schreibt Idema, »ist die bewaffnete Version des Schreckgespenstes der chinesischen Männer: die eifersüchtige Hexe. Die eifersüchtige Hexe umgarnen ihren Herrn und Meister nicht nur, um ihn zu beherrschen, sondern auch und vor allem, um ihn daran zu hindern, sich Konkubinen zu nehmen oder sich mit den Konkubinen zu vergnügen, die er sich schon erwählt hat.« Die Schwertfrau ist eine Tigerin. Dazu schreibt Idema: »Das Symbol einer solchen eifersüchtigen Hexe ist die alles verschlingende Tigerin. Von der Tigerin mit ihren funkelnden Reißzähnen ist es in der Phantasie nur ein kleiner Schritt zu der Frau mit dem Schwert.« Die Frauen ihrerseits haben das Bild der Schwertfrau offensichtlich als Ansporn verstanden, sich außer Haus zu beweisen. Maxine Hong Kingston schreibt dazu in *Die Schwertkämpferin*:

> »Wir konnten nämlich Heldinnen werden. Schwertkämpferinnen. Eine Schwertkämpferin rechnete mit jedem ab, der ihrer Familie Schaden zufügte, und wenn sie dazu durch ganz China stürmen musste. Vielleicht wurden die Frauen einst als so gefährlich angesehen, dass man ihnen die Füße bandagieren musste.«
> (Kingston, S. 24)

Im März 2014 hatte ich Hu Ye geschrieben, dass ich gerne noch mit einer modernen Schwertkämpferin sprechen wolle, einer Nachfahrin, einer Tochter Hua Mulans, der Titelheldin meines Buches. Sollte im modernen China eine solche Kämpferin noch zu finden sein und hatte sie sich womöglich von der Ballade von Hua Mulan aus dem 6. Jahrhundert inspirieren lassen?

Auf den Straßen Chinas oder in der Armee laufen keine Frauen mit einem Schwert in ihrem Gürtel herum, doch die alte Kriegskunst Kung Fu ist sehr populär, auch bei Frauen. Eine Schwertfrau zu finden, war daher nicht schwer. Hu Ye vermittelte den Kontakt zu Gao Yu, einer fünfundzwanzigjährigen Frau, die früher Mitglied des *Wushu*-Nationalteams gewesen war, das bei den Olympischen Spielen 2008 in Peking am Demonstrationswettbewerb teilnahm. Da es ihr nicht gelungen war, in ihrem Sport die absolute Spitze zu erreichen, hatte Gao Yu das Team verlassen und begonnen, Informationstechnologie zu studieren. Sie trainiert noch immer vier Mal pro Woche.

Millionen von Frauen in China praktizieren eine Form des *Wushu*. *Wushu* ist ein Sammelbegriff, er bedeutet *Kampfkunst*. Der bei uns häufig verwendete Begriff Kung Fu ist ebenfalls ein Sammelbegriff, in deutscher Übersetzung bedeutet er allgemein *Geschicklichkeit*. Einer der wichtigsten *Wushu*-Stile, der Stil des ›Weißen Kranichs‹, wurde der Legende nach von einer Frau entwickelt. Von Wu Mei, besser bekannt unter ihrem kantonesischen Namen Ng Mui.

Wu Mei ist legendär. Sie lebte im 17. Jahrhundert zu Zeiten der Qing-Dynastie (1644-1912). Von ihrer Lebensgeschichte existieren mehrere Versionen. Die bekannteste erzählt, der damalige Mandschu-Kaiser Kangxi habe Befehl erteilt, das *Shaolin*-Kloster in der Provinz Henan zu vernichten. Der Ruhm der *Wushu*-Techniken, die sich die Mönche und Nonnen im *Shaolin*-Kloster angeeignet hatten, war bis zum kaiserlichen Hof vorgedrungen. Wenn sich dieses *Wushu* auch außerhalb des Klosters, in der Bevölkerung und bei seinen Rivalen, verbreiten sollte, musste Kaiser Kangxi um seinen Drachenthron bangen.

Wu Mei, eine betagte buddhistische Nonne, überlebte dank ihrer vortrefflichen Kampfkunst als eine von wenigen den Ansturm auf das Kloster. Sie zog sich in den Tempel des Weißen Kranichs auf dem heiligen Tai-Berg zurück und ersann eine Methode, um die Mandschu zu besiegen. Eines Tages beobachtete sie den Kampf einer Schlange mit einem Kranich. Die Schlange wand sich tückisch um den Kranich herum, den Moment abwartend, in dem sie zupacken konnte. Der Kranich blieb an seinem Platz und drehte sich mit der Schlange im Kreis, so dass er seine Belagerin ständig im Auge behalten konnte. Dann, im Bruchteil einer Sekunde und wie aus dem Nichts, schlug der Kranich mit einem mächtigen Flügelschlag tödlich zu. So erkannte Wu, wie sie ihren Kampfstil vereinfachen konnte und es entstand das Taiji des ›Weißen Kranichs‹.

Zu gewissen Zeiten stieg Wu Mei vom Tai-Berg herab, um in einem nahegelegenen Dorf ihre Einkäufe zu erledigen. Einmal begegnete sie dabei dem Tofuhändler Yan Er, der sie um Hilfe bat. Yan Er hatte eine Tochter, die ihrer Schönheit wegen von allen im Dorf bewundert und verehrt wurde. Sie hieß Yan Yongchun, der Mandarin-Name für Yim Wing Chun. Ein gefürchteter Bandenführer erhob Anspruch auf Yan Yongchun und drohte damit, ihren Vater und die Dorfbewohner zu ermorden, wenn das Mädchen ihn nicht heiratete würde.

Wu schmiedete einen Plan. Sie schlug dem Mädchen vor, den Bandenführer zu einem Kampf herauszufordern. Sollte sie den Kampf verlieren, würde sie ihn heiraten. Der Kampf sollte in einem Jahr stattfinden. Der Bandenführer stimmte natürlich zu. Doch in diesem Jahr lehrte Wu das Mädchen die Technik des Weißen Kranichs. Als der Kampf schließlich stattfand, besiegte die kleine Yan Yongchun den großen Bandenführer kinderleicht.

Yan Yongchuns Kampftechnik ist als der Yim Wing Chun-Stil bekannt geworden und hat durch Bruce Lee eine enorme Popularität erlangt. Bruce Lee ist also durch die Selbstverteidigungstechnik einer Frau zur Ikone des amerikanisch-chinesischen Machismo geworden.

Auch der Name Hua Mulans lebt in einer Form des *Wushu* fort, die schon in der Tang-Dynastie praktiziert und in jüngster Zeit weiterentwickelt wurde. In den Siebzigerjahren führte Ying Meifeng, eine junge Frau aus Shanghai, ein sehr elegantes *Wushu* speziell für Frauen ein: *Hua Mulan Quan*, eine Kombination aus Schwertkampf und Tanz mit bunten Fächern.

Peking, Juli 2014. Wir warten am Eingang des China Nationalities Museum im Norden von Peking auf Gao Yu. Ich werde von einem Filmteam eines niederländischen Nachrichtensenders begleitet, das eine Reportage über die Gleichstellung der Geschlechter in China dreht und unser Treffen filmen wird. Auf der gegenüberliegenden Straßenseite hält ein cremefarbener Toyota. Die Frau hinter dem Steuer steigt aus und winkt uns zu. Es ist Gao Yu.

Gao Yu ist 1 Meter 80 groß, schätze ich, sie hat ihr langes, glattes Haar zu einem hohen Pferdeschwanz zusammengebunden und trägt eine weitfallende Bluse über schwarzen Hotpants. Lange nackte Beine in Sommersneakers. Wir machen uns bekannt und verabreden, dass das Kamerateam in dem kleinen Bus hinter uns herfährt. Gao Yu leitet uns nach Changping, einem abgelegenen Vorort von Peking. Im Wagen ist es angenehm kühl, die Klimaanlage läuft auf Hochtouren, doch von dem faden Geruch eines Duftbäumchens wird mir leicht übel.

Gao Yu praktiziert Taijiquan. Eine Kampftechnik, die man meistens in verlangsamten meditativen Bewegungen zu sehen bekommt, die aber auch schnell ausgeführt werden kann. Die Philosophie des Taijiquan basiert auf dem *Yijing*, dem *Buch der Wandlungen*, das auch als Orakel- oder Weisheitsbuch bezeichnet wird, seine Praxis ist mit den Theorien von General Sunzi (544-circa 496 v. Chr.) vergleichbar, wie er in seinem Buch *Die Kunst des Krieges* beschrieben hat.

Taiji bedeutet wörtlich das *höchste Prinzip*, was auf die Erde und den Himmel verweist, *Quan* bedeutet *Faust*. Durch Entspannung leiht man sich gewissermaßen die Kraft der Erde. Das Sanfte bezwingt das Harte, das Langsame das Schnelle und das Schwache überwindet das Starke. Während andere Kriegskünste Schnelligkeit und Kraft benötigen, stützt sich Taiji auf Technik und Weisheit. Die großen Taiji-Meister sind heute im In- und Ausland berühmt. Indem sie Taiji praktizieren, können sie quasi in die Haut ihres Gegners schlüpfen. Sie können die Energie des Gegners haarfein erspüren und aufnehmen. So können sie augenscheinlich mit geringster Anstrengung ihren Gegner zu Fall bringen oder wie ein Papierknäuel durch die Luft werfen.

Gao Yu trainiert jede Woche mit dem berühmten *Wushu*-Meister Feng Zhongyun, erzählt sie. Feng ist auch Maler, seine Werke sind in Ausstellungen überall auf der Welt zu sehen. Feng weihte Gao Yu in die Geheimnisse des Taiji ein und lehrte sie das Kalligrafieren.

Vor nicht allzu langer Zeit war sein Werk auch in den Niederlanden zu sehen. Mit anderen Künstlern, Musikern und *Wushu*-Meistern hat er in Changping eine Kommune gegründet. Changping ist für mich kein unbekanntes Terrain. Colin Zhang, mein früherer Assistent, wohnt dort. Er hat zwei Appartements gekauft, in denen er mit seiner Frau Jia, seiner ältesten Tochter Mei, seinem Schwiegersohn Ru und seinem Enkelsohn Niu Niu wohnt. Sie wohnen im Bereich eines Kurortes, der für seine heißen Quellen berühmt ist. Colin weiß, dass ich heute Mittag im *Wushu*-Zentrum bin, um Gao Yu zu interviewen.

Unterwegs – die Autofahrt dauert anderthalb Stunden – erklärt mir Gao Yu schon das eine oder andere über ihre Form des *Wushu*. Sie übt Taijiquan in der *Chen*-Tradition aus. Die externe Form des Taiji, die sie betreibt, lasse sich unterteilen in *Taolu*, den ausführenden, ästhetischen Stil, der aus bestimmten Formen und Akrobatik besteht, und in *Sanda*, den freien Kampfstil.

Gao Yu praktiziert *Taolu* mit Schwertern und Dolchen im modernen Stil mit aufeinander folgenden, meist fließend ineinander übergehenden Bewegungen, der 2008 zum ersten Mal als Demonstrationssportart auf dem olympischen Programm stand. Eigentlich kombiniert sie unterschiedliche Techniken, wodurch sie einen eigenen, einzigartigen Stil entwickelt hat.

»Ich habe immer gedacht, Taiji sei eher etwas für Jungs«, sage ich, während ich Augenkontakt zu Gao Yu im Rückspiegel suche. Sie schüttelt leicht den Kopf.

»Da irrst du dich. Taiji ist sowohl bei Jungs wie auch bei Mädchen populär, auch wenn die Jungs in der Mehrheit sind. Im alten China gehörte das Erlernen von Kampftechniken zur Erziehung«, erzählt Gao Yu, »vor allem bei Jungs, aber manchmal auch bei Mädchen. Meine Mutter brachte mich zum Taiji, als ich sechs war. Ich war oft krank und meine Mutter dachte, Taiji könne mich kräftigen. Ich fand es anfangs entsetzlich langweilig, aber ich machte schnell Fortschritte und war bald nicht mehr zu bremsen. In meinem Taiji geht es immer um die Ausführung der Formen, für die man, ähnlich wie beim Turnen, Punkte bekommt. Alles dreht sich um die Beherrschung der eigenen Atmung und des Qi. Das Qi sammelt man im unteren *Dantian*, einem Punkt knapp unterhalb des Bauchnabels. Dort speichert man auch seine sexuelle Energie. Sie ist die Grundlage von allem, der Motor des Lebens. Wenn man die Hand vom *Dantian* aus wie eine kleine Schaufel am Körper entlang nach oben bewegt, nimmt man die sexuelle Energie mit der Kraft seiner Gedanken mit. Dabei ist die Atmung sehr wichtig. Kraft erzeugt man aus entspannten Muskeln, nie aus angespannten Muskeln.«

Wushu ist tausende Jahre alt und umfasst Dutzende von unterschiedlichen Kampfstilen, die sich im Laufe der Zeit entwickelt haben. Ursprünglich war es eine Kriegskunst, die dazu diente, Haus, Besitz und Leben zu verteidigen. Die Kampfstile des Taijiquan gingen aus fünf Familientraditionen hervor, wovon der Stil der Familie Chen aus dem Dörfchen Chenjiagou in der Provinz Henan der wohl bedeutendste ist. Gegen Ende des Kaiserreiches hatte Taiji als Kriegskunst allerdings ausgedient: Kein Taiji-Meister konnte sich den Kugeln westlicher Feuerwaffen erwehren. So entwickelte sich Wushu stärker zu einem Volkssport, der mehr Wert auf die großen offenen Bewegungen legte, die wir heute als charakteristisch für Taiji erachten. Mao Zedong kam diese Entwicklung sehr gelegen. Er hielt die traditionelle Kriegskunst für militant und elitär und war von den magischen Aspekten des Taiji gleichermaßen fasziniert und abgestoßen. Als reiner Kampfsport wurde Taiji in der neugegründeten Volksrepublik China verboten und verlor an Bedeutung. Dafür traten nun die persönliche Entwicklung, Meditation und Show in den Vordergrund. Mao machte eine Art ›volkstümliche Morgengymnastik‹ daraus und während der Kulturrevolution landeten viele Taiji-Meister, die sich dieser Entwicklung nicht gefügt hatten, in Straflagern.

In den letzten Jahren ist in China das Interesse an den alten ›inneren‹ Taiji-Stilen, die stark gesundheitsfördernde Eigenschaften haben, gewachsen. Das ist auch leicht nachzuvollziehen: Mit knallharten und effektiven Kampftechniken kann man in der heutigen Gesellschaft nicht mehr so viel anfangen, wohingegen die sanften meditativen Formen gegen Stress und Krankheit helfen.

Ich möchte gerne wissen, warum Gao Yu schon seit Jahren eine nach außen gerichtete Form des Taiji praktiziert. Um sich selbst verteidigen zu können, zum Beispiel gegen Männer? Um mehr Selbstvertrauen zu gewinnen? Oder will sie einfach fit bleiben?

»Was ich tue, hat nichts mit Selbstverteidigung zu tun. Wenn man sich selbst verteidigen will, muss man die Mitte des eigenen Körpers schützen. Die Bewegungen, die ich ausführe, sind dafür zu offen. Ich gewinne durch meine Übungen allerdings tatsächlich mehr Selbstvertrauen und werde mir meiner Grenzen sehr bewusst. Mein Körper hat eine eigene Intelligenz entwickelt, die nach dem richtigen Gleichgewicht sucht, doch dazu bedarf es jahrelangen Trainings. Mein Körper ist darauf trainiert, Gefahr wahrzunehmen; mich kann nichts mehr so schnell überraschen. Außerdem habe ich ein heiteres Gemüt und fühle mich meistens entspannt. Wenn ich in Aktion trete, bin ich natürlich ziemlich gefährlich, aber ich weiß, was ich tue, und versuche Konfrontationen zu vermeiden. Wenn ich mit anderen umgehe, spüre ich schnell, ob meine Energie zu der des anderen passt. Wenn das nicht der Fall ist, gehe ich dieser Person aus dem Weg, um keine Energie zu vergeuden. Alles ist eine Frage der Energie, im Westen seid ihr euch dessen nicht so bewusst. Ich bin natürlich noch sehr jung, aber ich versuche mich selbst immer weiter zu verbessern. Manchmal bin ich zu hektisch oder setze mich selbst unter Druck. Dann weiß ich, dass mich mein Taiji wieder ins Gleichgewicht bringen kann.«

Wir fahren über eine endlos lange Straße an einem trockenen Flussbett entlang. Auf der Böschung stehen kahle Weiden und Bambusbüsche. Weiß und grau gekleidete Frauen und Männer laufen oder radeln die Straße entlang; manche tragen große karierte Plastiktaschen. Wir kommen an ärmlichen Geschäftsgebäuden vorbei, an deren Fassaden Reklame in Form von länglichen, blassroten Bannern voller weißer Schriftzeichen hängt. An der Kreuzung halten wir an, um ein Lastenfahrrad vorbeizulassen. Ich höre das Zirpen der Grillen und fühle mich in das Peking von 1980 zurückversetzt.

Ein Sandweg führt uns zu einem im Grün der Bambusbäume verborgenen Gebäudekomplex, wo wir auf dem Parkplatz aussteigen. Hu Ye und ich gehen auf einem von Bambus überwucherten Pfad hinter Gao Yu her, als seien wir in einem chinesischen Wald auf der Suche nach den letzten Pandas. Vor einem schlichten Gebäude mit einer Glasfront stehen zwei chinesische Holzstühle. Am Rand eines kleinen Weihers räkeln sich zwei junge Katzen im Sand. Durch eine Glastür betreten wir einen dunklen Raum, der eher einem großen Terrarium gleicht; der Raum ist mit Balustraden und offenen Bereichen ausgestattet, in denen Arbeitsplätze eingerichtet sind, die durch Wasserspiele und Bambus voneinander getrennt werden. An einem langen Tisch sitzt ein Mann in traditioneller chinesischer Kleidung und kalligrafiert. Ihm gegenüber arbeitet ein etwas jüngerer Mann an einer Drehscheibe mit einem Klumpen Ton. Das Terrarium atmet einen Geist von Schlichtheit und Tradition.

»Das alles hat Feng Zhongyun, der berühmte Maler und Taiji-Meister, ins Leben gerufen«, erklärt Gao Yu. »Während der Studentenaufstände war Meister Feng Zhongyun eine Schlüsselfigur, doch daran möchte er lieber nicht mehr erinnert werden. Später hat er viel Geld verdient, vor allem mit seinen Gemälden.«

Ich schaue mich um und versuche den Raum in mich aufzunehmen. Er scheint eine Freistatt, ein Niemandsland zu sein, zu dem die KPCh und die Leistungs- und Konsumgesellschaft keinen Zugang haben. Hier wohnen Künstler, die biologisches Gemüse anbauen und ihre Mahlzeiten gemeinsam zubereiten. Alternative Lebensgemeinschaften wie diese liegen im Trend. Bemerkenswert, denke ich bei mir. Das sind Menschen, die einen anderen Weg wählen; schon allein deshalb sind sie mutig.

Der junge Mann an der Töpfer-Drehscheibe ist aufgestanden, um Gao Yu zu begrüßen. Er stellt sich als Zhen Wang vor und er nimmt uns mit nach draußen, zu einer Führung über das Gelände. Unter einem Vordach steht eine Art Totempfahl mit hölzernen Vorsprüngen verschiedener Länge. Das Totem ist ein Dummy, an dem der Taiji-Schüler seine Bewegungen üben kann.

Gao Yu hat sich inzwischen für eine kurze Taiji-Demonstration bereitgemacht; sie hat ein weitfallendes weißes Hemd und eine weiße Seidenhose angezogen, womit sie wirkt, als sei sie einem chinesischen Kampfsportfilm entsprungen. Ich schaue ihr von einer verrosteten Hollywoodschaukel mit einer verblichenen Abdeckung über meinem Kopf und einem schnurrenden Kätzchen auf dem Schoß zu.

Zhen Wang steht neben ihr und begleitet Gao Yu auf seiner Okarina. Das kleine Instrument hat er selbst getöpfert und gebrannt. Er bläst darauf und die zarten Klänge umrahmen Gao Yus graziöse Bewegungen, mit denen sie sich wie ein Bambusstab im Wind hin und her bewegt. Ihre Beine scheinen zu schweben, während sie die Taiji-Formen im Wechsel schnell und langsam tanzt. Gao Yu tanzt keine erkennbare Geschichte, doch erweckt sie in ihrer weißen Tunika mit ihren anmutigen, langsamen Tanzschritten in meinen Gedanken die Legende der *Weißen Schlange* zum Leben. Diese aus der Song-Dynastie stammende Geschichte wurde von Generation zu Generation weitergeben und lebt heute in Filmen, Comicstrips und Seifenopern weiter.

Ich erinnere mich, als ich 2007 mit Colin auf der Suche nach dem Grabmal der Freiheitskämpferin Qiu Jin war. Damals waren wir am Westsee unterwegs und hatten am gleichen Tag an der Südseite des Sees die Stufen zur alten Leifeng-Pagode erklommen, um die Holzschnitzereien zu bewundern, die die Geschichte der *Weißen Schlange* schilderten, die einst im Turm der Pagode eingeschlossen war:

Lü Dongbin, einer der *Acht Unsterblichen*, steht als Markthändler verkleidet auf der Zerbrochenen Brücke am Westsee, um Arzneikräuter zu verkaufen. Da kauft Xu Xian, ein junger Mann aus der Stadt, ein Säckchen mit Kräutern bei ihm, ohne zu ahnen, dass ihn die Kräuter unsterblich machen können.

Am nächsten Tag fehlt ihm jeglicher Appetit und er beschließt, den Markthändler zur Rede zu stellen. Lü Dongbin lacht Xu Xian aus und führt ihm zum Rand der Zerbrochenen Brücke. Er hebt ihn an den Beinen hoch, hält ihn kopfüber, so dass er die Kräuter über dem Wasser des Westsees ausspeit.

Im See schwimmt eine weiße Schlange, die sich schon sehr lange darum bemüht, ein Mensch zu werden. Als die Schlange Xu Xians Erbrochenes verschlingt, erlangt sie magische Kräfte. Eine Schildkröte, ebenfalls ein Geist, beobachtet das Geschehen und ist neidisch, weil ihr der Happen vor ihrer Nase weggeschnappt wurde.

Eines Tages sieht die *Weiße Schlange* auf der Zerbrochenen Brücke einen Bettler, der eine grüne Schlange gefangen hat und im Begriff ist, ihr die Galle herauszuschneiden, um sie zu verkaufen. Da verwandelt sich die *Weiße Schlange* zum ersten Mal in eine bildschöne Frau mit Namen Bai Suzhen. Sie ist die Weiße Dame. Bai kauft dem Bettler die *Grüne Schlange* ab. Danach leben die *Weiße Schlange* und die *Grüne Schlange* achtzehn Jahre als verschworene Freundinnen zusammen.

Dann, während des *Qingming*-Festes, dem chinesischen Allerseelen, verwandeln sich beide Schlangen in bildschöne Frauen: Bai Suzhen und Xiaoqing. Gemeinsam gehen sie über die Zerbrochene Brücke, auf der sie Xu Xian begegnen, der einst die Kräuter der Unsterblichkeit in den Westsee gespien hatte. Xu leiht den Frauen seinen Schirm und verliebt sich Hals über Kopf in Bai Suzhen. Die beiden werden ein glückliches Paar.

Die Schildkröte aus der Geschichte hat inzwischen durch jahrelanges Üben genügend spirituelle Kraft erlangt, um ein Mensch zu werden, sie hat sich in einen buddhistischen Mönch mit Namen Fahai verwandelt. Während des Drachenboot-Festes schmeichelt sich der Mönch bei Xu Xian und seiner schönen Frau ein. Er bietet ihnen ein Glas Wein an. Als Bai Suzhen an dem Weinglas nippt, verwandelt sie sich auf einen Schlag in die Weiße Schlange. Vor Schreck erleidet Xu Xian einen Herzanfall und stirbt auf der Stelle.

Da eilt Xiaoqing der *Weißen Schlange* zu Hilfe. Sie bringt ihre Herzensfreundin und ihren Mann zum Berg Emei in Sichuan, wo sie für Xu Xian ein Lebenselixier findet. Nachdem er ins Leben zurück-gekehrt ist, erkennt er, dass er Bai Suzhen – obwohl er nun ihr Ge-heimnis kennt – immer noch liebt. Aber die Schildkröte gibt sich nicht geschlagen: Der Mönch Fahai entführt Xu Xian und sperrt ihn im Turm der Leifeng-Pagode auf der Südseite des Westsees ein. Mit Schwertern bewaffnet stürmen Bai Suzhen und Xiaoqing den Turm, um Xu Xian zu befreien – mit Erfolg.

Jahre später, als das Paar bereits einen Sohn bekommen hat, wird Bai erneut von Fahai gefangen und im Turm der Pagode festgesetzt. Erst nach zwanzig Jahren wird Fahai von der *Grünen Schlange* besiegt; er flieht und versteckt sich im Bauch einer Krabbe. Heute noch erzählt man sich in China, dass das orange Fett einer Krabbe seine Farbe Fahais Mönchskutte zu verdanken habe.

Als Gao Yu ihr Schwert wegsteckt und das Okarinaspiel verstummt, gehen wir wieder ins Haus, wo wir schon kurz darauf in die weichen Kissen eines Sofas im Wintergarten des Künstlerzentrums sinken und noch ein wenig weiterplaudern, natürlich nicht ohne Tee. Ich frage Gao Yu, ob sie die Legende von Hua Mulan kennt, und wenn ja: was sie für sie bedeutet.

»Ich halte sehr viel von Hua Mulan. Sie ist für mich immer ein Vor-bild gewesen: körperlich stark, geistig unabhängig, loyal. Ebenso wie die Charaktere in den *Wuxia*, den Kriegskunstbüchern meines Lieb-lingsautors Jin Yong. Eines seiner Bücher, *Return of the Condor Heroes*, habe ich richtig verschlungen. Vielleicht lag es an diesen Geschich-ten, dass ich es in der Schule immer sehr sonderbar fand, dass sich die Jungs weniger anstrengten als die Mädchen. Wenn die Mädchen etwas nicht konnten, galten sie als zu dumm oder unbegabt. Aber wenn die Jungs unter dem geforderten Leistungsniveau blieben, nah-men die Lehrer einfach an, dass sie sich nicht genug anstrengten. Im Zweifelsfall nahm man bei ihnen immer das Beste an. Es hieß dann: ›Ach, das wird schon noch‹. Aber ohne sich anzustrengen, erreichst du nichts, ob du nun ein Junge oder ein Mädchen bist. Chinesische Mädchen sind heute oft besser als Jungs, nicht nur im Sport, son-dern auch in der Schule. In China haben wir dafür im Internet ein Wort: *Nü Hanzi*, die männliche Frau. Ich denke, dass ich so eine Frau bin. Ich drücke mich nicht vor Verantwortung. Ich habe keine große Klappe, lasse mich aber auch nicht beiseiteschieben. Bei uns haben

Abb. 17: Gao Yu und die Autorin.

die Männer das Sagen, Mädchen werden von Kindesbeinen an darauf getrimmt, den Mund zu halten. Viele Frauen denken deshalb, dass sie kein Recht auf ihre eigene Meinung hätten, dass sie in der Welt nichts zu melden hätten. Das verunsichert die Frauen, deshalb fehlt es ihnen an Selbstbewusstsein. Ich versuche ein Gleichgewicht zwischen Bescheidenheit und Selbstbehauptung zu finden, zwischen meiner weiblichen und meiner männlichen Seite.«

Gao Yu und ich tauschen einen verständnisvollen Blick aus. Was diese junge Frau mit ihren fünfundzwanzig Jahren weiß, habe ich erst viel später herausgefunden, obwohl ich doch dreißig Jahre damit beschäftigt war, das Gleichgewicht in meinem Körper zu finden.

Durch sexuelles Erwachen entwickelt man eine Persönlichkeit, lernt man die eigenen Wünsche und Sehnsüchte kennen und löst sich von seinen Eltern.

»Ihr gehört der Ein-Kind-Generation an«, fahre ich fort. »Chinas neue Männer und Frauen sind kleine Kaiser und Prinzessinnen. Könnt ihr euch denn überhaupt auf jemand anderen einstellen?«

»Das hängt von deiner Erziehung ab. In den Chatrooms im Internet ist das Prinzessinnensyndrom bei Mädchen ein beliebtes Thema. Der chinesischen Tradition nach gehorcht eine Frau ihrem Mann. Sie macht, was er will. Doch weil sie für sich selbst nichts einfordert, wird sie passiv und überlässt alles ihrem beschützenden, überlegenen Mann. Das beginnt schon, während er ihr den Hof macht, und in der Verlobungszeit. Mädchen lassen sich ihre Wünsche von den Augen ablesen. Sie haben etwas über die moderne Frau gelesen, die ihre Bedürfnisse und Interessen nicht mehr zurückstellt und für sich selbst eintritt, verstehen aber nicht wirklich, was damit gemeint ist. Sie haben sich keinerlei soziale Kompetenzen angeeignet und schießen deshalb weit über das Ziel hinaus und verhalten sich wie verwöhnte Prinzessinnen. So entfremdet sich das moderne Liebesleben von der Tradition. Kannst du dir vorstellen, was passiert, wenn zwei solch verwöhnte Kinder heiraten?«

»Ich weiß, was eine Feministin ist«, fährt Gao Yu fort, »aber ich bin keine und ich werde auch nie eine werden. Manche Leute halten mich für eine gefährliche Frau. Das ist vielleicht richtig, denn ich weiß, was ich will. Ich bin körperlich sehr stark und gebe nicht so schnell auf. Doch im Innern bin ich sanft geblieben. Wenn ich jedoch mit etwas nicht einverstanden bin, halte ich damit nicht hinterm Berg, und wenn eine Beziehung in die Brüche geht, suche ich nicht automatisch die Schuld bei mir, ebenso wenig wie bei dem anderen. Ich würde irgendwann schon gerne heiraten, aber Mister Right fällt nicht vom Himmel. Meine Eltern setzen mich zwar langsam etwas unter Druck, aber daraus mache ich mir nicht viel. Sie sagen manchmal zum Spaß: ›He, *Shengnü*, wie geht es dir? Immer noch allein?‹ Aber das halte ich schon aus, sie haben mich immer unterstützt. Was für einen Mann ich suche? Einen verantwortungsvollen Mann, der zu einer überlegten Wahl fähig ist und mich nicht nach meinem Aussehen beurteilt. Ich habe überhaupt kein Problem damit, eine sogenannte *Luo Hun*, eine *nackte Ehe*, einzugehen. Eine *nackte Ehe* ist eine Ehe ohne ein Haus und den Besitz, die ein junger Mann üblicherweise von seinen Eltern mitbekommt. Nein, Geld ist für mich überhaupt nicht wichtig. Ich habe auch keine Schwierigkeiten damit, Hausfrau zu werden, aber mein Mann müsste verstehen, dass ich weiter meiner Arbeit und meinen Hobbys nachgehen will. Ich möchte weiterhin Unterricht geben und kalligrafieren, auch als Hausfrau.«

Dann höre ich plötzlich die Stimme von Colin Zhang, der in den Wintergarten kommt, um mich zu begrüßen. Ich bin freudig überrascht, auch wenn mein Gespräch mit Gao Yu, das ich sehr genossen habe, damit offenbar ein abruptes Ende findet. Colin wird von seiner Frau Jia begleitet. Ich stehe auf und wir umarmen uns. Gao Yu lädt Colin und seine Frau ein, sich zu uns auf das Sofa zu setzen. Colins Gesicht wirkt älter; er sieht ein wenig bedrückt aus. Mir wird bald klar warum. Gestern habe er von seiner jüngsten Tochter Winnie und seinem vierzehnjährigen Enkel Kaikai, seinem Augenstern, Abschied genommen, erzählt er. Colin hat Kaikai von Kind auf großgezogen und nun hat er seinen ›größten Freund‹ gerade ins Flugzeug gesetzt. Winnies Mann besitzt ein erfolgreiches Containerunternehmen und emigriert mit seiner Familie nach Kanada.

»Kaikai wird ein neues Leben beginnen«, sagt Colin. »In China gibt es für ihn keine Zukunft. In Kanada kann er sich frei fühlen und glücklich sein. Für Winnie ist es auch eine wunderbare Gelegenheit, ihrem Leben eine andere Wendung zu geben und ihre Beziehung neu zu beleben. Weißt du, wir leben immer mehr füreinander, aber nicht mehr miteinander. Winnie ist nun zweiundvierzig Jahre alt, für sie es ist noch nicht zu spät, Neues zu lernen. Sie hat gerade ihren Führerschein gemacht und wird ihr Englisch aufpolieren müssen, denn ihr Mann wird die Hälfte des Jahres geschäftlich in China sein.«

Die Runde verfällt kurz in Schweigen, doch dann kommt der Okarinaspieler in den Wintergarten, um uns zu einem späten Mittagessen einzuladen. Die Bewohner des Künstlerzentrums haben etwas Gesundes gekocht. Wir gehen nach unten und betreten einen geräumigen, schlicht eingerichteten Raum, in dem wir an einem großen, runden Tisch Platz nehmen. Die dampfenden Speisen sind in Schüsseln und Schalen auf einem gläsernen Drehplateau angerichtet. Es gibt Mais, Nudeln und *Mu'er* auf. *Mu'er* sind ›Baumohren‹, schwarze ohrenförmige Pilze, die an Baumstämmen wachsen, eine chinesische Delikatesse. Als wir nach dem Essen noch ein wenig beisammensitzen, schwelgt Colin in Erinnerungen an meine Zeit als Korrespondentin. Wir sprechen Englisch. Hu Ye dolmetscht für Gao Yu.

»Weißt du noch, wie wir nach der Statue und dem Grab von Qiu Jin in Hangzhou gesucht haben?«

»Ja«, sage ich, »dass war 2007, das ist schon wieder sieben Jahre her.«

»Genau, damals hast du dich mit Hua Mulan beschäftigt. Du warst auf der Suche nach kämpferischen Frauen in China. Du hast dich gefragt, ob moderne Frauen Hua Mulan und Qiu Jin noch kennen und ob sie sie als ihre Ikonen ansehen. Viel verstanden habe ich von Deinem Forschungsanliegen damals nicht. Und eigentlich verstehe ich es noch immer nicht, aber ich hoffe, dass du jetzt mehr weißt und Antworten auf deine Fragen gefunden hast.«

Colin legt mir eine Hand auf die Schulter und schaut mich mit dem freundlichen, leicht ironischen Blick an, den ich so gut von ihm kenne. Gao Yu, der Hu Ye übersetzt, was Colin in Englisch zu mir gesagt hat, sehe ich lachen und ich denke bei mir, aber sie hat mein Anliegen verstanden.

Epilog

Frauen sind sexuelle Wesen, auch in China.

Als ich vor drei Jahren damit begann, mir die ersten Notizen für dieses Buch zu machen, hatte ich vor, ein Gesamtbild der Frau in der chinesischen Geschichte, ihrer Emanzipation und ihrer heutigen Stellung innerhalb der Gesellschaft zu zeichnen. Diesen groß angelegten Entwurf habe ich bei Weitem nicht verwirklichen können. *Mulans Töchter* ist nicht mehr als ein bescheidenes Kaleidoskop der Geschichte der Sexualität der chinesischen Frau und ihrer heutigen Haltung dazu. Hua Mulan und Qiu Jin waren meine Inspirationsquellen. Pearl S. Buck mein Leitstern.

In den Jahren 2012, 2013 und 2014 bin ich mehrere Male nach Peking gereist, wo ich mit unverheirateten Frauen zwischen zwanzig und fünfunddreißig Jahren sprach und zwei Expertinnen für Frauenfragen sprechen konnte. Per E-Mail hielt ich mit meiner Assistentin und Dolmetscherin Hu Ye Kontakt. In Peking, hinter meinem Schreibtisch, mit meiner Nase in den Büchern und im Internet recherchierend erkundete ich die Rolle, die die Frau im Laufe der Jahrhunderte in China gespielt hat.

Hu Ye erläuterte mir, was es für ihre Großmutter bedeutete, gebundene Füße zu haben. Mit Danielle Liu sprach ich über plastische Chirurgie, in vielerlei Hinsicht eine neue Form der Verstümmelung, aber für das Gros ihrer Klienten unentbehrlich, um Karriere zu machen und Selbstvertrauen zu erlangen. Ich lernte den althergebrachten Brauch des Verkuppelns kennen und sprach mit Jiujiu, einer jungen, sehr reichen Frau aus einer Familie von Bildschnitzern, die aufgrund ihres starken Charakters und ihres Reichtums in den Augen der Männer als *Essensrestchen* gilt. Die beiden für die Firma Durex arbeitenden Lesben Zheng Yue und Hongli erzählten mir alles über Empfängnisverhütung. Ich sprach mit Xia Yewei, einer dreiundzwanzigjährigen Frau, die ein schwieriges Verhältnis zu ihren Eltern hat und über

Facebook ihren taiwanesischen Freund Hai Tou kennen und lieben lernte. Und ich sprach mit Lanlan, einer engagierten Kämpferin für die Belange chinesischer Prostituierter. Xu Tu vom Sexsalon und die Sexologin Zhen Hongli erzählten mir, auf welche Weise sie Frauen darin unterstützen, ihre eigenen sexuellen Wünsche zu entdecken. Ihre Devise: Baue zunächst einmal eine Beziehung zu dir selbst auf, bevor du eine Beziehung mit einem anderen eingehst. Ai Ke, deren Mutter Bühnenbildnerin an der Peking-Oper war, entwickelte sich zu einer Aktivistin, die als Schauspielerin mit *Yindao-zhidao*, der chinesischen Version von Eve Enslers *Vagina Monologen*, durchs Land reist. Die Feministin und Philosophin Li Yinhe, die sich für Menschen mit abweichenden sexuellen Vorlieben einsetzt, legte mir dar, was es mit dem chinesischen Feminismus auf sich hat. In Gao Yu fand ich eine moderne *Schwertfrau*, die in der daoistischen Tradition steht.

Im Verlauf der chinesischen Geschichte begegnet uns gelegentlich eine lockere, dann wieder eine puritanische Sexualmoral. Heute ringen die chinesischen Frauen noch immer mit den kulturell verankerten Ansichten des Konfuzianismus zu ihrer Sexualität und ihrer sozialen Rolle.

Das physische und psychische Leid, das chinesischen Frauen über all diese Jahrhunderte hinweg angetan wurde – es wird in den Romanen von Pearl S. Buck anschaulich beschrieben – hat mich tief ergriffen.

Allmählich begann ich zu verstehen, warum die Legenden, Geschichten und Filme über Schwertfrauen wie Mulan, die Fu-Schwestern und Sun Bu'er so populär sind, und wo das grausame Füßebinden herrührt.

Frauen, Ehefrauen, Kurtisanen, Konkubinen und Sklavinnen: sie alle waren dem Mann untertan. Die romantische Liebe gab es nur in Erzählungen. Frauen sublimierten ihre Sexualität in buddhistischer Meditation und taoistischen Übungen. Mit ihren gebundenen Füßen als begehrenswertes Sexobjekt konnten sie Macht über die Männer ausüben.

Als das Füßebinden nach dem Fall des Kaiserreiches verboten wurde, geriet die Frau in ein Vakuum. Worauf sollte sie nun ihre Identität, ihr Selbstvertrauen und ihre Macht über den Mann gründen?

Im Shanghai der Zwanzigerjahre lässt sich das Aufkommen der mondänen Frau beobachten: einer modernen Kurtisane im Hollywoodstil der Stummfilmzeit. Voller Hingabe stürzt sie sich in das dekadente Leben der neuen Zeit, die von der Kultur der Siegermächte des Ersten Weltkriegs angeregt wird: von Amerika, England und Frankreich.

Das Jahr 1949 ist nicht nur das Geburtsjahr der Chinesischen Volksrepublik, es markiert auch den Beginn großer Veränderungen für die Frauen. Mao Zedong erließ ein Ehe- und Scheidungsgesetz, demzufolge eine Ehe nur noch mit der Zustimmung beider Partner geschlossen werden durfte. Das Konkubinat, Polygamie und das gewerbliche Verkuppeln wurden verboten. Im Scheidungsgesetz wurde festgelegt, dass Frauen und Männer gleichermaßen eine Scheidung beantragen konnten. Außerdem durften Frauen von nun an Land besitzen.

Im weiteren Verlauf hat die Kulturrevolution unter dem Deckmantel der Kameradschaft zwischen Mann und Frau die sexuelle Identität von Frauen gründlich aus deren Bewusstsein gespült.

Nach fünfunddreißig düsteren Jahren, bar jeglicher Weiblichkeit, öffnete Deng Xiaoping die Türen Chinas für die Weltwirtschaft, und damit auch die Türen der internationalen Modehäuser für die chinesische Frau. Doch hat sie dadurch auch ihre sexuelle Macht wiederentdeckt? Das ist, wie mir klargeworden ist, ein langer Prozess, der gerade erst begonnen hat. Junge Frauen, die Anspruch auf ihre eigene Sexualität erheben, müssen sich von Familientraditionen und kulturell tief verwurzelten Verhältnissen zwischen Mann und Frau befreien und haben es dabei unverkennbar schwer.

Der Kulturrevolution sind unzählige Tempel und Bücher zum Opfer gefallen, nicht aber die Art und Weise, wie Männer und Frauen übereinander denken.

Die Gleichberechtigung von Mann und Frau und die Rechte von Frauen waren für die KPCh kein Ziel an sich, sondern lediglich ein Teil des Klassenkampfes. Die Ein-Kind-Politik stand nicht im Zeichen der Emanzipation der Frau, sondern diente der Armutsbekämpfung. Gleichwohl haben Mao Zedongs Gleichschaltung von Männern und Frauen, die Ein-Kind-Politik und die Öffnung Chinas für den internationalen Markt durchaus zur Verbesserung der Stellung der Frau beigetragen.

Was mir in allen meinen Gesprächen auffiel, war der Mangel an Vertrauen zwischen den Geschlechtern. Misstrauen ist generell ein großes gesellschaftliches Problem im heutigen China, in dem Vorschriften zur Lebensmittelsicherheit nicht eingehalten werden, die Korruption wilde Blüten treibt, es an gegenseitiger Kontrolle in Verwaltung und Politik mangelt und traditionelle Vorstellungen von der Ehe schwerer wiegen als die Idee gleichberechtigter sexueller Beziehungen zwischen den Menschen.

Die junge Generation städtischer Frauen, die ich interviewt habe, ist im Begriff, sich aus den traditionellen Rollenmustern zu befreien, doch die alte Kultur der Eheanbahnung herrscht noch immer vor, und der Druck zu heiraten ist für Frauen wie für Männer enorm. Das erklärt auch die Popularität von Dating-Sites, von Dating-Sendungen in der Fernsehunterhaltung und den Kuppelmärkten in den Stadtparks.

Die Ein-Kind-Politik, die in China vorherrschende Präferenz für das männliche Geschlecht und der Umstand, dass hochqualifizierte Frauen immer häufiger unverheiratet bleiben, führen zu einem Männerüberschuss, der 2020 auf rund 24 Millionen angestiegen sein wird. Die nachteiligen sozialen Folgen dieser Entwicklung zeichnen sich bereits ab: die Zahl der Gewaltverbrechen nimmt in den Regionen zu, in denen unverheiratete Männer überrepräsentiert sind, und in den Grenzregionen von Birma, Vietnam, Thailand, Nordkorea und Russland blüht der Frauenhandel.

Frauen sind in der Minderheit und daher ein rares Gut. Sie warten länger, bis sie heiraten, und sind in ihrer Partnerwahl wählerisch geworden. Männer müssen die immer höheren materiellen Ansprüche der Frau und ihrer Familie erfüllen: ein Haus, ein Auto und einen guten Job.

Die amerikanische Autorin und Wissenschaftlerin Leta Hong Fincher schildert in ihrem Buch *Leftover Women* (2014) Eltern, die nicht bereit sind, ihrer Tochter ein Haus zu finanzieren, aus dem einfachen Grund, dass sie eine Frau ist. Geld für das Haus ihres Neffen hinzublättern, ist für sie hingegen kein Problem.

Dreißig Prozent aller Singles haben Angst zu heiraten, schreibt Hong Fincher. Frauen fürchten sich vor Gewalt in der Ehe und vor ihren Schwiegereltern, der sogenannten ›dritten Partei‹. Männer hätten Angst, eine Familie nicht ernähren und kein gutes Haus mit in die Ehe einbringen zu können.

Heute trennen sich junge Paare häufiger und schneller: 2013 waren es 3,5 Millionen Paare, 27 Prozent aller in diesem Jahr geschlossenen Ehen. 1970 waren es hingegen weniger als 2 Prozent und in den Neunzigerjahren lag der Anteil der Scheidungen um die 14 Prozent.

Das Ministerium für zivile Angelegenheiten bezeichnet die hohe Zahl der Blitzscheidungen als epidemisch. Die jungen Leute im heiratsfähigen Alter sind in China allesamt Einzelkinder, die keine Fähigkeiten entwickelt haben, einen selbstständigen Part in einer Ehe zu spielen.

Sie sind es gewohnt, im Mittelpunkt des Interesses von vier Großeltern- und zwei Elternteilen zu stehen. Für westliche Begriffe müssen sie ungemein hart lernen, werden zu Hause aber zur Entschädigung wie kleine Kaiser und Prinzessinnen verwöhnt, auf denen alle Hoffnungen der Familie ruhen. Wenn diese kleinen Kaiser und Prinzessinnen schließlich von ihren Familien in eine Ehe gelotst werden, geraten viele von ihnen in eine Identitätskrise, die meist auf eine mangelnde sexuelle Entwicklung zurückzuführen ist. Dann beginnt, mitunter auch erst nach einer Scheidung, die Suche danach, wer sie wirklich sind.

Männer haben die Sexualität von Frauen immer als gefährlich empfunden.

In *Dangerous Women. Warriors, Grannies and Geishas of the Ming* der amerikanischen Wissenschaftlerin und Autorin Victoria Baldwin Cass heißt es dazu:

»Für Männer sind die Frau und ihre Sexualität ein Sinnbild außerirdischer ungezähmter Kräfte, die sie als Träger der Zivilisation mit allen ihnen zu Gebote stehenden Mitteln unterdrücken müssen. Frauen sind ihrer Natur nach wilde Tiere. Eine erotische Frau ist ein Ausbund an Fleischeslust und zugleich, oder gerade darum, gesellschaftlich nicht mehr als ein marginales Wesen: Ihre gebrochenen und gebundenen Füße sind der Beweis ihres wilden Ursprungs. Einer Zivilisation, in der alles von Familie, Abstammung und Nachkommenschaft bestimmt wird, kam dieses besondere Sexsymbol sehr gelegen. Die verstümmelte und gefesselte Frau lebte weit ab vom Zentrum des sozialen Lebens, im geheimen Dunkel des Schlafzimmers, unter Aufsicht, gehorsam wartend.« (Cass, S. 104)

Heldinnen wie Hua Mulan und Qiu Jin zogen Männerkleider an; in den alten Legenden verwandeln sich Frauen in eine Schlange oder einen Drachen. In Mythen und Erzählungen werden Schwertfrauen übernatürliche Eigenschaften angedichtet; sie fliegen wie Flügel schlagende Kiebitze durch die Luft, und wenn man nicht aufpasst, pusten sie einen einfach so um.

Was diese Frauen miteinander verbindet, ist der Umstand, dass sie ihre Gestalt wechseln. War es für einen chinesischen Hörer oder Leser denn undenkbar, dass eine normale Frau eine Heldin sein konnte? Oder kann ich die Töchter Mulans nur vom Daoismus her verstehen?

Victoria Baldwin Cass deutete diese Gestaltumwandlungen auf folgende Weise:

»Nach taoistischer Auffassung ist alles miteinander verbunden, austauschbar und ständig in Bewegung. Was die Transformation ermöglicht, ist die Leere, das Vakuum, in dem bestehende Elemente zerfallen und sich dann wieder neu zusammenfügen.«

Erzählungen über legendäre Frauen in China haben sich im Laufe der Jahrhunderte gewandelt. Ob diese Frauen tatsächlich gelebt haben, wissen wir nicht. Von Qiu Jin, *der Schwertfrau vom Spiegelsee*, wissen wir das durchaus.

Die Zeit der Londoner Suffragetten fiel mit der Spätphase der Qing-Dynastie unter Kaiserin Cixi zusammen. Das war auch die Zeit, in der Qiu Jin lebte. Auch sie wechselte die Gestalt: In ihrem Kampf gegen die Ungleichheit zwischen den Geschlechtern unter dem Qing-Regime zog sie, ebenso wie Mulan und all die anderen Heldinnen der chinesischen Kulturgeschichte, Männerkleider an.

Im konfuzianischen Denken konnte eine Frau in der öffentlichen Welt keine Heldentaten vollbringen, außer es galt, ihre Tochterpflichten zu erfüllen. Dafür war eine Verkleidung als Mann notwendig, die nur dann gerechtfertigt war, wenn die Ehre der Familie auf dem Spiel stand.

Bei Qiu Jin lagen die Dinge anders. Sie war eine politische Revolutionärin im modernen Sinne des Wortes. Von Qiu Jin sind Fotos überliefert, auf denen sie einen Herrenanzug mit Krawatte und eine Mütze trägt. Etwa zur Zeit ihres hundertsten Todestags wurde ein Spielfilm über ihr Leben gedreht. Ihre Enkel waren von diesem Film allerdings nicht erbaut, da er Qiu eher als Terroristin und weniger als vaterlandsliebende Revolutionärin dargestellt.

Auch nach Qiu Jin gibt es in China genug Frauen, die ihre Rolle im öffentlichen Leben eingefordert haben.

Doch Frauen fällt es in ihrer Beziehung zu Männern noch immer schwer, aus den gängigen Rollenmustern auszubrechen, erklärte mir die Sexologin Zhen Hongli. Jungen und Mädchen werden nach bestimmten traditionellen Rollenmustern erzogen, doch eine hochqualifizierte Frau, die eine gute Stelle innehat, wird an ihrem Arbeitsplatz oft eine männliche, selbstständige Rolle spielen müssen. Zu Hause ist sie die klassische, fügsame Ehefrau, während sie draußen Betriebsleiterin eines Supermarktes ist.

Wenn Zhen Hongli über die Rollen von Männern und Frauen spricht, verwendet sie den Begriff ›genderbox‹; diese Rollen sind in China noch immer nicht austauschbar, sie sind scharf voneinander geschieden. Aus diesem Grund gibt es Männer, die glauben, nur dann eine Frau finden zu können, wenn sie genug Geld haben, und Frauen, die glauben, dass sie nur einen Mann bekommen und halten können, wenn sie sich unterordnen.

Höher qualifizierte Frauen, die im Beruf stehen, wollen oder können sich in einer Beziehung nicht mehr in das überkommene Rollenmuster von Mann und Frau einfügen. In der Ehe sind Männer noch immer die Herren des Hauses, doch Frauen verhalten sich nicht mehr so servil, da sich Männer und Frauen ökonomisch immer mehr angleichen.

Zhens Auffassungen nach haben viele Frauen auf sexuellem Gebiet noch immer nicht mit der Rolle der unterwürfigen Geliebten gebrochen. In ihrer Praxis begegnet sie Frauen, die ökonomisch unabhängig sind, aber sich nicht getrauen, ihre sexuellen Wünsche mit ihrem Sexualpartner zu besprechen.

In den letzten beiden Jahrzehnten ist eine sexuelle Revolution in Gang gekommen: One-Night-Stands, ein Zusammenleben vor der Ehe und Schwangerschaftsabbrüche sind für die jüngere Generation Teil ihres Lebens geworden. 1989 hatten 15 Prozent der unter Siebenundzwanzigjährigen Sex vor der Ehe, 2013 waren es schon 70 Prozent.

Immer mehr Frauen wird bewusst, dass sie Ansprüche auf ihre eigene Sexualität erheben dürfen. Um die Gleichstellung von Mann und Frau voranzubringen und übertragbare Geschlechtskrankheiten wie Aids zu bekämpfen sowie unerwünschte Schwangerschaften unter Studenten zu verhindern, sind sexuelle Aufklärung und gezielte Medienkampagnen von wesentlicher Bedeutung. Eltern und Erzieher sollten dazu in der Lage sein, die Kreativität der Kinder mit liebevoller Zuwendung zu stimulieren, so dass sie in ihrem Leben bewusst eigene Entscheidungen treffen können. Um über sich selbst hinaus zu wachsen und »seine Gestalt zu wechseln«, muss man kreativ und selbstbewusst sein und über kritisches Denkvermögen verfügen. Gao Yu demonstrierte mir das mit ihren langsamen Taiji-Bewegungen in der Künstlerkommune am Rande von Peking.

Die Geschichte lehrt, dass große gesellschaftliche Veränderungen in China immer von oben, von den Machthabern des Landes, initiiert wurden. Daher frage ich mich, ob der unverkennbare Prozess sexueller Bewusstwerdung der Frauen in China, der immer breitere Schichten der städtischen Bevölkerung ergreift, genug Dynamik entfalten wird, um mit der alten Tradition zu brechen. Anzeichen hierfür fand ich in meinen Interviews.

Die Sexologin Zhen Hongli, die Feministin Li Yinhe und Ai Ke von B-com berichteten mir, dass sich der Staat über die Organisation sexueller Aufklärung hinaus nicht für die Entwicklung der weiblichen Sexualität einsetzt. Sie sind sich sicher, dass die chinesische Frau die Familientraditionen und das Verhältnis zwischen Mann und Frau einschneidend verändern wird. Zhen Hongli: »Eigenverantwortung für sich zu übernehmen beginnt mit einer gesunden sexuellen Entwicklung. Wenn das gelingt, sind wir auf dem Weg zu einer erwachsenen Gesellschaft.«

In den vergangenen Jahren habe ich gesehen, dass sich in Peking eine Vorhut von Frauen bildet, die emanzipiert ist und den Mut aufbringt, Anspruch auf ihre Sexualität zu erheben. Ich habe sie die Töchter Mulans genannt.

Die Ballade von Mulan

Ein Seufzen ist zu hören, dann wieder ein Seufzen
Mulan sitzt draußen vor dem Haus am Webstuhl.

Die Geräusche des Webstuhls sind nicht zu hören,
nur das Seufzen der Tochter ist zu hören.

»Tochter, woran denkst Du?
Tochter, was bekümmert Dich?«

»Ich denke an nichts.
Ich habe keinen Kummer!«

Doch gestern Abend sah Mulan den Einberufungsbefehl,
Der Khan ruft ein großes Heer zusammen.

Es gibt ein Dutzend Einberufungslisten,
jede mit den Namen von Vätern darauf.

»Mein Vater hat keinen erwachsenen Sohn,
ich habe keinen älteren Bruder.«

»Lasst mich Pferd und Sattel kaufen
Und ich werde an Vaters Stelle in den Krieg ziehen.«

Auf dem östlichen Markt erwirbt sie ein ausgezeichnetes Pferd,
auf dem westlichen Markt einen Sattel und eine Satteldecke.

Auf dem nördlichen Markt kauft sie das Zaumzeug,
auf dem südlichen Markt eine lange Peitsche.

Bei Tagesanbruch nimmt sie Abschied von ihren Eltern,
in der Abenddämmerung lagert sie am Ufer des Gelben Flusses.

Die Rufe ihrer Eltern hört sie nicht,
nur das immerwährende Rauschen des Flusses.

Die Rufe ihrer Eltern hört sie nicht,
nur die Anfeuerungsrufe der wilden Reiter aus den Yan Bergen.

Immer wieder reitet sie tausende von Meilen zu den Schlachtfeldern,
überquert dabei Berge und Täler wie im Flug.

Eisige Winde überbringen den Klang der Nachtwächterklapper,
winterlich fahles Licht scheint auf die eisernen Rüstungen.

Generäle starben in hunderten von Schlachten,
verdiente Soldaten kehren nach über zehn Jahren heim.

Sie kehren heim, um dem Sohn des Himmels zu huldigen.
Der Sohn des Himmels hält Hof in der prächtigen Halle.

Die Aufzeichnungen ihrer Verdienste enthalten zwölf Beförderun-
gen, übergeben als Belohnung an hunderttausend tapfere Männer.

Der Khan fragt Mulan, was ihr Wunsch sei,
aber Mulan will kein kaiserlicher Minister am Hof werden.

Sie bittet um ein schnelles Kamel (mit tausend Meilen Hufen),
das sie zurück nach Hause tragen kann.

Als die Eltern von der baldigen Ankunft der Tochter hören,
gehen sie vor die Tore der Stadt, sich gegenseitig stützend.

Als sie von der baldigen Ankunft ihrer kleinen Schwester erfährt,
schmückt die ältere Schwester die Eingangstür mit roter Farbe.

Als er von der baldigen Ankunft der großen Schwester erfährt,
schärft der jüngere Bruder sein Messer, um Schwein und Schaf zu
schlachten.

»(Zuhause) öffne ich meine östliche Schlafzimmertür und setze mich
auf mein westliches Schlafzimmerbett.
Ich ziehe meine Kriegskleidung aus und trage wieder mein altes
Kleid.«

Am Fenster richtet Mulan ihr gleich Wolken fallendes Haar,
sie schaut in den Spiegel und steckt sich einen Kopfschmuck aus gelben Blumen an.

Sie geht nach draußen, um ihre Kameraden zu treffen.
Ihre Kameraden schauen überrascht und ungläubig.

»Zwölf Jahre sind wir zusammen marschiert,
und wir haben nicht erkannt, dass Mulan eine Frau ist.«

Männliche Hasen rennen gerne wild umher
Weibliche Hasen haben verschleierte Augen und einen glasigen
Blick.

Wenn du sie jedoch beide nebeneinander auf der Wiese rennen
siehst,
wie kannst du sie dann unterscheiden und sagen, wer davon Mann
oder Frau ist?

(Die Ballade stammt aus der Zeit der Nördlichen Wei-Dynastie
(386-534 n. Chr.), der Autor ist unbekannt;
Übersetzung aus dem Chinesischen von Monika Knaden)

GLOSSAR

BAIDU

Baidu ist ein chinesisches Unternehmen, das die gleichnamige Suchmaschine betreibt. Laut Statistik von Alexa Internet gehört *Baidu* zu den vier weltweit am häufigsten aufgerufenen Webseiten (Google.com liegt an erster Stelle).

BEAMTENELITE

Das riesige chinesische Reich wurde von einer vergleichsweise geringen Beamtenschar regiert. Doch der Titel Beamter ist eher irreführend, denn diese Beamte waren hochgestellte und hochgebildete Männer. Sie wurden nur durch ein schwieriges Examen in diese Beamtenelite aufgenommen, was ein jahrelanges Studium der konfuzianischen Klassiker voraussetzte. Die Kandidaten kamen nicht nur aus der sozialen Elite, auch Männer aus der Unterschicht konnten, wenn sie sich durch Intelligenz und Begabung auszeichneten, an dem Examen teilnehmen und gesellschaftlich aufsteigen. Das Amt eines Beamten war auf Regierungsebene vergleichbar mit dem eines Ministers und auf Provinz- und Regionalebene mit einem hohen Beamten, der auch das Richteramt innehatte.

Das Examenssystem erlebte seinen ersten Höhepunkt in der Song-Zeit und wurde in der Ming-Dynastie zu einem komplexen System ausgebaut. Dieses System blieb bis 1905 unverändert bestehen und bestand aus drei Stufen: auf der Landkreis- und Präfekturebene erwarb der Kandidat den Grad des *Shengyuan* (Regierungsstudent) und qualifizierte sich für die Examensserie auf Provinzebene, die zum Grad des *Zhuren* (für ein Amt empfohlener Mann) führte. Danach konnte er die dritte Examensserie in der Hauptstadt absolvieren. Wer dieses Examen bestand, stieg in die höchste Geisteselite des Landes auf, den *Jinshi*.

DANWEI

Seit Gründung der Volksrepublik China 1949 existieren offiziell *Danweis*. Diese Einheiten decken in der VR China den kompletten Lebensbereich der Bevölkerung ab. Niemand steht außerhalb der Organisationsstruktur. In den chinesischen Städten haben sich die Staatsbetriebe und dann auch die Kollektivbetriebe zu Organisationen entwickelt, die eine umfassende Zuständigkeit für ihre Beschäftigten erhielten. Es gibt kaum einen Bereich des

Lebens, der nicht direkt vom Arbeitsplatz bestimmt wird, z.B. Wohnung, Freizeit, Beruf, Entlohnung, Gesundheits- und Altersversorgung, Geburtenplanung, Kindergarten.

DAODEJING

Das *Daodejing*, das *Buch vom Weg und seiner Wirkung,* ist der Basistext des Daoismus. Es ist nur ein kleines Büchlein, bestehend aus 81 mehr oder weniger weise anmutenden, poetischen Sprüchen, wovon die ersten 37 das *Buch vom Weg* (wie *Dao* wörtl. übersetzt werden kann, besser jedoch wäre *ideale Vorgehensweise*) genannt werden. Die restlichen 44 Weisheitssprüche bilden das *Buch von der Wirkkraft* (*De* bedeutet wörtl. Tugend oder Wirkung, gemeint ist die Kraft, die ein Vorgang oder eine Ordnung entfalten können). Die meisten westlichen Übersetzungen dieses Buches basieren auf der editierten Ausgabe des chinesischen Philosophen Wang Bi aus dem 3. Jh. n. Chr. Es wird vermutet, dass der Text aus dem 4. oder 3. Jh. v. Chr. stammt, was durch gefundene Texte bei Ausgrabungen im vorigen Jahrhundert belegt wird.

Die Autorenschaft Laozis ist nicht geklärt, es ist eher unwahrscheinlich, dass eine historische Gestalt namens Laozi existiert hat. Hauptquelle dieser Annahme ist das bedeutende Geschichtswerk *Shiji* (*Aufzeichnungen des Großhistorikers*) von Sima Qian (?145-?86 v. Chr.), das eine Biografie des Laozi enthält. Diese Biografie vereint, wie viele andere Teile des Werkes auch, neben historisch wirkenden Angaben auch offensichtlich legendäre und mythologische Elemente. Eine bekannte Episode aus dieser Biografie ist die Begegnung zwischen Laozi und Konfuzius.
(MÖLLER, S. 11-13)

EIN-KIND-POLITIK

Die Ein-Kind-Politik wurde 1979 in China eingeführt, um das Bevölkerungswachstum einzudämmen. Danach durften in Städten lebende Paare nur ein Kind bekommen. Paaren auf dem Land war ein zweites Kind gestattet, wenn das erste ein Mädchen war. Weiterhin gab es eine Reihe von Ausnahmeregelungen für Familien ethnischer Minderheiten. Eine Lockerung dieser Politik im Jahr 2013 erlaubte Ehepaaren ein zweites Kind zu haben, wenn einer der Ehepartner aus einer Ein-Kind-Familie stammt.
Im Oktober 2015 verkündete die chinesische Regierung offiziell das Ende seiner umstrittenen Ein-Kind-Politik. Von nun an durften alle Paare mit staatlicher Erlaubnis zwei Kinder bekommen. Der Beschluss wurde bei ei-

nem viertägigen Treffen des Zentralkomitees der Kommunistischen Partei gefasst.

Die weltweit einzigartige Familienpolitik hat nicht nur zu einem dramatischen Überhang an heiratsfähigen Männern, sondern auch zu gefährlichen demografischen Problem geführt. Vor allem auf dem Land sind viele Orte völlig überaltert, weil alle jungen Menschen abgewandert sind. Zudem müssen in China immer weniger Menschen für immer mehr Rentner aufkommen. Als Antwort auf diese Probleme hatte die Chinesische Akademie der Sozialwissenschaften die Zwei-Kind-Lösung vorgeschlagen. Für eine stabile Bevölkerung ist eine Quote von 2,1 Kindern pro Frau nötig. Eine Chinesin bekommt im Durchschnitt jedoch weniger als 1,6 Kinder. Die Lockerung der Ein-Kind-Politik hat also nicht den erwartenden Erfolg gebracht und zu einem gravierenden Anstieg der Geburtenrate geführt. Viele Eltern können sich bei den stark gestiegenen Preisen für Wohnraum und Ausbildung schlicht kein zweites Kind leisten. (Quelle aus 2015: https://www.zeit.de/gesellschaft/zeitgeschehen/2015-10/china-ein-kind-politik-abschaffung)

Neuere Untersuchungen zeigen, dass drei von vier Ein-Kind-Familien in China gar kein zweites Kind wollen. Weil sie nicht wissen, wie sie Beruf und Kinder vereinbaren sollen, und es zu teuer ist - Städte wie Peking und Shanghai gehören zu den teuersten der Welt. Wer darüber hinaus keine Großeltern zum Helfen oder genügend Geld für Hauspersonal hat, bekommt ein Problem. (Quelle aus 2017: https://www.tagesschau.de/ausland/china-zwei-kind-politik-101.html)

GAO KAO

Gao Kao ist ein nationales Examen, das nach Bestehen zur Aufnahme eines Studiums an einer Hochschule berechtigt. Diese Prüfung ist offiziell zwar nicht die Abschlussprüfung der zwölf Jahre dauernden Schulausbildung, aber sie ist doch einigermaßen vergleichbar mit dem Abitur in Deutschland.

GUOMINDANG (NATIONALE VOLKSPARTEI CHINAS)

Die *Kuomintang*, nach der heute weit verbreiteten Pinyin-Transkription auch vermehrt *Guomindang* geschrieben, ist eine Partei der Republik China (Taiwan).

Sie begründete 1912 unter der Führung Sun Yat-sens die erste Republik Chinas (1912-1949). Nach dem Tod Sun Yat-sens 1925 trat Chiang Kai-shek nach einem innerparteilichen Machtkampf die Nachfolge an, errang 1928 die chinesische Wiedervereinigung und stellte mit seiner Partei *Guomindang* bis 1946 die einzig relevante politische Kraft des Landes, die auch international anerkannt wurde. Die kommunistische Partei unter Führung

Mao Zedongs leistete erbitterten Widerstand gegen Chiang Kai-sheks Regierung und stürzte China damit in einen über 20 Jahre währenden Bürgerkrieg (1927-1949). Die *Guomindang* verlor diesen Machtkampf und zog sich 1949 mit vielen Anhängern nach Taiwan zurück, wo sie die Republik China formell fortführte und bis 1990 regierte.

HUKOU

Das *Hukou*-System diente der KP Chinas als Wohnsitzkontrolle aller Bürger in der Volksrepublik. Durch den *Hukou* konnte eine Person den ihr zugeordneten Wohnort nicht mehr verlassen. Um arbeiten zu können und Essen oder andere Güter erhalten zu können, mussten die Chinesen an ihrem Bestimmungsort bleiben. Aufgrund der fortschreitenden Urbanisierung und der damit verbundenen Massenlandflucht wird das System heute jedoch als überholt angesehen.

HUTONG

Eigentlich bezeichnet der Name *Hutong* die engen Gassen der alten Stadtteile Pekings, oft nur zu Fuß zugänglich und zu eng für Pferdekutschen oder Autos. Zu beiden Seiten der engen Gassen befinden sich die Eingänge zu den *Siheyuan*-Wohnhäusern, die nur wenige Stockwerke hoch waren, schmucklos aus grauen Steinen gebaut.
Die Eingänge der *Siheyuan*-Wohnhäuser führen in einen Innenhof ohne Dach. Hier spielt sich das gemeinsame Leben der Bewohner des Wohnblocks ab. Der Name *Siheyuan* bedeutet wörtlich übersetzt „vier-umschlossen-Innenhof". Und der Innenhof ist tatsächlich zu allen vier Seiten von Wohnungen umschlossen, alle mit Blick auf den gemeinsamen Hof.

JINSHI siehe unter *Beamtenelite*

MANDSCHU

Die *Mandschu* sind ein Volk in der Mandschurei im Nordosten Chinas und zählen zu der zweitgrößten der 56 anerkannten ethnischen Minderheiten Chinas. Anfang des 17. Jahrhunderts vereinigte der Clanführer Nurhaci die Stämme der Jurchen und dehnte sein Herrschaftsgebiet immer weiter aus. Sein Sohn Huang Taiji änderte 1635 den Namen des Jurchen-Volkes in Mandschu und wählte für seine Regentschaft den Dynastienamen *Qing* (wörtl. *rein*). Er verstarb kurz vor der Einnahme Pekings 1643. Seine Brüder stürzten die Ming-Dynastie und übernahmen 1644 die Herrschaft über das Kaiserreich China. Die Qing-Dynastie blieb bis 1911 an der Macht. Anfangs waren die Kaiser der Qing-Dynastie bemüht, die mandschurische Kultur und Sprache zu erhalten. Diese Versuche waren langfristig nicht erfolgreich, weil sich die *Mandschu* immer mehr den Bräuchen der Han-Chinesen anpassten und auch deren Sprache nach und nach übernahmen.

SAN JIAO

Der Name *San Jiao* (*Drei Lehren*) verweist nicht auf eine bestimmte, anerkannte Religion. Es ist eher eine philosophische Denkweise, in der Konfuzianismus, Buddhismus und Daoismus ein harmonisches Konglomerat bilden. Erste schriftliche Erwähnung fand diese Denkrichtung im 6. Jh. n. Chr. In der Ming-Dynastie existierte eine synkretistische Bewegung, die die unterschiedlichen Übungen und Praktiken des Konfuzianismus, Buddhismus und Daoismus zur Selbstkultivierung nutzte. Es existieren heute auch Tempel, in denen Statuen von Laozi, Buddha und Kongzi auf einem Altar als ›Dreiheit‹ zusammen verehrt werden.

SHIJI siehe unter *Daodejing*

SINA-WEIBO

Weibo ist ein Kurznachrichtendienst in China und ähnelt, auch in der Farbgebung, dem weltweit populären Microbloggingdienst Twitter. Die allermeisten der Milliarden *Weibo*-Einträge sind harmloser Natur: Private Fotos, Kurioses, Hobbies. Eine Minderheit der User nutzt *Weibo* aber auch für Kritik an Politik und Gesellschaft. Beliebte Themen sind Lebensmittelskandale, Umweltverschmutzung und Korruption. *Weibo.com* wird von staatlichen Behörden Chinas überwacht und die Regierung bestimmt, welche systemkritischen Beiträge und Diskussionen weitergeführt oder aber gelöscht werden (Quelle: https://www.tagesschau.de/ausland/weibo110.html).

SUNZI UND DIE KUNST DES KRIEGES

Die rund 2500 Jahre alte Schrift *Die Kunst des Krieges* gilt als frühestes und bis heute weltweit bekanntestes Werk zu Strategie und strategischer Kriegsführung. Der chinesische General und Militärstratege Sunzi soll die Abhandlung um ca. 500 v. Chr. verfasst haben. Er beschreibt darin die Grundmuster von Konflikten, für deren Lösung der Krieg immer nur als ultima ratio gilt.

TELEGRAM

Mit fast 200 Millionen aktiven Nutzern ist *Telegram* einer der beliebtesten und am schnellsten wachsenden Chatdienste der Welt. Zwar gab es in der Vergangenheit immer wieder Kritik an der eingesetzten Verschlüsselung des

Dienstes, doch wie z. B. WhatsApp ermöglicht auch *Telegram*, Nachrichten per Ende-zu-Ende-Verschlüsselung zu verschicken, sodass sie nicht von Dritten – auch nicht von *Telegram* selbst – gelesen werden können. (Quelle: https://www.zeit.de/digital/internet/2018-01/telegram-blockchain-krypto-waehrung-ico).

WeChat (Pinyin: Weixin, dt.: winzige Nachricht)

Der Chat-Dienst *WeChat* wurde von dem chinesischen Konzern Tencent entwickelt und ging 2011 online. Innerhalb kürzester Zeit kamen zusätzliche Funktionen hinzu, u. a. ein Mobile-Payment-System (ähnlich Google Pay), was zu einer explosionsartigen Verbreitung des Dienstes in China führte. Nutzer können mit der App Audionachrichten versenden, Videotelefonate durchführen, Fotos, Videos, Kontaktinformationen oder ihren Aufenthaltsort teilen, Taxis, Lebensmittel oder Essen bestellen, Restaurant- und Stromrechnungen bezahlen, Jobs oder Leute in der Nähe suchen, Arzttermine buchen, u. v. m.

WUSHU

Wushu ist eine traditionelle chinesische Sportart und der Oberbegriff für alle chinesischen Kampfkünste, insbesondere seit 1949, der Gründung der VR China. Der bei uns im Westen gängige Begriff Kung Fu (*Gongfu*) ist in China weniger üblich, da sich Kung Fu nicht allein auf die Kampfkünste bezieht, sondern ganz generell eine hervorragende Fertigkeit in etwas bezeichnet.

WUWEI

Wuwei bedeutet wörtlich übersetzt Nichts-tun und ist ein Begriff des *Daodejing*, der die Haltung des Nicht-Eingreifens in den natürlichen Ablauf der Dinge bezeichnet, die sich völlig unvorbedacht und frei von Absichten der jeweiligen Situation anpasst. *Wuwei* bezeichnet nicht ein absolutes Nichts-Tun, sondern ein von jeder Begierde und Gerichtetheit freies Handeln.

YIJING (DAS BUCH DER WANDLUNGEN)

Das *Yijing* ist ein Weisheits- und Orakelbuch aus der Übergangzeit von der Yin- zur Chou-Dynastie, dessen wesentliche Gedanken dem Konfuzianismus entstammen, in das aber auch taoist. Vorstellungen eingeflossen sind.

Das *Yijing* basiert auf der Vorstellung zweier polarer Kräfte, die durch ihre Aktivität alle Dinge erschaffen. Anfangs wurden sie einfach als das Helle und das Dunkle, später als Yin und Yang bezeichnet. Die Interaktion von Yin und Yang erzeugt den Wandel, der als die Bewegung des Dao zu verstehen ist.

Bibliografie

ANOM.: *Kin Ping Meh oder Die abenteuerliche Geschichte von Hsi Men und seinen sechs Frauen*. 2. Bd., 2. Aufl., Insel Verlag, Frankfurt a.M. 1982

BAUER, Wolfgang: Geschichte der chinesischen Philosophie. München 2001

BERTHOLET, Ferry: *Concubines and Courtesans: Women in Chinese Erotic Art*. Prestel Verlag, München 2011

BROWNELL, Susan: *Training the Body for China. Sports in the Moral Order of the People's Republic*. The University of Chicago Press 1995

BUCK, Pearl S.: *Ostwind – Westwind*. Deutscher Taschenbuch Verlag, München 2013

BUCK, Pearl S.: *Die gute Erde*. Deutscher Taschenbuch Verlag, München 2015

BUCK, Pearl S.: *Die Frauen des Hauses Wu*. Im Bertelsmann Lesering 1955

BURGER, Richard: *Behind the Red Door. Sex in China*. Earnshaw Books 2012

CASS, Victoria: *Dangerous Women. Warriors, Grannies and Geishas of the Ming*. Rowman & Littlefield Publishers Inc. 1999

CLEARY, Thomas: *Immortal Sisters of Taoist Women*. North Atlantic Books, Berkely 1996

CLEARY, Thomas: *The Taoist Classics*. 3. Bd., Shambala Publications, Boston 2000

CONN, Peter: *Pearl S. Buck. A cultural biography*. Cambridge University Press 1996

DESPEUX, Catherine und KOHN, Livia: *Women in Daoism*. Three Pines Press 2005

DIKÖTTER, Frank: *Sex, Culture and Modernity in China. Medical Science and the Construction of Sexual Identities in the early Republican Period*. Hurst & Company, London 1995

FINCHER, Leta Hong: *Leftover Woman. The Resurgence of Gender Inequality in China*. ZED BOOKS LTD. 2014

FONG, Vanessa L.: *China's One-Child Policy and the Empowerment of Urban Daughters*. In: American Anthropologist, Vol. 104, Nr. 4 (Dez. 2002), S. 1098-1109

FRIEDMAN, Sara L.: *Spoken Pleasures and Dangerous Desires: Sexuality, Marriage and the State in Rural Southeastern China*. In: East Asia, Vol. 18, Ausgabe 4 (Dez. 2000), S. 13–39

GAY, Kathlyn: *Mao Zedong's China*. Twenty-First-Century Books 2007

GERNET, Jacques: *Die chinesische Welt*. Insel Verlag, Frankfurt a. Main 1997

GIPOULON, Catherine: *Qui Jin. Die Steine des Vogels Jingwei. Frau und Revolutionärin im China des 19. Jh*. Verlag Frauenoffensive, München 1977

GULIK, Robert van: *Sexual Life in Ancient China. A Preliminary Survey of Chinese Sex and Society from ca. 1500 B.C. till 1644 A.D.*. Brill 2002

GULIK, Robert van: *Erotic Colour Prints of the Ming Period: with an Essay on Chinese Sex Life from the Han to the Ch'ing Dynasty, B.C. 206 – A.D. 1644*. Vol. 1, Brill 2004

HAAR, Barend J. ter: *Het Hemels Mandaat. De geschiedenis van het Chinese keizerrijk*. Amsterdam University Press 2009

HENRIOT, Christian: *From Myth to Reality: Chinese Courtesans in Late Qing and early Republican Shanghai*. In: East Asian History, Nr. 8 (Dez. 1994), S. 33-52

IDEMA, Wilt L.: *De onthoofde feministe*. Eldorado, Amsterdam 1999

KEE JIN, Wee: *Tàijíquán – True to the Art*. Taijiquan School of Central Equilibrium 2011

KINGSTON, Maxine Hong: *Die Schwertkämpferin*. Ullstein Verlag, Berlin/ Frankfurt a.M./Wien 1982. S. 24.

KUO, Jason C. (ed.): *Visual Culture in Shanghai 1850s-1930s*. New Academia Publishing 2007

LANG, Graeme und SMART, Josephine: *Migration and the 'Second Wife' in South China: Toward Cross-Border Polygyny*. In: International Migration Review, Vol. 36, Ausgabe 2 (Juni 2006), S. 546-569

LING, Ding: *I Myself Am a Woman. Selected Writings of Ding Ling.* Beacon Press, Boston 1989

MÖLLER, Hans-Georg: *In der Mitte des Kreises. Daoistisches Denken.* Insel Verlag, Frankfurt a. Main 2001

NEEDHAM, Joseph: *Wissenschaft und Zivilisation in China.* 1. Bd., Suhrkamp Verlag, Frankfurt a. Main 1984

SIMPKINS, C. Alexander und SIMPKINS, Annellen: *Simple Confucianism.* Tuttle Publishing 2000

SOMMER, Matthew: *Sex, Law and Society in Late Imperial China.* Stanford University Press 2000

SPURLING, Hilary: *Burying the Bones.* Profile Books 2010

TRAN, Lisa: *Sex and Equality in Republican China. The Debate over the Adultery Law.* Modern China Online/First California State University, Fullerton, 2008

URETSKY, Elanah: *'Mobile men with money': the socio-cultural and politico-economic context of 'high-risk' behaviour among wealthy businessmen and government officials in urban China.* In: Culture, Health & Sexuality, Vol. 10, Ausgabe 8 (Okt. 2008), S. 801-814

WATSON, Ruy S.; EBREY, Patricia (ed.): *Marriage and Inequality in Chinese Society.* University of California Press 1991

WINN, Michael: *The Seven Dao Alchemy Formulas.* Unter: https://healingtaousa.com/taichi/tao alchemy_formulas/ (abgerufen am 03.08.2018)

WONG, Eva: *Taoïsme Geschiedenis, filosofie en beoefening van een Chinese spirituele traditie.* Ankh Hermes BV 1997

Verwendetet und weiterführende Links:

Veröffentlichte Studie in *Lancet* über die Selbstmordraten in China in den 90er Jahre unter:

https://www.thelancet.com/journals/lancet/article/PIIS0140-6736(02)07954-0/abstract

Gender equality in China: Laut einer UN-Studie lag im Jahr 2010 das Einkommen der Frauen im Vergleich zu den Männern bei 67,3 Prozent, mehr unter:

http://www.un.org.cn/uploads/20180326/2063f2493b160cd25bb79ce-54fe8dcc1.pdf

Li Yinhes Interview im Wall Street Journal:

https://blogs.wsj.com/chinarealtime/2013/08/21/eight-questions-li-yinhe-chinas-fifty-shades-of-grey/

Klassifizierung von psychischen Störungen in China:

http://www.tandfonline.com/doi/abs/10.1300/J236v07n01_08

Generation Z:

https://www.gruenderszene.de/lexikon/begriffe/generation-z

Abbildungsnachweis

akg images, Berlin:

Seite 59 / Pictures From History
Seite 64 (Abb. 11) / Pictures From History
Seite 94 / Pictures From History

Picture Alliance, Frankfurt:

Seite 15 / Everett Collection
Seite 44 / CPA Media Co. Ltd
Seite 64 (Abb. 10) / United Archives
Seite 73 / kpa
Seite 138 / AP images
Seite 185 / dpa

Wikipedia:

Seite 13:
https://en.wikipedia.org/wiki/Qiu_Jin#/media/File:Qui_Jin2.jpg

Seite 35:
https://de.wikipedia.org/wiki/Magu#/media/File:Qing_Dynasty_
Immortal_Magu.jpg

Seite 40:
https://en.wikipedia.org/wiki/Wang_Chongyang#/media/File:Chang
chun-Temple-Master-and-disciples-painting-0316.jpg

Library of Congress Prints and Photographs, Division Washington, D.C. 20540 USA

Seite 17: http://loc.gov/pictures/resource/cph.3a12720/

Bettine Vriesekoop, Niederlande: Seiten 45, 106, 208

Zeittafel

Westliche Zhou-Dynastie	1025 – 770 v. Chr.
Östliche Zhou-Dynastie	771 – 256 v. Chr.
1. Frühlings- und Herbstperiode (Chunqiu)	771 – 481 v. Chr.
2. Zeit der streitenden Reiche	480 – 222 v. Chr.
Qin-Dynastie	221 – 208 v. Chr.
Han-Dynastie	207 v. Chr. – 220 n. Chr.
Zeit der drei Reiche	220 – 280
zahlreiche Dynastien in mehreren chinesischen Kleinstaaten	bis 589
Sui-Dynastie	589 – 617
Tang-Dynastie	618 – 906
Zeit der Fünf Dynastien	907 – 959
Song-Dynastie	960 –1280
Yuan-Dynastie (Herrschaft der Mongolen)	1280 – 1367
Ming-Dynastie	1368 – 1643
Qing-Dynastie (Herrschaft der Mandschuren)	1644 – 1911
Ausrufung Republik China durch Guomindang unter Sun Yat-sen	1912 – 1949
Gründung der Volksrepublik China durch Kommunistische Partei unter Mao Zedong	1949 –

Anmerkungen

Die in diesem Buch verwendete Transkription folgt dem in China und Taiwan offiziell anerkannten Pinyin-Romanisierungs-System, mit Ausnahmen von Wörtern und Namen, die sowohl in chinesischen Forschungsstudien als auch in der Presse Aufnahme gefunden haben, wie Peking (statt Bejing), Sun Yat-sen (Sun Zhongshan), Tchiang Kai-shek (Zhang Jieshi), Kung Fu (Gongfu), Mandschu (Manchu).

Die von mir verwendeten Quellen habe ich so sorgfältig wie möglich vermerkt. Sollten trotz meiner und redaktioneller Bemühungen noch Fehler und Unachtsamkeiten im Text enthalten sein, bitte ich dies zu entschuldigen. Meinen Lesern bin ich gegebenenfalls für Hinweise dankbar.

Die in meinem Buch erwähnten Personen sind nicht fiktiv, werden aber nicht immer unter ihrem eigenen Namen genannt.

Hu Ye, meine Assistentin, heißt eigentlich Li Yang. Li Yang wurde 1982 in Peking geboren. Sie studierte Jura an der Hochschule für auswertige Angelegenheiten. Als Juristin arbeitete sie für große internationale NGOs wie den *World Wide Fund For Nature* (WWF) und das *Natural Resources Defense Council* (NRDC), wo sie zur Leiterin des Kommunikationsbereiches der Chinasektion aufstieg.

2009 gründete Li Yang eine eigene NGO: Prop Roots, ihr Lebenswerk. Das Prop-Roots-Programm setzt sich für Kinder der Jingpo-Minderheit in Yunnan in einem abgelegenen Gebiet an der chinesisch-birmanischen Grenze ein. Ihr Ehemann und Mitgründer ist der Niederländer Dr. Anton Lustig, der weltweit führende Experte für die Sprache der Jingpo-Minderheit. Aton Lustig ist zudem Sinologe und Künstler.

Die Kinder der Jingpo, die von Prop Roots betreut werden, sind oft Waisen oder haben Eltern, die wegen Drogenkonsums an HIV/Aids leiden.

Prop Roots will diesen Kindern eine bessere Zukunft ermöglichen und verhindern, dass sie wie ihre Eltern drogensüchtig werden.

Prop Roots fördert ihr Selbstvertrauen und ihre Kommunikationsfähigkeiten durch sprach- und kunstorientierten Unterricht und interkulturellen Austausch. Prop Roots bietet auch Frauen, die Opfer von Menschenhandel waren, Hilfe und Arbeit.

Li Yang und ihre Mitarbeiter haben für diese Frauen und Kinder ein erdbebensicheres Auffangzentrum aus Bambus und rohen Ziegelsteinen errichtet, das auch über einen Beschäftigungs- und Ausstellungsraum verfügt. Das Zentrum bietet Ehrenamtlichen, Forschern und Gasthelfern aus aller Welt Unterkunft. Es ist heute der Stolz der ganzen Umgebung.

Prop Roots sieht sich in seinem Fortbestehen von großen finanziellen Belastungen bedroht. Li Yangs und Anton Lustigs Zentrum kann sich noch nicht aus eigenen Kräften tragen und ist größtenteils von Sponsoren abhängig. Möchten Sie Sponsor oder Spender werden? Senden Sie Prop Roots eine E-Mail: proproots@163.com.

Danksagung

Dieses Buch konnte ich nur dank meiner chinesischen Freunde schreiben. Mehr als dreißig Jahre haben sie mir Zugang zur Welt ihres täglichen Lebens, ihrer Arbeit und ihrer Familie gewährt.

Namentlich nennen möchte ich den in Peking ansässigen, emeritierten Englischprofessor Colin Zhang. Colin: ein chinesischer Gentleman, freundlich, warmherzig, ironisch, treu.

Mein Dank gilt auch Pearl S. Buck. Aus den Büchern, die sie hinterlassen hat und die ich von Greet Treels-Henken, Bart van der Heiden, Maria Hendriks und anderen direkt oder auf dem Postweg erhielt, habe ich die größte Inspiration geschöpft. Aus Pearls Büchern und Archivbildern sprach eine Frau zu mir, die ich mehr und mehr bewunderte, die ich zu verstehen glaube, deren Triebfedern ich nachempfinden kann und mit der ich mich verbunden fühle. In meinen Studien zu den Frauen in China war sie eine Leitfigur, eine Wegweiserin und der gute Geist hinter den Bambusgardinen Chinas.

Hu Ye war mir in Peking eine unverzichtbare Assistentin. Ihr Enthusiasmus, ihr Engagement, ihr Spürsinn, ihre exakte Übersetzungsarbeit und ihre herausragende Kommunikation ermöglichten es mir, mit der Welt ihrer Generationsgenossen und den Gender-Experten in China Bekanntschaft zu machen.

Mein spezieller Dank gilt den mutigen Frauen, die dazu bereit waren, ihre Erfahrungen und Emotionen mit mir zu teilen: Danielle Liu, Jiujiu, Xia Yewei, Zheng Yue und Hongli, Xu Tu, Apple, Mei, Zhen Hongli, Gao Yu, Li Yinhe, Ai Ke, Lanlan.

Die Sexologin Sanderijn van der Doef, Zhen Honglis Freundin und Kollegin, wies mich nachdrücklich darauf hin, wie bedeutend und gleichwohl unbeachtet die Emanzipation der Frauen in China ist. In einem entscheidenden Moment – kein Autor kommt ohne Zweifel aus – sprach sie mir Mut zu.

Die Grundlage dieses Buches wurde gelegt, während ich in Tilburg den Leonardo-Lehrstuhl innehatte. Ich danke dem Dekan und Universitätsdozent für Medien und Kultur Hans van Driel für sein Vertrauen, für die wöchentlichen Mittagessen im Grand Café Esplanada auf dem Universitätscampus und unsere inspirierenden Gespräche über China und den Rest der Welt.

Die Arbeit mit meinen Leonardo-Studenten ermöglichte es mir, gut vorbereitet mit meinen Nachforschungen vor Ort zu beginnen. Mit viel Einsatz und Enthusiasmus haben sie – neben ihrem regulären Studium – an den umfangreichen Forschungsaufträgen gearbeitet.

Meine Leonardo-Studenten waren: Rimke Griffioen, Barbara Roelofs, Stephane Klatte, Kitty Miao, Marjolein Coppens, Eline van der Geest, Marja Ter Braak und Jannie Uitterlinden.

Marjolein Coppens war eine meiner Mitleserinnen. Während des Seminars fiel sie mir wegen ihrer chinesischen Sprachkenntnisse und ihrer mathematischen Genauigkeit auf.

Jacqueline Ansem danke ich für ihren wöchentlichen Taiji-Unterricht und unserer Gespräche über *Wushu* in China. Paul Brandt, Edith Vroon, Maria Hendriks, Michelle Bot und Annemieke Peek bin ich für ihre Ratschläge und ihr Lektorat dankbar.

Ted Badoux schulde ich großen Dank für seine ausgezeichneten Übersetzungen, seine Geduld und seinen Scharfsinn.

Dieses Buch wurde finanziell von dem *Fonds voor Bijzondere Journalistieke Projecten* (*Stiftung für Besondere Journalistische Projekte*) und dem Brandt Verlag gefördert.

Ich möchte mich bei allen ganz herzlich bedanken,
die an der Herstellung dieses Buches beteiligt waren!
Ihren wertvollen Beitrag und Einsatz schätze ich sehr!

Monika Knaden
Krefeld, Oktober 2018

pirmoni-verlag
www.pirmoni.de